学ぶ人は、
変えてゆく人だ。

目の前にある問題はもちろん、

人生の問いや、

自ら見つけ、

、人は学ぶ。

「学び」で、

少しずつ世界は変えてゆける。

いつでも、どこでも、誰でも、

学ぶことができる世の中へ。

旺文社

基礎からの
ジャンプアップノート

漢文句法
演習ドリル

三訂版

東進ハイスクール 講師
三羽邦美 著

旺文社

はじめに

漢文は、中国の古文です。私たちが『源氏物語』をすらすら読めるわけではないように、今の中国の高校生が『論語』や『孟子』をすらすら読めるわけではありません。なぜ、そんなものを、現代の日本人が勉強するのか、それは、漢文が、日本の古典の古典だからです。

私たちの祖先の日本人は、中国から伝わってきた漢字によって、初めて文字を知りました。慣れてくるとやがて、漢字の意味をとって日本語で読んでしまう「訓読(くんよ)み」を考え出し、いわゆる「万葉仮名(まんようがな)」のように漢字の表音の機能を利用して「仮名(かな)」として用いたり、漢字の一部をとって「カタカナ」を、漢字をくずした形から「ひらがな」を発明したりして、だんだんと今日のように、日本語を漢字かなまじりで書くという表記法を完成させてきました。

また、文の構造が異なる漢文を、返り点や送りがなを用いて、じかに日本語で読んでしまう、「訓読(くんどく)」という驚くべき翻訳術を編みだしました。今日私たちが漢文の教科書などで見慣れている、こうした訓読法が普及したのは江戸時代の中ごろ以降のことですが、この訓読の普及によって、出版技術の発展と相まって、漢文は、貴族・僧侶や上級武士階級だけでなく、広く日本の国内に流通し、日本人の知識・教養の形成に大きくかかわってきたのです。私たちが、今日でも中国の古文である漢文を学ぶのは、それが日本の文化の大きな土台となっているからです。

とはいえ、君たちにとって「なんのために漢文をやるのか」といえば、大学入試に出るからという、もっと現実的な必要があるからでしょう。

漢文は、比較的効率のよい科目です。必ずやらなければならない勉強の量が少なく、しかも、知識が正答に結びつきやすい問題が多いのです。その、必ずやらなければならない、準備しなければならない知識というのが、この『基礎からのジャンプアップノート漢文句法・演習ドリル』で勉強してもらう、漢文の「句法」です。これ以上やりやすい形はないという自信をもって作りました。漢文学習の早い時期にしっかり「句法」をマスターしておくと、漢文を「読む」力や、問題を「解く」力が、飛躍的に伸びていきます。この本が多くの受験生諸君の力になることを、心から願っています。

二〇二四年六月

三羽邦美

もくじ

この本の特長と使い方

本冊の構成と内容

句法の解説

漢文の読解と問題を解くために必要な漢文の〈句法〉の公式を解説しています。句法の公式と例文によって句法を簡単に整理して覚えることができます。

章立て・句法

本書では漢文の読解に必要な句法を基礎から学習することができます。33章の句法を学び、漢文を「読む力」と、問題を「解く力」を養います。各章のタイトルには、その章での学習のポイントを示しています。

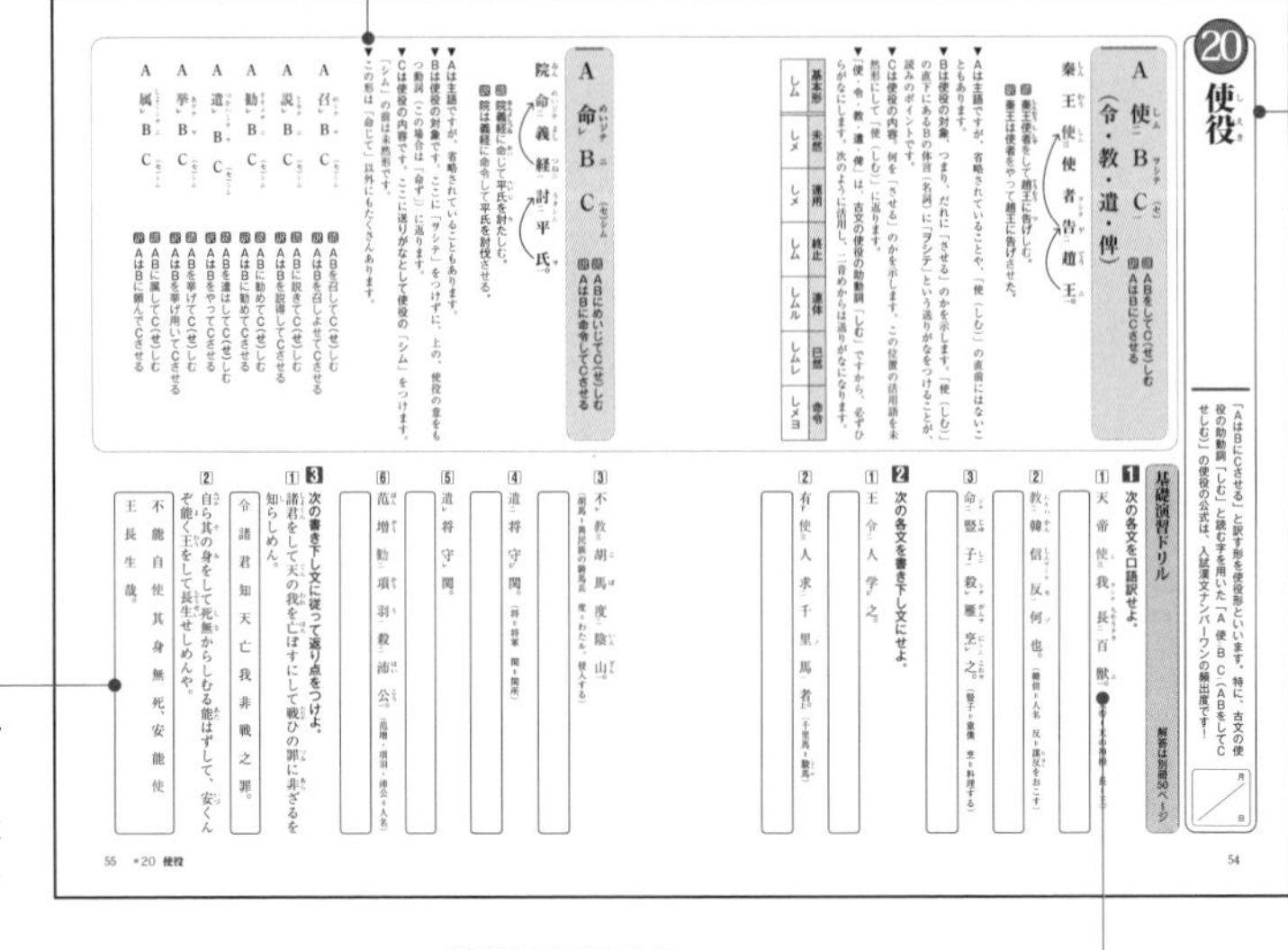

解答欄

“書き込む作業をする”ことで漢文の〈句法〉を頭に定着させます。基礎演習ドリルでは「書き下し文」や「返り点」などを実際に自分の手で“書き込む”ことが大切です。

基礎演習ドリル

上段で学習した〈句法〉を下段のドリルで即座にチェックします。上段の解説を見ながら問題を解くことで句法を覚えていくことができます。

実戦演習問題

「句法の解説」と「基礎演習ドリル」で学習した〈句法〉を、「実戦演習問題」で確認していきます。句法を覚えたことで、どのくらい漢文が読めて、問題が解けるのか、演習問題を解くことによって確認しましょう。

章立て・実戦演習問題

本書には漢文の〈句法〉を演習形式で確認するために13章の「実戦演習問題」があります。できるだけ易しいレベルのセンター試験（国語Ⅰ、国語Ⅰ・Ⅱ）の過去問から、設問を取捨し、多少の改変を加えて編集してあります。

脚注

「実戦演習問題」に出題された漢文を読むための補助となる注です。文章を読むために欠かせないものですから、見落とさないようにしましょう。

別冊の構成と内容

◎基礎演習ドリル◎

◆◆解答◆◆
本冊の「基礎演習ドリル」の解答が赤字で記入されています。問題文と解答欄がそのまま掲載されているので、答え合わせをする際には自分で記入した解答の正誤が即座にチェックできます。(解答には書き下し文・口語訳の両方が付けてあります)

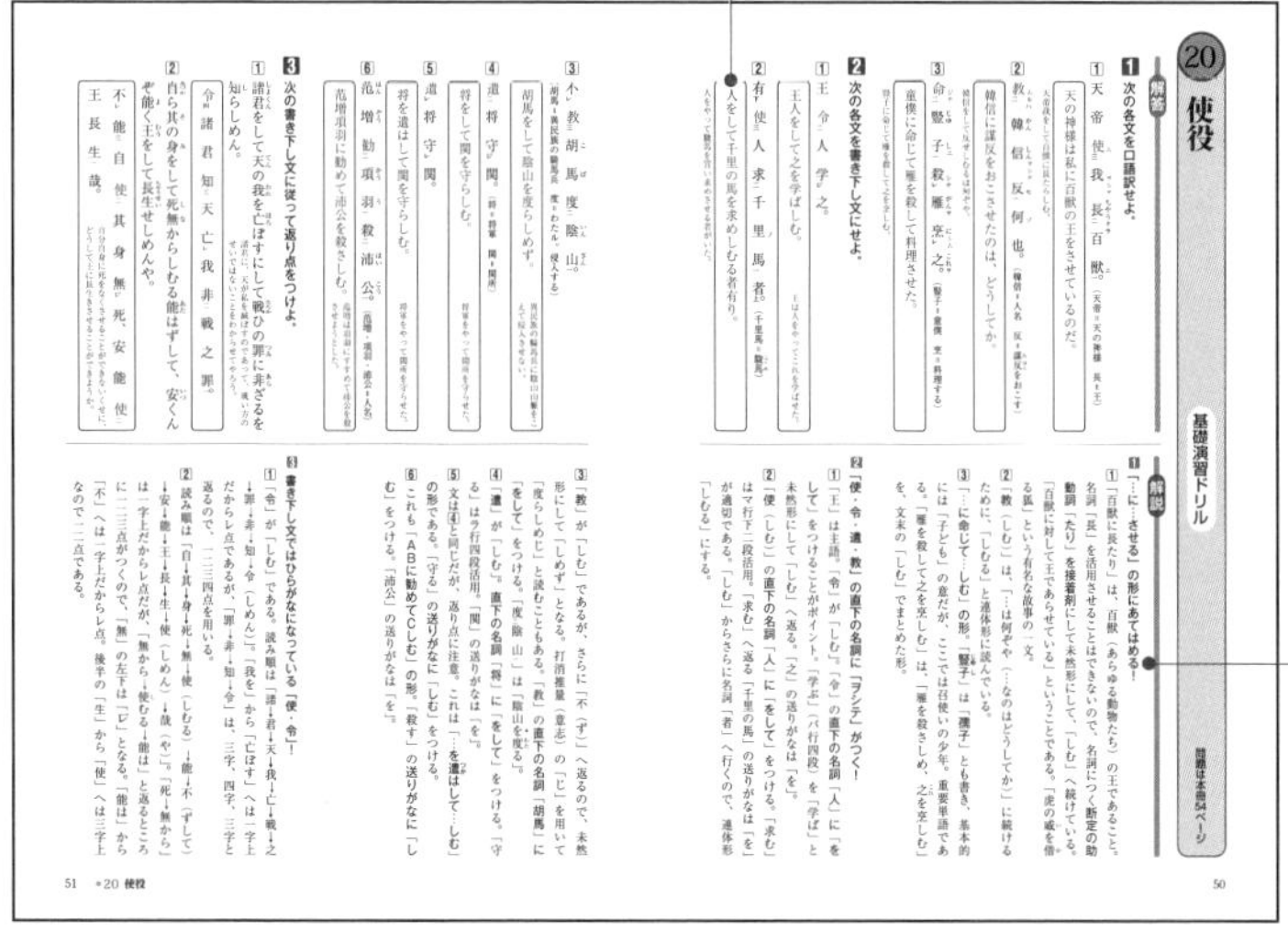

◆◆解説◆◆
「基礎演習ドリル」の解答を導くための解説です。とくにここは〈句法〉をチェックするための問題なので、正確に句法の学習ができているか、解説を読んで確認します。

◎実戦演習問題◎

◆◆書き下し文◆◆
「実戦演習問題」の問題文である漢文の全文を書き下し文にしています。漢文の問題は書き下し文にすることができれば読解できたも同然です。できれば自分で書き下し文を作ってみましょう。

◆◆解答◆◆
本冊の「実戦演習問題」の解答です。選択肢から解答を選ぶ形式の問題です。その選択肢の誤っている箇所・正しい箇所が赤線と○・×で記してあるので、選択肢の判断の仕方を勉強しましょう。

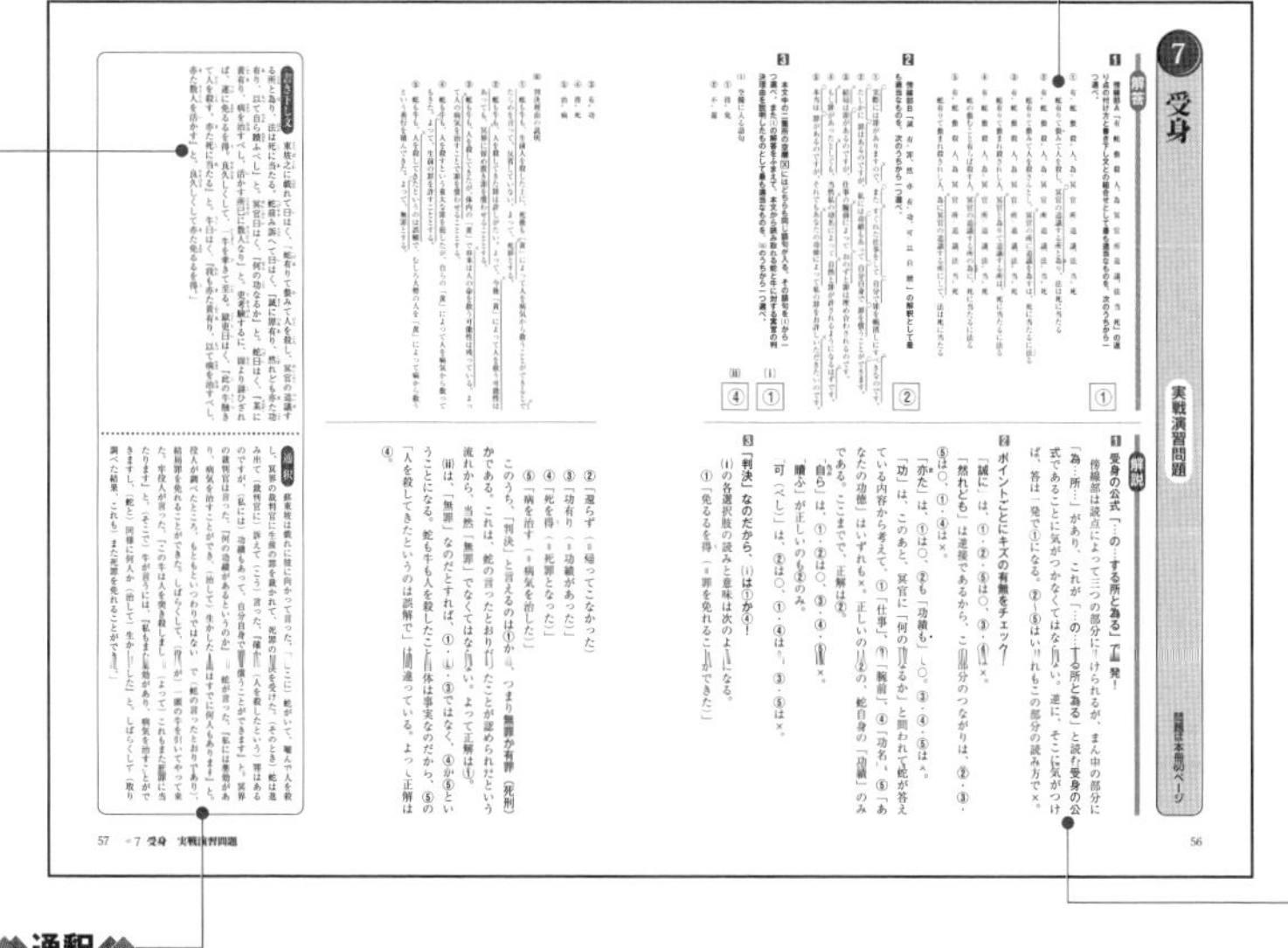

◆◆通釈◆◆
「実戦演習問題」の問題文である漢文の通釈です。問題を解くにあたって漢文の内容を確認することは大切です。漢文を訳す際の参考にもなります。

◆◆解説◆◆
選択肢のなかで「どうしてそれが正解なのか」を丁寧に解説しています。解説をしっかり読んで、どのような手順で正答を選ぶのかを確認しましょう。

1 返(かえ)り点(てん)・送(おく)りがな (1)

漢文を日本語の語順に直して読むために、字を読む順序を示す記号を「返り点」といいます。また、日本語にして読みやすくするために、用言の活用語尾や助詞などを補ったものを「送りがな」といいます。

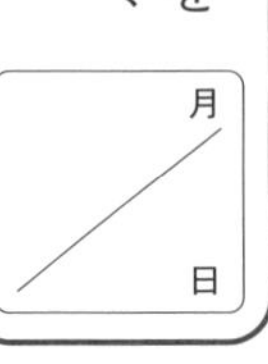

❶ 漢文の見方

登(のぼ)ルレ山ニ。

ふりがな　返り点　送りがな　書き下し文

山に登る。

❷ 返り点

下の字から上の字へ返って読むことを示す記号で、漢字の左下につけます。返り点に出会ったら必ず片づけてから下に進みます。

レ(れ)点(てん)…レ点をはさんだ下の字から一字上の字へ返る。

有(あ)レバレ備(そな)ヘ無(な)シレ患(うれ)ヒ。

[2]レ [1] [4]レ [3]

読 備(そな)へ有(あ)れば患(うれ)ひ無(な)し。

訳 準備をしっかりしておけば心配はない。

歳(さい)月(げつ)ハ不(ず)レ待(ま)タレ人ヲ。

[1] [2] [5]レ [4]レ [3]

読 歳月(さいげつ)は人(ひと)を待(ま)たず。

訳 年月は人を待っていてはくれない。

基礎演習ドリル

解答は別冊2ページ

1 返り点に従って、□の中に読む順序を数字で入れよ。

1 □レ□□レ□レ□。

2 □□二□□一□。

3 □二□レ□□□一。

4 □レ□二□□□一。

5 □レ□二□レ□□□一。

6 □□レ□三□□二□一。

7 □四□□三□□二□一。

8 □三□レ□□二□レ□一。

9 □□二□□□一□。

10 □三□二□□□一。

2 読み方に従って返り点をつけよ。

一二点（いちにてん）…二字以上へだてた上の字へ返る。

尽（つクシテ）$_{二}$人事$_{一}$待$_{二}$天命$_{一}$。

3 1 2 6 4 5

読 人事（じんじ）を尽（つ）くして天命（てんめい）を待（ま）つ。

訳 人間としてやれることはやり尽くしてあとは運を天にまかせる。

▼「三↑二↑一」「四↑三↑二↑一」と、左下に「三」や「四」がついている字まで返ることもあります。その場合、一と二の間が二字以上であることはもちろんですが、二と三の間、三と四の間も二字以上です。

送（ル）$_{三}$元（げん）二（じノ）使（つかヒスルヲ）$_{二}$安（あん）西（せいニ）$_{一}$。

6 1 2 5 3 4

読 元二（げんじ）の安西（あんせい）に使（つか）ひするを送（おく）る。

訳 元二が安西に使者として旅立つのを見送る。

●二字の熟語へ返る場合

吾日（ニ）三$_{二}$省（ス）吾（ガ）身（ヲ）$_{一}$。

1 2 5 6 3 4

読 吾日（われひ）に吾（わ）が身（み）を三省（さんせい）す。

訳 私は一日に何度も自分を反省する。

▼教科書などでは「-」はついていますが、つけなければならないきまりではないので、入試問題などではついていないこともあります。

1 少年（せうねん）老（お）い易（やす）く学（がく）成（な）り難（がた）し。

少年易老学難成。

2 鹿（しか）を逐（お）ふ者（もの）は山（やま）を見（み）ず。（不＝ず）

逐鹿者不見山。

3 子（し）は吾（わ）が友（とも）に非（あら）ざるなり。（子＝あなた　也＝なり）

子非吾友也。

4 羊頭（やうとう）を懸（か）けて狗肉（くにく）を売（う）る。（狗肉＝犬の肉）

懸羊頭売狗肉。

5 書（しょ）は以（もっ）て名姓（めいせい）を記（しる）すに足（た）るのみ。（而已＝のみ）

書足以記名姓而已。

6 秦皇（しんくわう）天下（てんか）を平定（へいてい）す。（秦皇＝秦の始皇帝（しくわうてい））

秦皇平定天下。

7 百聞（ひやくぶん）は一見（いつけん）に如（し）かず。（不如＝及ばない）

百聞不如一見。

8 人皆（ひとみな）人（ひと）に忍（しの）びざるの心（こころ）有（あ）り。（不＝ざる　之＝の）

人皆有不忍人之心。

2 返り点・送りがな(2)

返り点はレ点、一二点のほかにも、一二点をはさむ上下点、上下点もはさむ甲乙点、甲乙点もはさむ天地人点などがあり、それらがいろいろにからまっています。しっかり練習しましょう！

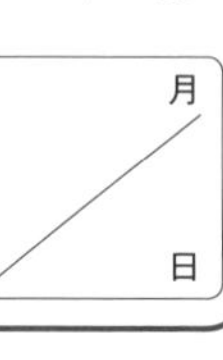

上下点…一二点を用いた句を中にはさんで、さらに上の字へ返る。

有リ下献ズル二梅樹ヲ一者上。
（読む順序：5 3 1 2 4）

読 梅樹を献ずる者有り。

訳 梅の木を献上する者がいた。

不下為ニ二児孫ノ一買ハ中美田ヲ上。
（読む順序：7 3 1 2 6 4 5）

読 児孫の為に美田を買はず。

訳 子孫たちのために大きな財産を残さない。

▼「下↑中↑上」と用いることもあります。

甲乙点…上下点もはさんで、さらに上の字へ返る。

欲ス乙得テ下有ル二才智ヲ一者上用ヒントヲ甲。
（読む順序：7 5 3 1 2 4 6）

基礎演習ドリル

解答は別冊4ページ

1 返り点に従って、□の中に読む順序を数字で入れよ。

1 □レ□二□□□一レ□。

2 □レ□二□レ□□一レ□。

3 □下□二□レ□□一□上。

4 □下□□中□二□□一□上。

5 □レ□下□二□レ□□一□上レ□。

6 □乙□下□二□レ□□一□上□甲。

7 □丁□二□□一□丙□□乙□□甲。

2 読み方に従って返り点をつけよ。

1 勇者は必ずしも仁有らず。

勇 者 不 必 有 仁。

2 楚人に楯と矛とを鬻ぐ者有り。（与＝と　鬻＝売る）

読 才智有る者を得て用ひんと欲す。
訳 才智のすぐれた者を得て挙用したいと思う。

▼「丙↑乙↑甲」あるいは「丁↑丙↑乙↑甲」と用いることもあります。

▼甲乙点は、基本的には上下点をはさんで用いますが、一二点を用いたあと、上中下点で返りきれない場合に、上中下点をパスして「甲乙丙丁」を用いる例があります。

レ点：レ点から読んで、一二、上下と読む。

君子不㆓以㆑言挙㆑人㆒。
1 2 7 4 3 6 5

読 君子は言を以て人を挙げず。
訳 君子はことばだけで人を用いたりしない。

勿㆘以㆓悪小㆒為㆖之。
6 3 1 2 5 4

読 悪の小なるを以て之を為すこと勿かれ。
訳 些細なことだからといって悪いことをしてはいけない。

▼「上レ」の場合も同じで、レ点を読んでから、甲乙点を読みます。

▼「二レ、三レ、中レ、下レ」のような形になることはありません。

3 楚人有鬻楯与矛者。

善の小なるを以て之を為さざること勿かれ。

勿以善小不為之。

4 一言にして以て燕国の患ひを解き将軍の仇に報ゆべき者有り。（可＝べし 之＝の）

有一言可以解燕国之患報将軍之仇者。

送りがな

送りがなは漢字の右下に、カタカナで小さくつけます。
（ふりがなは、漢字の右にひらがなでつけます）

登㆓富士山㆒。

▼文語文法に従い、歴史的かなづかいを用いる。

笑フ　率キル　飢エ

▼活用語は活用語尾を送る。

行ク　無シ　可シ　使ム

▼副詞・接続詞などは最後の一字を送る。（二字の例もある）

常ニ　遂ニ　固ヨリ　則チ　而シテ

▼助動詞や助詞を補うことがある。

我ハ　山ニ　死セリ

3 書き下し文

返り点や送りがなに従って訓読した漢文を、読んだとおり日本語の文にしたものを「書き下し文」といいます。「書き下し文にせよ」という問題は漢文の基本ですから、きまりをしっかり覚えましょう。

月　日

1 書き下し文の書き方

①送りがなの部分をひらがなにする。

聞レ一以知レ十。

2 1 3 5 4

読 一を聞きて以て十を知る。

訳 一つのことを聞いて十倍のことを類推(理解)する。

②文語文法に従い、歴史的かなづかいで書く。

低レ頭思二故郷一。

2 1 5 3 4

読 頭を低れて故郷を思ふ。

訳 うつむいて故郷のことを思う。

③読まない字(置き字)は書かない。

学而時習レ之。

1 ■ 2 4 3

読 学びて時に之を習ふ。

訳 教わったことを、折にふれて復習する。

基礎演習ドリル

解答は別冊6ページ

1 次の各文を書き下し文にせよ。

1 国破山河在。(破＝荒れ果てて)

2 以レ心伝レ心。

3 宋人有二耕レ田者一。(宋人＝宋の国の人)

4 人無二遠慮一、必有二近憂一。

5 知レ彼知レ己、百戦不レ殆。(彼＝敵、相手)

④日本語の助詞・助動詞にあたる字はひらがなにする。

一寸ノ光陰不ず可ベカラ軽かろンズ。

1 2 3 4 7レ 6レ 5

読 一寸(いっすん)の光陰(くわういん)軽(かろ)んずべからず。
訳 わずかな時間もむだにしてはいけない。

▼日本語の助詞にあたる字

者(は) 之(の) 与(と) 自・従(より)
乎・也・哉・耶・邪・歟・与(や・か)
夫・矣・哉・与(かな) 耳・已・爾(のみ)

▼日本語の助動詞にあたる字

見・為・被(る・らる) 使・令・教・遣(しむ)
不・弗(ず) 可(べし) 也(なり) 為(たり)
如・若(ごとし)

⑤再読文字(さいどくもじ)の二度めの読みはひらがなにする。

未いまダ二ず 嘗かつテ 見レみ 泣クヲ。

5 1 二 2 4レ 3

読 未(いま)だ嘗(かつ)て泣(な)くを見(み)ず。
訳 今まで一度も泣くのを見たことがない。

6 朝あしたニ三ニシテ而暮くれニ四、足たル乎か。

7 人不レ知ラ而不レ慍うらミ。(慍＝腹を立てる)

8 知リテ其ノ一ヲ未いまダレ知ラ其ノ二ヲ。

2 書き下し文に従って返り点をつけよ。

1 虎穴(こけつ)に入(い)らずんば、虎子(こじ)を得(え)ず。

不 入 虎 穴、不 得 虎 子。

2 我(われ)の明君(めいくん)に遇(あ)はざるを知(し)る。(明君＝立派な主君)

知 我 之 不 遇 明 君。

3 不死(ふし)の薬(くすり)を荊王(けいわう)に献(けん)ずる者有(ものあ)り。

有 献 不 死 之 薬 於 荊 王 者。

4 漢文の五文型

漢文は昔の中国語の書きことばですから、日本語とは文の構造が違います。返り点で返って読んだりするのもそのためで、この五文型を覚えておくと、訓点の省略された文を読むときに役に立ちます。

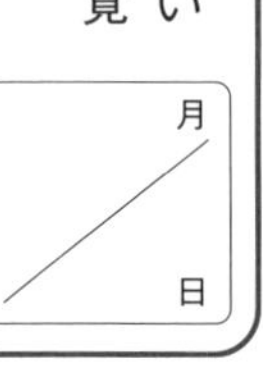

❶ 漢文の五つの基本構造

Ⅰ 主語 ガハ → 述語 スル・デアル

大器ハ晩成ス。（主語：大器／述語：晩成）

読 大器は晩成す。

訳 大きな器物はゆっくり完成する。

Ⅱ 主語 ガハ → 述語 スル ← 目的語 ヲ

我看ルレ花ヲ。（主語：我／述語：看／目的語：花）

読 我花を看る。

訳 私は花を見る。

Ⅲ 主語 ガハ → 述語 スル・デアル ← 補語 ニ・ト・ヨリ・ヨリモ

我登ルレ山ニ。（主語：我／述語：登／補語：山）

読 我山に登る。

訳 私は山に登る。

基礎演習ドリル

解答は別冊8ページ

1 語の右側にある主語、述語、目的語、補語に注意して、書き下し文にせよ。

1 山高、水清。（主：山／述：高／主：水／述：清）（水＝川）

2 疑心生ニ暗鬼一。（主：疑心／述：生／目：暗鬼）（生＝生ず。サ変動詞）

3 得ニ天下ノ英才一、而教ニ育之一。（述：得／目：天下英才／述：教育／目：之）

4 孟浩然之ニ広陵一。（主：孟浩然／述：之／補：広陵）（之＝行　広陵＝地名）

5 孔子問ニ礼ヲ於老子ニ一。（主：孔子／述：問／目：礼／補：老子）（於＝読まない字）

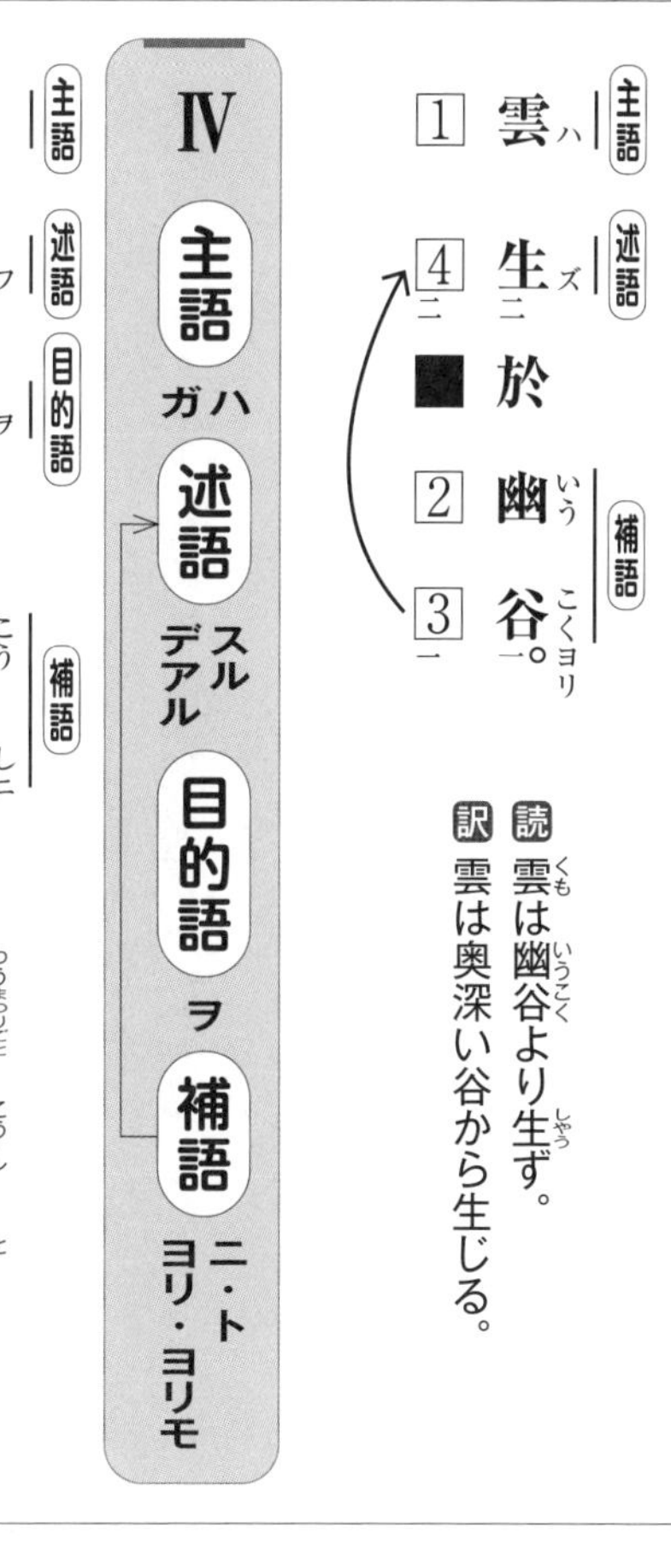

1 雲ハ 4 生ズ 2 於 3 幽谷ヨリ。

読 雲は幽谷より生ず。
訳 雲は奥深い谷から生じる。

Ⅳ 主語 ガハ　述語 スル デアル　目的語 ヲ　補語 ニ・ト ヨリ・ヨリモ

1 王 5 問フ 2 政ヲ ■ 於 3 孔子ニ 4。

読 王政を孔子に問ふ。
訳 王は政治について孔子に尋ねた。

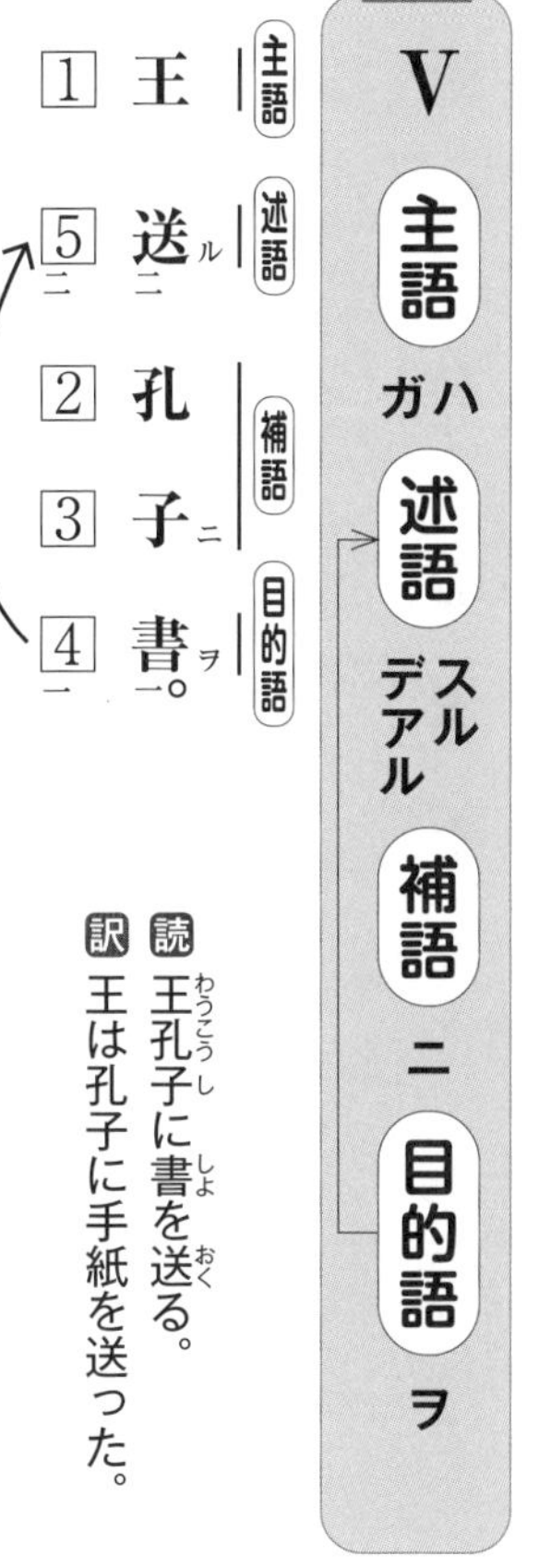

Ⅴ 主語 ガハ　述語 スル デアル　補語 ニ　目的語 ヲ

1 王 5 送ル 2 孔 3 子ニ 4 書ヲ。

読 王孔子に書を送る。
訳 王は孔子に手紙を送った。

▼Ⅳ・Ⅴ文型のように述語のあとに目的語も補語もある場合は、両方とも読んでから述語に返ります。

▼「主語－述語－補語－補語」と、述語の下に補語が二つある型もあります。その場合も、二つの補語を両方とも読んでから述語に返ります。

6 狙公与狙杼。（狙公＝サルを飼う人　杼＝どんぐり）

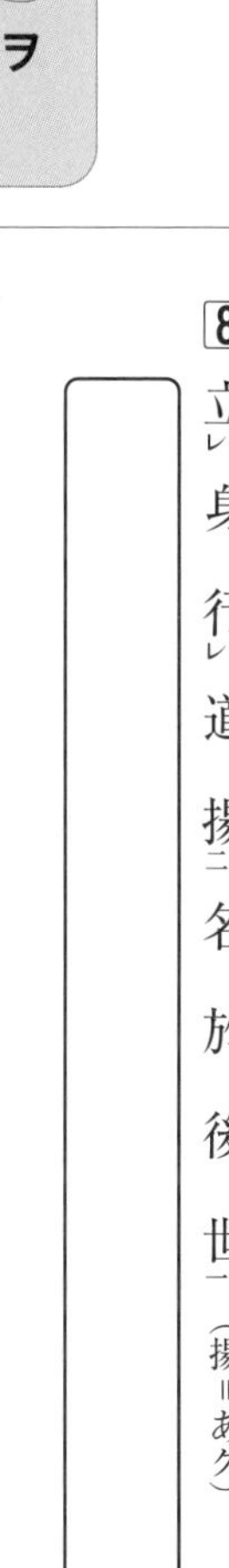

7 秦王遣趙王使者。（遣＝おくル）

8 立身行道、揚名於後世。（揚＝あグ）

鬼とあったら返る！

日本語では、主語のあとに、目的語や補語があって、述語は最後にあります。

しかし、漢文では、上段に典型的な五つの文型を示したように、主語のあとに述語がきて、そのあとに目的語や補語がきます。そのために工夫されたのが返り点で返る訓読法なのです。

述語へ返る場合、**目的語の送りがなはだいたい「ヲ」**、**補語の送りがなは「ト・ヨリ・ヨリモ」などもありますが、だいたい「ニ」**で、その目的語や補語を読んでから、上にある述語に返ることになるので、これを、「**ヲニとあったら返る！**」と覚えます。送りがなを省いた文を読むときに、これが役に立ちます。

5 置き字

いろいろなはたらきがあるのですが、訓読するときには読まない字を「置き字」といいます。書き下し文にするときに書かないことが、唯一の注意点ですが、文の中でのはたらきは覚えておきましょう。

月　日

而…

文中で順接・逆接の接続助詞のはたらきをする。直前の送りがな、順接の「テ・デ・シテ」や、逆接の「ドモ」などにあたる。

学ビテ而時ニ習フレ之ヲ。
1 ■ 2 4 3

読 学びて時に之を習ふ。
訳 教わったことを、折にふれて復習する。

樹欲スレドモレ静カナラント而風不ズレ止マ。
1 3 2 ■ 4 6 5

読 樹静かならんと欲すれども風止まず。
訳 樹が静かにしていようと思っても、風が止まない。

於・于・乎…

文中で補語の上に置かれて、下にある補語の送りがな「ニ・ト・ヨリ・ヨリモ」などのはたらきをする。

良薬ハ苦ケレドモ二於口ニ一而利アリ二於病ニ一。
1 2 4 ■ 3 ■ 6 ■ 5

基礎演習ドリル

解答は別冊10ページ

1 次の各文を書き下し文にせよ。

1 子欲スレドモレ養ハント而親不レ待タ。

2 小人之学ハ入リテ二乎耳ヨリ一出ヅ二於口ヨリ一。

3 過アヤマチテ而不ザルレ改メ、是レヲ謂フレ過チト矣。

4 登リ二彼カノ西山セイザンニ一兮采トル二其ノ薇ビヲ一。（薇＝ぜんまい）

2 書き下し文に従って返り点をつけよ。

1 故ふるきを温たづねて新あたらしきを知しらば、以もつて師しと為なるべし。

温故而知新、可以為師矣。

読 良薬は口に苦けれども病に利あり。
訳 よい薬は口には苦いが病気にはよくきく。

吾十有五而志于学。
1 2 3 4 ■ 6 ■ 5

読 吾十有五にして学に志す。
訳 私は十五歳のときに学問の道に志を立てた。

矣・焉・也…文末（あるいは句末）に置かれて、断言・強調の意を添える。

胸中正則眸子瞭焉。
1 2 3 4 5 6 7 ■

読 胸中正しければ則ち眸子瞭らかなり。
訳 心の中が正しければ、ひとみは明るく澄んでいるものだ。

兮…詩の中で、調子を整えるはたらきをする。

秋風起兮白雲飛。
1 2 3 ■ 4 5 6

読 秋風起こり白雲飛ぶ。
訳 秋風が吹いてきて、白雲が流れている。

2 青は之を藍より取りて藍よりも青し。（青＝青い染料）

青取之於藍而青於藍。

3 君子は言に訥にして行ひに敏ならんと欲す。（訥＝口べたなこと　敏＝機敏なこと）

君子欲訥於言而敏於行。

3 次の各文の空欄に「而・於・矣」のいずれかを入れよ。

1 天網恢恢疎□不失。（恢恢＝大きくて広いさま　疎＝網の目があらいこと）

2 氷水為之□寒□水。

3 忠言逆□耳□利□行。

4 自反□縮、雖千万人吾往□。（縮＝正しければ　往＝立ち向かってゆく）

5 君子博学□日三省乎己、則智明□行無過□。

1 置き字 実戦演習問題

「置き字」に関する実戦問題です。2で力を試しましょう。1は語の読み方の問題。知っているかどうかの勝負です。3は、問題文全体の内容把握の問題ですが、注2・3・5・6に着目！

月　日

解答は別冊12ページ

次の文章を読んで、後の問いに答えよ。設問の都合で送りがなを省いたところがある。

一老狸（注1）奴、将レ誕レ子矣(a)。一女童誤触レ之、而堕。日夕嗚（注2）嗚然。会有下餽二両小狸奴一者上。其始、蓋漠（注3）然不二相能一也(b)。老狸奴者、舐二其毦（注4）一而譲二之食一。両小狸奴者、亦久而(c)相忘也。稍即レ之、遂(ア)承二其乳一焉(イ)。自レ是欣（注5）然以為二良己之母一。老狸奴者、亦居（注6）然以為二良己出一也。A吁、亦異哉。

昔、漢明（注7）徳馬后無レ子。顕（注8）宗取二他人子一、命養レ之曰、「人子何必親生。但恨二愛之不一レ至耳(d)。」后尽レ心撫育、而章帝亦恩（注9）性天至。狸奴之事、適有レ契焉(e)。

（程敏政『篁墩文集』）

注

1 狸奴—猫。
2 嗚嗚然—嘆き悲しんで鳴くさま。
3 漠然—無関心なさま。
4 毦—うぶ毛。
5 欣然—よろこぶさま。
6 居然—やすらかなさま。
7 明徳馬后—後漢の第二代明帝（顕宗）の皇后。第三代章帝の養母。
8 顕宗取二他人子一命養レ之—顕宗が他の妃の子を引き取って、明徳馬后に養育を託したことをいう。
9 恩性天至—親に対する愛情が、自然にそなわっていること。

1 二重傍線部(ア)「遂」・(イ)「自」と同じ読み方をするものを、次のうちからそれぞれ一つずつ選べ。

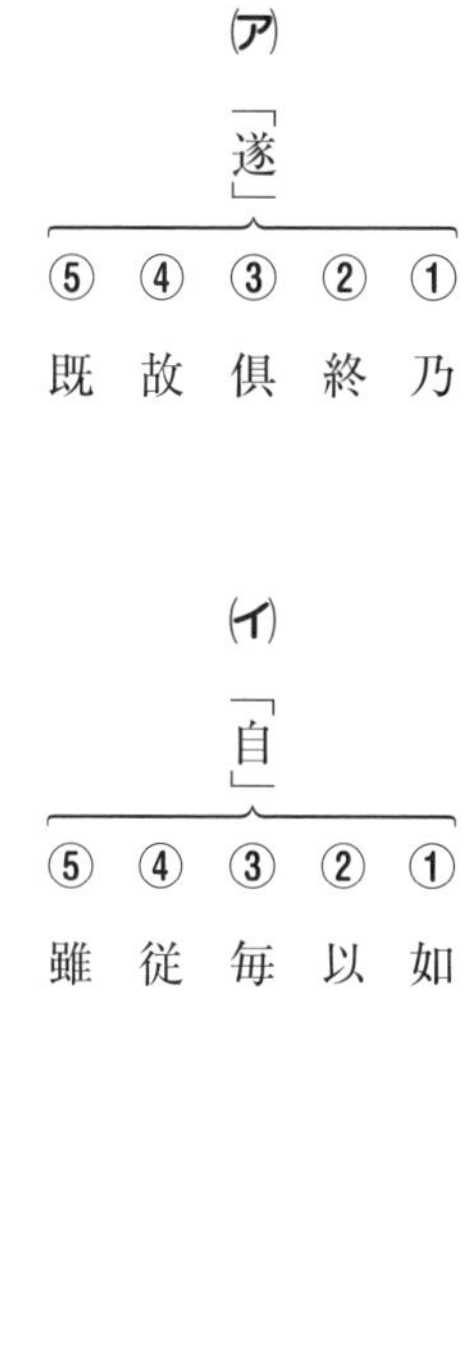

(ア)「遂」
① 乃
② 終
③ 倶
④ 故
⑤ 既

(イ)「自」
① 如
② 以
③ 毎
④ 従
⑤ 雖

(ア) □　(イ) □

2 波線部(a)「矣」・(b)「也」・(c)「而」・(d)「耳」・(e)「焉」の説明の組合せとして最も適当なものを、次のうちから一つ選べ。

① (a)「矣」は「かな」と読み、詠嘆の意味を添え、
　(b)「也」は文末の置き字で、断定の意味を添える。

② (a)「矣」は「かな」と読み、感動の意味を添え、
　(c)「而」は文中の置き字で、順接の意味を添える。

③ (b)「也」は「なり」と読み、伝聞の意味を添え、
　(d)「耳」は「のみ」と読み、限定の意味を添える。

④ (c)「而」は文中の置き字で、順接の意味を添え、
　(e)「焉」は文末の置き字で、意志の意味を添える。

⑤ (d)「耳」は「のみ」と読み、限定の意味を添え、
　(e)「焉」は文末の置き字で、断定の意味を添える。

□

3 傍線部A「吁、亦異哉」とあるが、筆者がそのように述べる理由の説明として最も適当なものを、次のうちから一つ選べ。

① 子猫たちと出会った時は「嗚嗚然」としていた老猫が、「欣然」と子猫たちと戯れる姿を見せるようになったため。

② 互いに「漠然」として親子であることを忘れていた猫たちが、最後には「居然」と本来の関係をとりもどしたため。

③ 老猫と出会った初めは「漠然」としていた子猫たちが、ついには「欣然」と老猫のことを慕うようになったため。

④ 子猫たちが「居然」として老猫になつき、老猫も「嗚嗚然」たる深い悲しみを乗り越えることができたため。

⑤ 子猫たちが「欣然」と戯れる一方で、老猫は「居然」たるさまを装いながらも深い悲しみを隠しきれずにいるため。

□

6 返読文字(1)

文の構造上「ヲニとあったら返る」のではなく、必ず返って読む字があり、それらを「返読文字」といいます。否定・使役・受身・比況・仮定など重要な句法に属するものも多いので注意しましょう。

月　日

否定の「不(ず)・非(あらズ)・無(なシ)」と「有(あリ)」

➡28ページ

春(しゅん)眠(みん)不(ず)レ覚(エ)レ暁(あかつきヲ)。
1 2 5 4 3

読 春眠暁を覚えず。
訳 春の眠りは(心地よく)夜明けにも気づかない(ほどだ)。

有(ありテ)レ害 無(なシ)レ益。
2 1 4 3

読 害有りて益無し。
訳 害があって何の益もない。

使役の「使(しム)・令(しム)・教(しム)・遣(しム)」

➡54ページ

使(しム)二人(ヲシテ)往(ゆカ)一。
3 1 2

読 人をして往かしむ。
訳 人に行かせる。

受身の「見・為・被」(る・らル)

➡58ページ

厳(げんニシテ)而 見(らル)レ愛(セ)。
1 ■ 3 2

読 厳にして愛せらる。
訳 厳格でありながら親しまれる。

基礎演習ドリル

解答は別冊14ページ

1 次の各文を書き下し文にせよ。

1 李(り)下(ニ)不レ正(サ)レ冠(かんむりヲ)。(李下＝すももの木の下)

2 有(ル)二陰(いん)徳(とく)一者(ハ)必(ズ)有(リ)二陽(よう)報(ほう)一。(陰徳＝人に知られない善い行い　陽報＝天の授けるよい報い)

3 不(ず)レ可(カラ)レ除(ク)二卿(けいノ)名(ヲ)一。(卿＝あなた)

4 使(ム)二民(ノ)心(ヲシテ)不(ざラ)レ乱(レ)一。

5 寛(くわんニシテ)而 見(ル)レ畏(おそレ)。(寛＝寛容)

可能・命令などの「可(ベシ)」

1 5 2 4 3
悪(ハ)可(ベシ)二変(ジテ)為(ナス)レ善(ト)。

読 悪(あく)は変(へん)じて善(ぜん)と為(な)すべし。
訳 悪は変えて善にすることができる。

↓84ページ

比況(ひきょう)の「如(ごとシ)・若(ごとシ)」

1 2 5 3 4
人生(ハ)如(ごとシ)二朝(てう)露(ろノ)一。

読 人生(じんせい)は朝露(てうろ)のごとし。
訳 人生は朝の露のようなものだ。

↓69ページ

仮定の「雖(いへどモ)」

3 2 1 5 4
雖(いへどモ)レ不(ずト)レ中(あタラ) 不(ず)レ遠(カラ) 矣。

読 中(あ)たらずと雖(いへど)も遠(とほ)からず。
訳 あたっていないとはいっても、それほどはずれてはいない。

↓98ページ

断定の「為(たり)」

1 3 2
我(ハ)為(たり)レ我。

読 我(われ)は我(われ)たり。
訳 私は私である。

6 旁(かたはらニ)若(シ)レ無(キガ)レ人。

7 人(ハ)為(リ)二刀(たう)俎(そ)一、我(ハ)為(リ)二魚肉(ぎょにく)一。（刀俎＝包丁とまな板）

2 書き下し文に従って、返り点をつけよ。

1 桃李(たうり)言(もの)はざれども、下(した)自(おのづか)ら蹊(こみち)を成(な)す。

桃李不言、下自成蹊。

2 他山(たざん)の石(いし)以(もつ)て玉(たま)を攻(をさ)むべし。（攻＝みがく）

他山之石可以攻玉。

3 舟車(しうしや)有(あ)りと雖(いへど)も、之(これ)に乗(の)ること無(な)し。

雖有舟車、無乗之。

4 時雨(じう)のごとく之(これ)を化(くわ)する者(もの)有(あ)り。（時雨＝ちょうどよい時に降る雨　化＝感化する）

有如時雨化之者。

7 返読文字(2)

返読文字には「多・少」「易・難」「所」など思いがけないものもあります。傍線部の読み方を考えて、自分で返り点をつけたりするようなケースで、返読文字の知識が役に立つことがよくあります。

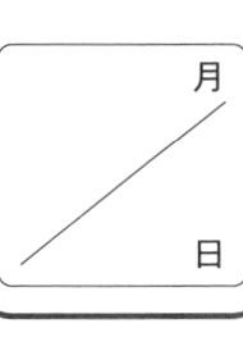

形容詞「多（おほシ）・衆（おほシ）」と「少（すくなシ）・寡（すくなシ）・鮮（すくなシ）」

多（おほク）レ労　少（すくなシ）レ功。

（2 1 4 3）

読　労（らう）多（おほ）く功（こう）少（すくな）し。

訳　苦労が多く、実りは少ない。

形容詞「易（やすシ）」と「難（かたシ）」

少年易（やすク）レ老（イ）学難（がたシ）レ成（リ）。

（1 2 4 3 5 7 6）

読　少年（せうねん）老（お）い易（やす）く学（がく）成（な）り難（がた）し。

訳　若者は年をとるのは早く、学問はなかなか成就（じょうじゅ）しない。

用法の多い「与」（と・より）

礼（ト）与（と）レ食孰（いづレカ）重（キ）。

（1 3 2 4 5）

読　礼（れい）と食（しょく）と孰（いづ）れか重（おも）き。

訳　礼節と食とではどちらが重要か。

基礎演習ドリル

解答は別冊16ページ

1 次の各文を書き下し文にせよ。

1 寿（いのちながケレバ）則（チ）多（シ）レ辱（はぢ）。（寿＝長生きをすると）

2 富（ト）与（ハ）レ貴是（レ）人之（の）所レ欲（スル）也。

3 有（リ）レ朋（とも）自（リ）二遠方一来（タル）。

4 病（やまひハ）従（リ）レ口入（いリ）、禍（わざはひハ）従（リ）レ口出（いヅ）。

5 恍惚（くわうこつトシテ）若（シ）レ有（ルガ）レ所レ失（フ）。（恍惚＝ぼんやりして）

3 与(二)其(ノ)奢(一)寧(ロ)倹(ナレ)。1 2 4 5

読 其の奢らんよりは寧ろ倹なれ。

訳 ぜいたくであるよりはむしろ質素にせよ。

格助詞「自・従・由」

1 君 4 自(二)故 2 郷(一)来(タル)。3 5

読 君故郷より来たる。

訳 君は故郷からやってきた。

名詞「所」と「所以」

1 貧 3 与(レ)賤 2 是 4 人 5 之 6 所(レ) 8 悪(ム)也。7 9

読 貧と賤とは是れ人の悪む所なり。

訳 貧乏と身分が低いこととは人がだれもが嫌うものである。

1 項 2 氏(ノ) 6 所(三) 7 以(ノ) 5 失(二)(ヒシ) 3 天 4 下(一)(ヲ) 8 者(ハ) 9 何(ゾ) 10 也(ヤ)。

読 項氏の天下を失ひし所以の者は何ぞや。

訳 項氏が天下を失ったわけは何か。

6 所(二)以(ハ)枕(レ)(スル)流(レニ)、欲(レ)(スレバナリ)洗(二)(ハント)其(ノ)耳(一)(ヲ)。(所以＝わけ)

7 目者(ハ)所(二)以(ル)視(一)也。(所以＝～するところのもの)

2 書き下し文に従って、返り点をつけよ。

1 韓魏と之を伐ちて、函谷関に入る。(韓・魏＝いずれも国名　函谷関＝関所の名)

与 韓 魏 伐 之、入 函 谷 関。

2 人に溺れんよりは、寧ろ淵に溺れよ。(淵＝川の深いところ)

与 溺 于 人、寧 溺 于 淵。

3 石に漱ぐ所以は、其の歯を礪がんと欲すればなり。

所 以 漱 石、欲 礪 其 歯。

4 法令は民を導く所以なり。(所以＝方法・手段)

法 令 所 以 導 民 也。

8 再読文字(1)

一つの字を二度読むという特殊な字があって、これを「再読文字」といいます。一度めは返り点に関係なく、副詞として読み、二度めは返り点どおり返ってきて、助動詞または動詞として読みます。

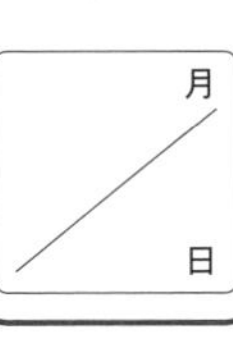
月 日

未レ A(セ)

読 いまだA(せ)ず
訳 まだAしない

未ダ嘗テ敗北セ。

読 未だ嘗て敗北せず。
訳 まだ今まで一度も負けたことがない。

▼二度めの読みの「ず」は打消の助動詞ですから活用します。たとえば「未」の左下の送りがなが「ル」であれば「ざる」と連体形に読み、「レ」であれば「ざれ」と已然形に読むことになります。

▼打消の助動詞「ず」は未然形に接続しますから、二度めの読みの「ず」には未然形から返ってきます。「Aセ」の「セ」は、漢文はサ変動詞の使用が多いので、未然形であることを、サ変動詞で示してあります。

将レ A(セ)ント (且)

読 まさにA(せ)んとす
訳 いまにもAしようとする
いまにもAしそうだ

始皇帝将ニ死セント。

読 始皇帝将に死せんとす。
訳 始皇帝はいまにも死にそうだ。

基礎演習ドリル

解答は別冊18ページ

1 次の各文を書き下し文にして、口語訳せよ。

1 未レ聞三好レ学ヲ者ヲ一也。（学＝学問）

訳

2 不レ知二老イの将ニ至ラントルヲ。

訳

3 趙且ニ伐レ燕ヲ。（趙・燕＝戦国時代の国名）

訳

4 若シ不レ用ヒ、当ニ殺スレ之ヲ。（之＝ある人物をさす）

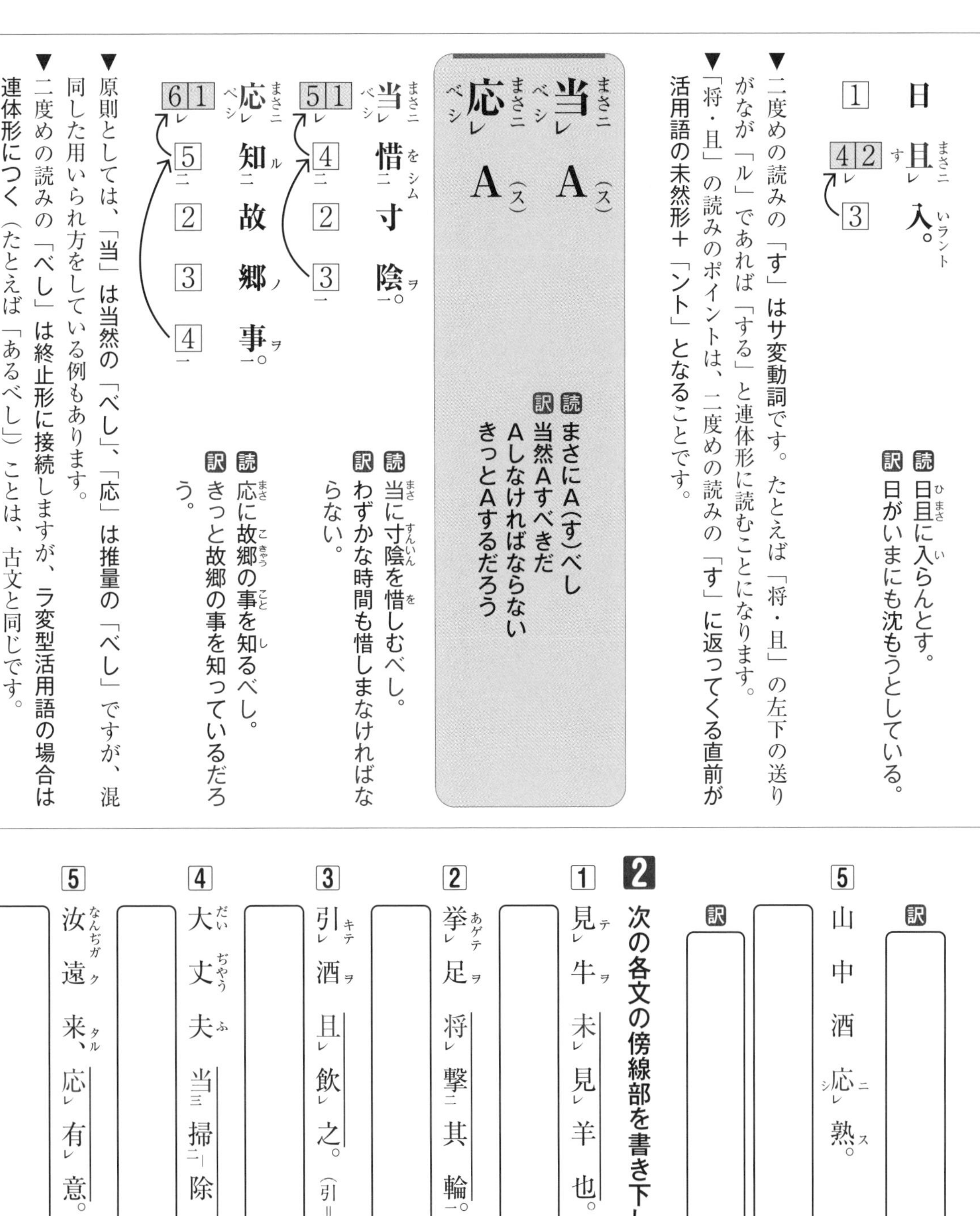

日且（まさニ…ス）レ入（いラント）。　1 日　4 2 且　3 入

読　日且（ひまさ）に入（い）らんとす。
訳　日がいまにも沈もうとしている。

▼二度めの読みの「す」はサ変動詞です。たとえば「将・且」の左下の送りがなが「ル」であれば「する」と連体形に読むことになります。
▼「将・且」の読みのポイントは、二度めの読みの「す」に返ってくる直前が活用語の未然形＋「ント」となることです。

当（まさニ…ベシ）レ A（ス）
応（まさニ…ベシ）レ A（ス）

読　まさにA(す)べし
訳　当然Aすべきだ
Aしなければならない
きっとAするだろう

当（まさニ…ベシ）レ惜（をシム）二寸陰（ヲ）一。　5 1 当　4 惜　2 寸　3 陰

読　当（まさ）に寸陰（すんいん）を惜（を）しむべし。
訳　わずかな時間も惜しまなければならない。

応（まさニ…ベシ）レ知（ル）二故郷（ノ）事（ヲ）一。　6 1 応　5 知　2 故　3 郷　4 事

読　応（まさ）に故郷（こきやう）の事（こと）を知（し）るべし。
訳　きっと故郷の事を知っているだろう。

▼原則としては、「当」は当然の「べし」、「応」は推量の「べし」ですが、混同した用いられ方をしている例もあります。
▼二度めの読みの「べし」は終止形に接続しますが、ラ変型活用語の場合は**連体形につく**（たとえば「あるべし」）ことは、古文と同じです。

5 山中酒応（まさニ…シ）レ熟（ス）。

訳

訳

2 次の各文の傍線部を書き下し文にせよ。

1 見（テ）レ牛（ヲ）未（ダ）レ見レ羊也。

2 挙（あゲテ）レ足（ヲ）将レ撃二其輪一。（撃＝うつ　輪＝車輪）

3 引（キテ）レ酒（ヲ）且レ飲レ之。（引＝手もとにひきよせて）

4 大（だい）丈（ぢやう）夫（ふ）当三掃二‐除天下一。（大丈夫＝立派な男子）

5 汝（なんぢガ）遠（ク）来（タル）、応レ有レ意。（意＝考え）

9 再読文字(2)

再読文字の一度めの読みの送りがなは漢字の右下に、二度めの読みの送りがなは左下につけます。書き下し文にするときは、一度めの読みは漢字のまま、二度めの読みは必ずひらがなに直します。

月　日

宜（よろシク）A（ス）（べシ）

読 よろしくA(す)べし
訳 Aするのがよろしい

宜₂従₁師之言₁。

読 宜しく師の言に従ふべし。
訳 先生の言葉に従うのがよろしい。

（読む順序：宜1→言4→之3→師2→従5→宜6）

▼二度めの読みの「べし」は適当の「べし」です。
▼「べし」は終止形（ラ変型活用語の場合は連体形）に接続し、形容詞型に活用します。たとえば「宜」の左下の送りがなが「キ」であれば「べき」と連体形に読むことになります。

須（すべかラク）A（ス）（べシ）

読 すべからくA(す)べし
訳 Aする必要がある／Aしなければならない

須₃常思₂病苦時₁。

読 須らく常に病苦の時を思ふべし。
訳 常に病気で苦しんだ時のことを思い出す必要がある。

（読む順序：須1→常2→時5→苦4→病3→思6→須7）

▼二度めの読みの「べし」は必要・必須の「べし」です。
▼「当・応・宜」と同じく、「べし」は終止形（ラ変型活用語の場合は連体形）に接続し、形容詞型に活用します。

基礎演習ドリル

解答は別冊20ページ

1 次の各文を書き下し文にして、口語訳せよ。

1 用ₗ人宜ₗ取₂其所ₗ長₁。（所長＝長所）

訳

2 須ₗ念₂衰老之辛酸₁。（辛酸＝つらさ、苦しみ）

訳

3 兄弟猶₃一木有₂両枝₁。（両＝二）

訳

4 盍₃各言₂爾志₁。（志＝考え、意見）

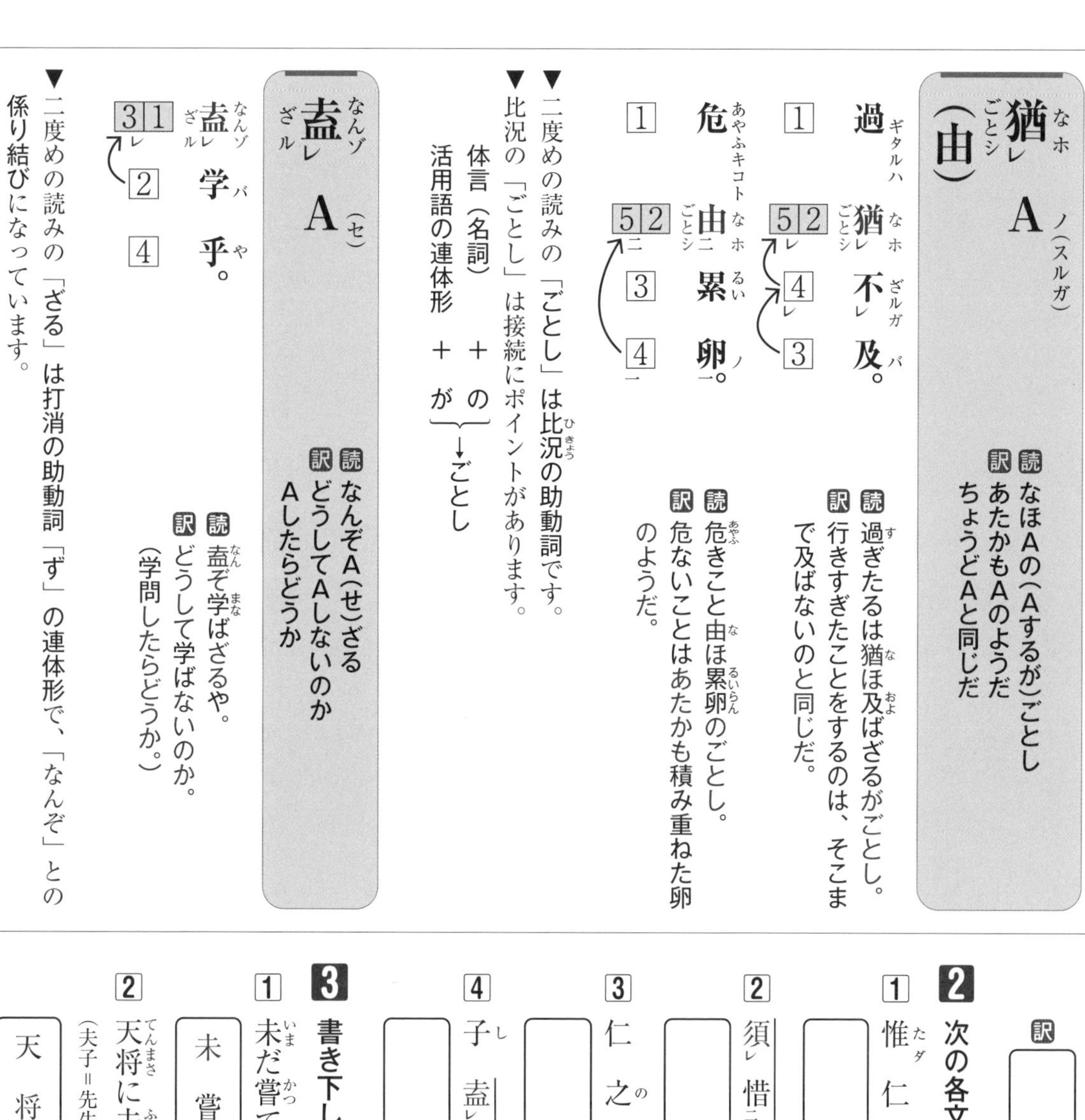

猶（由） 猶(なホ)レ A ノ(スルガ) ごとシ

読 なほAの（Aするが）ごとし
訳 あたかもAのようだ
ちょうどAと同じだ

過ギタルハ 猶ホ レ 不 レ ルガ 及 バ。 ［1 5 2 4 3］

読 過ぎたるは猶ほ及ばざるがごとし。
訳 行きすぎたことをするのは、そこまで及ばないのと同じだ。

危キコト 由ホ 二 累卵 ノ 一。 ［1 5 2 3 4］

読 危きこと由ほ累卵のごとし。
訳 危ないことはあたかも積み重ねた卵のようだ。

▼二度めの読みの「ごとし」は比況の助動詞です。
▼比況の「ごとし」は接続にポイントがあります。

体言（名詞）＋の
活用語の連体形＋が
→ごとし

盍 盍(なんゾ)レ A(セ) ざル

読 なんぞA（せ）ざる
訳 どうしてAしないのか
Aしたらどうか

盍(なんゾ)レ ざル 学(バ) 乎(や)。 ［3 1 2 4］

読 盍ぞ学ばざるや。
訳 どうして学ばないのか。
（学問したらどうか。）

▼二度めの読みの「ざる」は打消の助動詞「ず」の連体形で、「なんぞ」との係り結びになっています。

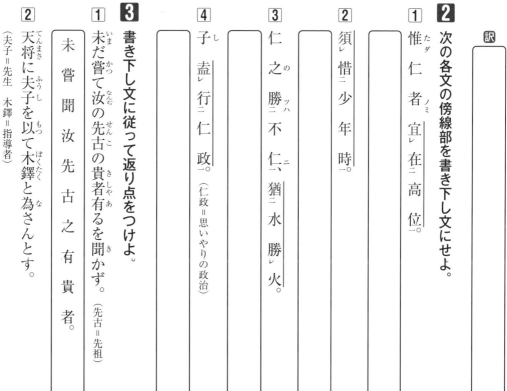

訳

2 次の各文の傍線部を書き下し文にせよ。

1 惟ダ仁者ノミ宜レ在ニ高位一。

2 須レ惜ニ少年時一。

3 仁之勝ツハ不仁ニ、猶ニ水勝レ火。

4 子盍レ行ニ仁政一。（仁政＝思いやりの政治）

3 書き下し文に従って返り点をつけよ。

1 未だ嘗て汝の先古の貴者有るを聞かず。（先古＝先祖）

未 嘗 聞 汝 先 古 之 有 貴 者。

2 天将に夫子を以て木鐸と為さんとす。（夫子＝先生　木鐸＝指導者）

天 将 以 夫 子 為 木 鐸。

2 再読文字 実戦演習問題

再読文字「当」の読み方がポイントになっている演習問題をやってみましょう。**1** **3**はともに文脈をとらえる問題です。**1**は注2に、**3**は「必ずしも…ざる」の意味に着眼しましょう。

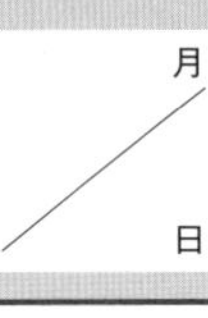

解答は別冊22ページ

次の文章は、明の文人謝榛が仲間と集まって詩について論じあった時の話である。これを読んで、後の問いに答えよ。設問の都合で返り点・送りがなを省いたところがある。

一日、因談四初唐盛唐十二家詩集、並李(注1)・杜二家、孰可三専為二楷(注2)範一。或云二沈(注3)・宋一、或云二李・杜一、或云二王(注4)・孟一。予黙然。久レ(注5)之、曰、「A歴二観十四家所レ作、咸可レ為レ法。B当選其諸集中之最佳者、録成一帙(注6)。熟二読之一以奪二神(注7)気一、歌二詠之一以求二声調一、玩(注8)二味之一以裒二精(注9)華一。得二此三(注10)要一、則造二乎渾(注11)淪一、C不下必塑二謫仙一而画中少陵上也。（後略）

（謝榛『四溟詩話』）

注

1 **李・杜**―盛唐の李白と杜甫。李白は「謫仙人」と称され、杜甫は自ら「少陵の野老」と称した。
2 **楷範**―手本。
3 **沈・宋**―初唐の沈佺期と宋之問。
4 **王・孟**―盛唐の王維と孟浩然。
5 **久レ之**―しばらくして。
6 **一帙**―一冊の書物。「帙」はもともとは書物を包むおおいのこと。
7 **奪二神気一**―すぐれた風格を会得し。
8 **玩味**―よく考え、味わって。
9 **精華**―すぐれて立派な作品。
10 **三要**―三つの要点。
11 **渾淪**―別々のものが混ざりあって渾然一体となった状態。

1 **傍線部A「歴二‐観十四家所レ作、咸可レ為レ法」の解釈として最も適当なものを、次のうちから一つ選べ。**

① 十四人の詩人の作った詩を歴史に照らして見ると、どれも詩の定型とすることができる。
② 十四人の詩人の作った詩を広くすべてにわたって見ると、どれも詩の模範とすべきである。
③ 十四人の詩人の作った詩を歴史に照らして見ると、どれも詩の規則とすることができる。
④ 十四人の詩人の作った詩を歴史に照らして見ると、どれも詩の模範とすることができる。
⑤ 十四人の詩人の作った詩を広くすべてにわたって見ると、どれも詩の定型とすべきである。

2 **傍線部B「当選其諸集中之最佳者、録成一帙」について、返り点の付け方と書き下し文との組合せとして最も適当なものを、次のうちから一つ選べ。**

① 当レ選二其諸集中之最佳者一、録レ成二一帙一
其の諸集中の最も佳なる者を選ぶに当たりては、一帙を成すを録す
② 当下選二其諸集中之最佳者一、録成中一帙上
当に其の諸集中の最も佳なる者を選び、録して一帙を成すべし
③ 当下選二其諸集中之最佳者一、録上レ成二一帙一
当に其の諸集中の最も佳なる者を選び、一帙を成すを録すべし
④ 当下選二其諸集中之最佳者一、録上レ成二一帙一
其の諸集中の最も佳なる者を選び、一帙を成すを録するに当たる
⑤ 当レ選二其諸集中之最佳者一、録成二一帙一
其の諸集中の最も佳なる者を選ぶに当たりては、録して一帙を成さん

3 **傍線部C「不下必塑二謫仙一而画中少陵上也」とあるが、このように述べる理由として最も適当なものを、次のうちから一つ選べ。**

① 李白や杜甫の詩は三要が欠けているので、彼らの詩を模倣する必要は全くないと考えるから。
② まず詩の三要を学びとるべきで、今は李白や杜甫の詩を模倣しないことが大切と考えるから。
③ 李白や杜甫以外の詩で三要を学ぶべきで、ことさら彼らの詩を模倣しなくてもよいと考えるから。
④ 詩の三要を学びとることが重要で、李白や杜甫の詩を模倣する必要はとくにないと考えるから。
⑤ あらゆる詩に三要はあるので、李白や杜甫の詩だけを模倣しないようにすることが大切と考えるから。

10 否定(ひてい)の基本形

否定形にはいろいろな形がありますが、あらゆる否定形のもとになるのが、「不（ず）・無（なし）・非（あらず）」の三つで、いずれも返読文字です。訳し方の違いに注意しましょう。

月　日

不レ(ず) A(セ)　（弗）

読 A(せ)ず
訳 Aしない

人不レ(ざレバ)学バ不レ(ず)知レラ道ヲ。

読 人(ひと)学(まな)ばざれば道(みち)を知(し)らず。
訳 人は学ばなければ道理を知らない。

▼「不」は打消の助動詞「ず」です。必ずひらがなにします。

基本形	未然	連用	終止	連体	已然	命令
ず	ず ざラ	ず ざリ	ず	(ぬ) ざル	(ね) ざレ	ざレ

▼漢文では、連体形「ぬ」・已然形「ね」は用いません。左側の活用をするとき、二音めは送りがなにします。

▼「不」は必ず活用語の未然形から返ります。

無レ(なシ) A(スル)　（莫・勿・毋）

読 Aなし・A(する)なし
訳 Aはない・Aがない

水清ケレバ無(なシ)二大魚一。

読 水(みづ)清(きよ)ければ大魚(たいぎよ)無(な)し。
訳 水が澄んでいると大魚はいない。

基礎演習ドリル

解答は別冊24ページ

1 次の各文を書き下し文にせよ。

[1] 弗レ(レバ)食(くラハ)不レ(ル)知二(ラ)其(ノ)旨(うまキヲ)一也。（旨＝うまさ）

[2] 見(テ)レ義(ヲ)不レ(ルハ)為(なサ)レ無(キ)レ勇也。（義＝正しいこと）

[3] 非(ザル)二真(しんニ)能(よク)好(ムヲ)レ学(ヲ)者(ニ)一也。（能＝できる）

[4] 非(ザレバ)二六十万人(ニ)一不レ可(ナラ)。（不可＝できない）

2 次の各文を口語訳せよ。

[1] 覆(ふく)水(すい)不レ返(ラ)レ盆(ぼんニ)。（覆水＝こぼした水　盆＝器）

莫㆑知㆑所㆑答。

読 答ふる所を知ること莫し。
訳 答えることがわからない。

▼「無・莫・勿・毋」は形容詞「なし」です。自立語ですから、語幹にあたる「無・莫・勿・毋」は漢字で書きます。

基本形	未然	連用	終止	連体	已然	命令
なし	なク なカラ	なク なカリ	なシ	なキ なカル	なケレ	なカレ

▼活用語尾にあたる二音めからは送りがなにします。

▼「無」には、体言（名詞）からは送りがなしで、活用語の場合は連体形あるいは連体形＋「モノ・コト」から返ります。

▼「無」には、訳し方に注意したい形があります。

無㆓A B㆒

読 ＡＢと無く
訳 ＡＢを問わず・ＡＢの別なく

「無㆑A 無㆑B」の形もあり、ＡＢには対義語が入ります。

非㆑A（匪）

読 Ａにあらず・Ａ(する)にあらず
訳 Ａではない・Ａでない・Ａなわけではない

兵非㆓君子器㆒。

読 兵は君子の器に非ず。
訳 武器は君子の用いる道具ではない。

▼「非」は、ラ変動詞「あり」の未然形「あら」＋打消の助動詞「ず」にあたります。「非」の部分は漢字のままにします。

▼「非ず」へは、必ず「…ニ」から返ります。この「ニ」は断定の助動詞「なり」の連用形で、「ニ」の前は体言（名詞）か活用語の連体形です。

2 我心匪㆑石。

3 父母之喪無㆓貴賤㆒一也。（一＝同じ）

4 事雖㆑小不㆑為不㆑成。

3 口語訳を参考にして、各文を書き下し文にせよ。

1 宝玉は磨かなければ美しい器とならない。
玉不㆑琢不㆑成㆑器。（琢＝みがク）

2 善悪を判断する心のない者は人間ではない。
無㆓是非之心㆒非㆑人也。

3 人が自分をわかってくれないことを憂えない。
不㆑患㆓人之不㆑知㆑己。（患＝うれフ）

11 不可能・禁止

不可能形・禁止形とも、否定の「不」「無」を用います。特に、「不可（べからず）」が不可能にも禁止にもなること、「能」が「不能」の場合だけ「あたはず」で、あとは「よく」と読むことに注意！

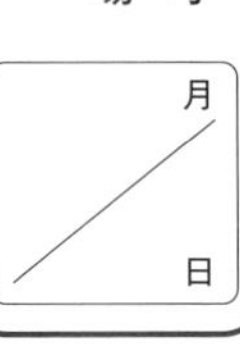

不ㇾ可ㇾA（ス）
読 A(す)べからず
訳 Aすることができない（不可能）
Aしてはいけない（禁止）

朽木不ㇾ可ㇾ彫。
読 朽木は彫るべからず。
訳 腐った木は彫ることができない。

一寸光陰不ㇾ可ㇾ軽。
読 一寸の光陰軽んずべからず。
訳 わずかな時間もむだにしてはいけない。

▼「不可…」には不可能の場合と禁止の場合がありますが、見かけ上は区別できませんから、文脈の中で判断します。
▼「不可…」へは、活用語の終止形（ラ変型は連体形）から返ります。
▼「不ㇾ可ㇾ勝ㇾA」（あげてAすべからず）の形は、「Aしきれないほど多い」と訳します。

不ㇾ能ㇾA（スル）（コト）
読 A(する)(こと)あたはず

不ㇾ得ㇾA（スル）ヲ
読 A(する)をえず
訳 Aすることができない（不可能）

其人不ㇾ能ㇾ応也。
読 其の人応ふる能はざるなり。
訳 その人は答えることができなかった。

基礎演習ドリル

解答は別冊26ページ

1 次の各文を口語訳せよ。

1 井蛙不ㇾ可三以語二於海一。（井蛙＝井戸の中のカエル）

2 材木不ㇾ可二勝用一。

3 其一能鳴、其一不ㇾ能ㇾ鳴。（其一＝一羽の鶏）

4 有ㇾ兵守ㇾ関、不ㇾ得ㇾ入。（関＝関所　入＝攻め込む）

5 無ㇾ友二不ㇾ如ㇾ己者一。（如＝及ぶ）

6 己所ㇾ不ㇾ欲、勿ㇾ施二於人一。（施＝する）

終不得帰漢。

読 終に漢に帰るを得ず。
訳 とうとう漢に帰ることができなかった。

▼「不能…」は活用語の連体形、あるいは連体形＋「コト」から返ります。「能ふ」は動詞ですから、漢字のままで可。
▼「不得…」は活用語の連体形＋「ヲ」から返ります。「得」も動詞ですから、漢字のままで可。

無能A（スル）（モノ）

読 よくA（する）（もの）なし
訳 Aすることができるものはない

莫能仰視。

読 能く仰ぎ視るもの莫し。
訳 仰ぎ見ることができるものはなかった。

▼可能を表す「能」は「不能」の形になっている場合だけ「あたはず」で、そのほかは「よく」と読みます。漢字のままで可。
▼「よく」は「善」を用いる例もあります。

無A（スル）（コト）**（勿・莫・毋）**

読 A（する）（こと）なかれ
訳 Aするな
Aしてはいけない（禁止）

過則勿憚改。

読 過ちては則ち改むるに憚ること勿かれ。
訳 過ちを犯したら改めることをためらってはいけない。

▼「無かれ」は形容詞「なし」の命令形ですから、語幹にあたる「無・勿・莫・毋」は漢字のままで可。

2 次の各文の傍線部を書き下し文にし、口語訳せよ。

1 非此母不能生此子。
訳

2 魚鳥不可勝数。
訳

3 勿説己長、勿難人短。（難＝難ズ。サ変動詞）
訳

4 貧賤之交不可忘。（交＝つきあい）
訳

12 二重否定(1)

否定の「不・無・非」を二つ重ねて用いることによって、逆に強い肯定を表す形を「二重否定」といいます。選択肢問題では肯定型の訳し方が正解になっていることもありますから、注意しましょう。

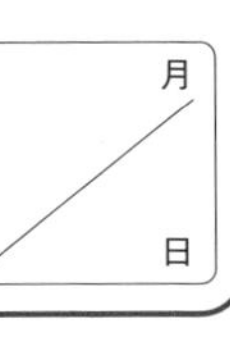

無(なシ)レ不(ざル(ハ))レA(セ)

読 A(せ)ざる(は)なし
訳 Aしないものはない

無(なシ)レ不(ざル)レ知(ラ)レ愛(スルヲ)二其(ノ)親(ヲ)一。

読 其(そ)の親(おや)を愛(あい)するを知(し)らざる無(な)し。
訳 自分の親を愛することを知らないものはない。

無(シ)二木(トシテ)不(ルハ)一レ枯(かレ)。

読 木(き)として枯(か)れざるは無(な)し。
訳 どんな木でも枯れないものはない。

▼「不」へは活用語の未然形から、「無」へは「不」の連体形「ざる」あるいは「ざる」＋「ハ」から返ります。

▼左側の二つめの例文のように「無」と「不」の間に体言（名詞）が入った場合は、その体言に送りがな「トシテ」がつきます。

無(なシ)レ非(あらザル(ハ))レA(ニ)

読 Aにあらざる(は)なし
訳 Aでないものはない

無(シ)レ非(ザルハ)二王土(ニ)一。

読 王土(わうど)に非(あら)ざるは無(な)し。
訳 王の土地でないものはない。

▼「非」へは体言（名詞）＋「ニ」、あるいは活用語の連体形＋「ニ」から、

基礎演習ドリル

解答は別冊28ページ

1 次の各文を口語訳せよ。

[1] 土(と)佐(さハ)無(シ)二物(トシテ)不(ル)一レ有(ラ)。（土佐＝現在の高知県）

[2] 一民(モ)莫(キ)レ非(ザル)二其(ノ)臣(ニ)一也。（其臣＝王の臣下）

[3] 非(ザル)レ不(ルニ)レ悪(にくマ)レ寒(キヲ)也。（悪＝嫌う）

[4] 非(ザル)レ無(キニ)レ馬也。

2 次の各文の傍線部を書き下し文にして、口語訳せよ。

[1] 為(なセバ)二無(む)為(ゐヲ)一則(チ)無レ不レ治。（無為＝無為の政治）

「無」へは「非ず」の「ず」の連体形「ざる」、あるいは「ざる」＋「ハ」から返ります。

非レ（あらズ）**不**レ（ざルニ）**A**（セ）

読 A(せ)ざるにあらず

訳 Aしないのではない
Aしないわけではない

非レ（ズ）不レ（ざルニ）説二（よろこバ）子（し）之（の）道一（ヲ）。

読 子（し）の道（みち）を説（よろこ）ばざるに非（あら）ず。

訳 先生の教えをうれしく思わないわけではない。

▼「不」へは活用語の未然形から、「非」へは「不」の連体形「ざる」＋「二」から返ります。

非レ（あらズ）**無**レ（なキニ）**A**

読 Aなきにあらず

訳 Aがないのではない
Aがないわけではない

君子非レ（あらズ）無レ（なキニ）過（チ）。

読 君子（くんし）過（あやま）ち無（な）きに非（あら）ず。

訳 君子にだって過ちがないわけではない。

▼「無」へは体言（名詞）あるいは活用語の連体形に「コト・モノ」がついた形から、「非」へは「無」の連体形「なき」＋「二」から返ります。

2 吉（きっ）凶（きょう）禍（くわ）福（ふく）（ハ）莫レ非レ命也。（命（めい）＝天命）

訳

3 不レ（ル）為（なサ）也。非レ不レ能也。

訳

4 非レ無二賢人一也。

訳

5 得二（えバ）其（ノ）養一（ヒヲ）無二物不一レ長。（長＝長（ちやう）ズ。サ変動詞）

訳

13 二重否定(2)

「無」と「不・非」、「非」と「不・無」の組合せの形が二重否定の基本形ですが、「不」と「不」による組合せの形には、読み方も訳し方もしっかり覚えておきたい大事なパターンがあります。

月　日

未ダ二嘗テ不一レンバアラA（セ）（いまダ かつテ ずンバアラ）

読 いまだかつてA（せ）ずんばあらず
訳 まだ今まで一度もAしなかったことがない

未ダ二嘗テ不一レンバアラ勝タ。
読 未(いま)だ嘗(かつ)て勝(か)たずんばあらず。
訳 まだ今まで一度も勝たなかったことはない。

▼「ずんばあらず」は、打消の「ず」の連用形「ず」に係助詞「は」がついた「ずは」という形が、間に「ん」という撥音(はつおん)が入ったために「ずんば」と濁(だく)音(おん)化し、プラス、ラ変動詞の未然形「あら」に打消の助動詞「ず」がついてできたものです。

▼「不」のかわりに「無」を用いた形もあります。

未ダ二嘗テ無一レクンバアラA

読 未(いま)だ嘗(かつ)てA無(な)くんばあらず
訳 まだ今まで一度もAがなかったことがない

不ず二敢ヘテ不一レずンバアラA（セ）（あへテ）

読 あへてA（せ）ずんばあらず
訳 Aしないわけにはいかない

不二敢ヘテ不一レンバアラ告ゲ。
読 敢(あ)へて告(つ)げずんばあらず。
訳 告げないわけにはいかない。

▼これも、「ずんばあらず」という読み方に特徴がありますが、訳し方も大事で、「…しなかったらいられない」という直訳から、「…しないわけにはい

基礎演習ドリル

解答は別冊30ページ

1 次の各文を口語訳せよ。

1 未ダ三嘗テ不二ンバアラ置ち酒しゅせ一。（置酒＝酒を出してもてなす）

2 天下ニ未ダ三嘗テ無クンバアラ二賢者一。

3 不二敢ヘテ不一レンバアラ慎マ。（慎＝慎重にする）

4 弟(てい)子(し)不二必ズシモ不一レンバアラ如カ師ニ。（如＝及ぶ）

5 人ハ不レ可カラ不ルニ自ラ勉つとメ一。（勉＝努力する）

かない」のような訳になります。

▼「敢」のかわりに「必」を用いた形もあります。

不二必ズシモ不一ンバアラA（セ）

読 必ずしもA（せ）ずんばあらず
訳 必ずしもAしないわけではない

不レずレ可ベカラ不レざルA（セ）

読 A（せ）ざるべからず
訳 Aしなければならない

言ハ不レ可カラ不ル慎つつしマ。

読 言は慎まざるべからず。
訳 ことばは慎重に選ばなければならない。

▼「Aせざる」で一度否定したことを、「べからず」で「…してはいけない」と禁止する形です。「Aしないのはいけない」という直訳から、「Aしなければならない」という訳し方になります。

不レず能あたハ不レざルA（セ）
不レず得え不ルヲA（セ）

読 A（せ）ざるあたはず
A（せ）ざるをえず
訳 Aしないではいられない
Aしないわけにはいかない

不レ能あたハ不ル学バ。

読 学ばざる能はず。
訳 学ばないではいられない。

▼「Aせざる」で一度否定したことを、「能はず」や「得ず」で「…できない」（不可能）とする形。「Aしないことはできない」という直訳から、「Aしないではいられない」のような訳し方になります。

2 次の各文の傍線部を書き下し文にして、口語訳せよ。

1 吾未二嘗不レ得レ見也。（見＝まみユ。下二段動詞）

訳

2 有レバ所レ不ル足ラ、不二敢不一レ勉。（勉＝つとム）

訳

3 父母之の年ハ不レ可レ不レ知也。

訳

4 不レ得レ不レ語。（語＝かたル）

訳

3 二重否定 実戦演習問題

2は、しっかり文脈をとらえることが大切です。**4**は、二重否定「莫不…」の読み方で二つに絞ったあと、下の文に「取・棄」の読み方のヒントがあります。

月 日

解答は別冊32ページ

次の文章を読んで、後の問いに答えよ。設問の都合で返り点・送りがなを省いたところがある。

江(注1)南ニ多シレ竹。其ノ人(1)習二於食ラフニ筍ヲ。毎ニレ方ルニ春ノ時一、苞(注2)甲出デレ土ヨリ、頭(注3)角繭栗、率ネ以テ供ス二採食ニ一。（中略）故ニ雖モ二複(注4)垣重扃ニシテ一、主人居(注5)嘗愛護シ、及ブ三其ノ甘シトスルニ二於食ラフニレ之ヲ也、剪(注6)伐シテ不レ顧ミ。独リ其ノ味苦クシテ而不ル(注7)入ラ二食品ニ一者ノミ、筍常ニ全シ(注8)。毎ニ当タリテ二渓谷巌(注9)陸之間ニ一、散二漫シテ於地ニ一而不レ収メラレ者ハ、必ズ棄テラルル二於 Ⅰ 一者也。而ルニ Ⅱ 者ハ至ル三取リテレ之ヲ或イハ尽クスニ二其ノ類ヲ一。然ラバ Ⅲ 者ハ近シ二自ラ戕フニ一而ルニ Ⅳ 者ハ雖モレ棄テラルト、猶ホレ免ル二於剪伐ヲ一 A。夫レ物類ハ(2)尚ブレ甘キヲ、而苦キ者ハ得タリレ全キヲ。世莫シレ不ル貴ビテレ取ラルルヲ賤シミテレ棄テラルルヲ也 B。然レドモ亦タ知ル三取ラルル者之不シテレ幸ナラ、而偶タマ幸ナルヲ二於棄テラルル者ニ一。（後略）

（陸樹声『陸文定公集』）

注

1 **江南**—長江下流の地域。
2 **苞甲**—タケノコの身を包む一番外側の皮。
3 **頭角繭栗**—子牛の生えたばかりの角のような形をしたタケノコの若芽。「繭栗」は「まゆ・くり」のような小さな形をいう。
4 **複垣重扃**—幾重もの垣根や門扉をしつらえて。
5 **居嘗**—平常。
6 **剪伐不レ顧**—かまわず切り取ってゆく。
7 **不レ入二食品一**—食べるのに適さない。
8 **全**—無事に生きられる。
9 **巌陸**—山の中。

1 傍線部(1)「習」・(2)「尚」の意味として最も適当なものを、次のうちからそれぞれ一つずつ選べ。

(1)「習」
① 学習する
② 弊習としている
③ 習得する
④ 習慣としている
⑤ 習練する

(2)「尚」
① 誇示する
② 思慕する
③ 尊重する
④ 保全する
⑤ 崇拝する

(1) □　(2) □

2 空欄Ⅰ・Ⅱ・Ⅲ・Ⅳに入る語の組合せとして最も適当なものを、次のうちから一つ選べ。

① Ⅰ 苦キ二　Ⅱ 甘キ　Ⅲ 甘キ　Ⅳ 苦キ
② Ⅰ 甘キ二　Ⅱ 苦キ　Ⅲ 苦キ　Ⅳ 甘キ
③ Ⅰ 苦キ二　Ⅱ 苦キ　Ⅲ 甘キ　Ⅳ 苦キ
④ Ⅰ 苦キ二　Ⅱ 甘キ　Ⅲ 苦キ　Ⅳ 甘キ
⑤ Ⅰ 甘キ二　Ⅱ 甘キ　Ⅲ 苦キ　Ⅳ 甘キ

□

3 傍線部A「猶レ免二於 剪 伐一」の解釈として最も適当なものを、次のうちから一つ選べ。

① きっと切り取られるのを避けるにちがいない
② 依然として切り取られることには変わりない
③ 切り取られることから逃れようとするだろう
④ まだ切り取られずにすんだわけではないのだ
⑤ 切り取られずにすんだのと同じようなことだ

□

4 傍線部B「世 莫 不 貴 取 賤 棄 也」の書き下し文として最も適当なものを、次のうちから一つ選べ。

① 世に取るを貴び棄(す)つるを賤(いや)しまざるは莫(な)し
② 世の貴を取り賤(せん)を棄てざること莫かれ
③ 世に貴は取られ賤は棄てられざるは莫し
④ 世の貴を取らず賤を棄つること莫かれ
⑤ 世に貴は取られず賤は棄てらるること莫し

□

14 部分否定と全部否定

否定語「不」が、「常・復・倶」などの副詞の上にあれば「部分否定」、下にあれば「全部否定」になります。大事なのは部分否定です。部分否定の場合の読み方と訳し方をしっかり覚えましょう。

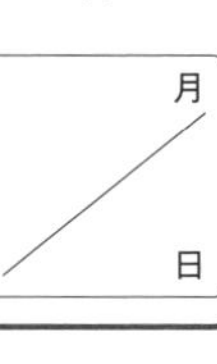

❶ 部分否定と全部否定

不㆓常ニハＡ㆒(セ)
読 つねにはA(せ)ず
訳 いつもAするとは限らない(部分否定)

常ニ不ㇾＡ(セ)
読 つねにA(せ)ず
訳 いつもAしない(全部否定)

伯楽不㆓常ニハ有㆒ラ。
読 伯楽(はくらく)は常(つね)には有(あ)らず。
訳 伯楽はいつもいるとは限らない。
(伯楽＝名馬の鑑定人)

伯楽ハ常ニ不ㇾ有ラ。
読 伯楽(はくらく)は常(つね)に有(あ)らず。
訳 伯楽はいつもいない。

▼右側の例文が部分否定、左側の例文が全部否定です。

不㆓復タＡ㆒(セ)
読 またA(せ)ず
訳 二度と再びAしない(部分否定)

復タ不ㇾＡ(セ)
読 またA(せ)ず
訳 今度もまたAしない(全部否定)

不㆓復タ信ゼ㆒。
読 復(ま)た信(しん)ぜず。
訳 二度と再び信じなかった。

基礎演習ドリル

解答は別冊34ページ

1 次の各文を口語訳せよ。

1 家貧シクシテ不㆓常ニハ得㆒ㇾ油ヲ。(得＝手に入れる)

2 家貧シクシテ常ニ不ㇾ得ㇾ油ヲ。

3 兎(うさぎ)不ㇾ可㆓カラ復タ得㆒(う)。(得＝つかまえる)

4 一タビ去リテ兮不㆓復タ還(かへ)ラ㆒。

5 盛年不㆓重ネテハ来タラ㆒。(盛年＝若く盛んなとき)

6 流レ不㆓甚ダシクハ急ナラ㆒。(流＝川の流れ)

復タ不レ信ぜ。　読 復た信ぜず。　訳 今度もまた信じなかった。

▼「復」の場合には「不復…」でも「復不…」でも、訓読してしまうと同じく「また…ず」なので、語順に注意する必要があります。

▼「不復…」の場合、「一度は…したが、二度と再び…しない」というほどの意味でなく、「二度と（決して）…しない」という強調程度の訳になることもあります。

不二倶ともニハA（セ）一　読 ともにはA(せ)ず　訳 両方ともAするということはない（部分否定）

両虎闘たたかハバ不二倶ともニハ生キ一。　読 両虎闘はば倶には生きず。　訳 二匹の虎が闘ったならば、両方とも生きているということはない。（片方は死ぬということ）

▼「倶ニ不レ生キ」であれば全部否定で、「両方とも死ぬ」ことになります。

❷ その他の部分否定の形

不二必ズシモA（セ）一　読 必ずしもA(せ)ず　訳 必ずAするとは限らない

不二甚ダシクハA（セ）一　読 甚だしくはA(せ)ず　訳 それほどAしない

不二重ネテハA（セ）一　読 重ねてはA(せ)ず　訳 二度と再びAしない

不二再ビハA（セ）一　読 再びはA(せ)ず　訳 二度と再びAしない

不二尽クハA（セ）一　読 尽くはA(せ)ず　訳 全部をAすることはしない

2 次の各文の傍線部を書き下し文にして、口語訳せよ。

1 嗜たしなメドモレ酒ヲ、家貧シクシテ不レ能二常得一。

訳

2 終身不二復鼓一レ琴。（鼓＝鼓す。サ変動詞。ひく）

訳

3 勇者ハ不二必有一レ仁。

訳

4 不レ可二尽信一。（信＝信ズ。サ変動詞）

訳

4 部分否定 実戦演習問題

次の文章を読んで、後の問いに答えよ。設問の都合で送りがなを省いたところがある。

始メ余以テ二丙子(注1)ノ秋ヲ一、寓二居ス宛丘(注2)南門ノ霊通(注3)禅刹之西堂ニ一。是ノ歳ノ季冬、手ヅカラ植ウ二両海(注4)棠ヲ于堂下ニ一。至リ二丁(注5)丑之春ニ一、<u>A時沢(注6)屡至リ、棠茂(注7)悦スル也</u>。仲春、且ニレ華サカント矣。余約シ下常ニ所ノ二与ニ飲ム一者ト上、且ツ致(注8)シ二美酒ヲ一、将ニ三一ノ二酔セント于樹間ニ一。是ノ月ノ六日、予被リ二謫(注9)書ヲ一、治(注10)行シテ之ク二黄州(注11)ニ一。俗(注12)事紛然トシ、余モ亦タ遷シレ居ヲ、因リテ<u>B不二復タ省レ花ヲ</u>。到リテレ黄ニ且ニ二周歳ナラント一矣。<u>C寺僧ノ書来タリテ</u>、言フ二花ノ自(注13)如タルヲ一也。余因リテ思フ二茲ノ棠之所ハレ植ヱシ、去ルコト二余ノ寝(注14)ヲ一無ク二十歩ト一、欲セバ下与ト二隣里親戚一一飲シテ而楽シマント上レ之ヲ、宜シク可キ二必ズ得一レ無キヲレ難キコト也。然レドモ垂レ至ルニ而失フレ之ヲ。<u>D事之不ルコトレ可カラレ知ル如シレ此クノ</u>。（後略）

（張耒『張耒集』）

注

1 **丙子**―十干十二支による年の呼び方。北宋の紹聖三年（一〇九六）。
2 **宛丘**―現在の河南省にあった地名。
3 **霊通禅刹**―霊通は寺の名。禅刹は禅宗の寺院。
4 **海棠**―バラ科の花樹。春に紅色の花を咲かせる。
5 **丁丑**―十干十二支による年の呼び方。北宋の紹聖四年（一〇九七）。
6 **時沢**―時宜を得て降る雨。
7 **茂悦**―盛んにしげり生長していること。
8 **致**―取り寄せる。
9 **謫書**―左遷を命じる文書。
10 **治行**―旅支度をする。
11 **黄州**―現在の湖北省にあった地名。
12 **俗事紛然**―世の中が騒がしいこと。ここでは、当時の政変で多くの人物が処罰されたことを指す。
13 **自如**―もとのまま。ここでは、以前と同じように花を咲かせたことをいう。
14 **寝**―部屋。

2の内容説明の問題の中に部分否定「不復…」の形があります。「省」は「みル」。訳し方をまず考えましょう。**4**には不可能の「不可…」があります。**1**と**3**はそこへ来るまでの文脈をとらえること。

解答は別冊36ページ

1 傍線部A「時沢屢至、棠茂悦也」から読み取れる筆者の心情として最も適当なものを、次のうちから一つ選べ。

① 恵みの雨を得て海棠が喜んでいるように、筆者自身も寺院での心静かな生活に満足を感じている。
② 春の雨が海棠を茂らせることに今年の豊作を予感し、人々が幸福に暮らせることを期待している。
③ 恵みの雨を得て茂る海棠の生長を喜びつつも、宛丘での変化のない生活に退屈を覚え始めている。
④ 春の雨に筆者は閉口しているが、海棠には恵みの雨であると思い直して花見を楽しみにしている。
⑤ 恵みの雨を得て茂る海棠を喜びながらも、雨天の続く毎日に筆者は前途への不安を募らせている。

2 傍線部B「不二復省レ花」から読み取れる筆者の状況を説明したものとして最も適当なものを、次のうちから一つ選べ。

① 筆者は政変に際して黄州に左遷され、ふたたび海棠を人に委(ゆだ)ねることになった。
② 筆者は政変に際して黄州に左遷され、もう一度海棠を移し替えることができなかった。
③ 筆者は政変に際して黄州に左遷され、それきり海棠の花を見ることがなかった。
④ 筆者は政変に際して黄州に左遷され、またも海棠の花見の宴を開く約束を果たせなかった。
⑤ 筆者は政変に際して黄州に左遷され、二度と海棠の花を咲かせることはできなかった。

3 傍線部C「寺僧書来」について、このことがあったのはいつか。最も適当なものを、次のうちから一つ選べ。

① 筆者が左遷された年の春。
② 筆者が左遷された年の歳末。
③ 筆者が左遷された翌年の春。
④ 筆者が左遷された翌年の歳末。
⑤ 筆者が左遷された二年後の春。

4 傍線部D「事之不レ可レ知如レ此」の解釈として最も適当なものを、次のうちから一つ選べ。

① この地で知人を見つけられない事のいきさつは、このようである。
② 事の善悪を自分勝手に判断してはいけないのは、このようである。
③ 自分の事が他人に理解されるはずもないのは、このようである。
④ これから先に起こる事を予測できないのは、このようである。
⑤ 努力しても事が成就するとは限らないのは、このようである。

15 疑問・反語(1)

疑問と反語とは、見かけの上ではほとんど同じで、訓読するときに意味を考えて読み分けています。その判断が大きなポイントです。疑問・反語とも、非常にパターンが多いのでしっかり覚えましょう。

月　日

① 文末に疑問の助字を用いる形

A 乎(か(や))
読 Aか・A(する)か・A(す)や
訳 Aか・Aするか　(疑問)

A(セ)ン乎(や)**(也・哉・与・耶・邪・歟)**
読 A(せ)んや
訳 Aするだろうか、いやAしない(反語)

魯ノ孔丘与。(体言)
読 魯の孔丘か。
訳 魯の国の孔丘(=孔子)か。

其レ真ニ無キレ馬邪。(連体形)
読 其れ真に馬無きか。
訳 そもそも本当に馬がいないのか。

若非ニ吾ガ故人一乎。(終止形)
読 若は吾が故人に非ずや。
訳 おまえは私の昔なじみではないか。

▼ここまでの三例は疑問形です。疑問形の場合には「乎・也・哉・与・耶・邪・歟」を「か」と読むか「や」と読むかがポイントで、原則は次のようになります。

- 体言(名詞)・連体形 ＋ か
- 終止形 ＋ や

基礎演習ドリル

解答は別冊38ページ

1 次の各文を書き下し文にせよ。

[1] 天道ハ是邪非邪。(是＝正しい　非＝間違い)

[2] 天下治マル歟不ルレ治マラ歟。

[3] 不仁者ハ可ケン二与ともニ言フ一哉。

[4] 夫子何ゾ哂フレ由いうヲ也。(夫子＝先生　由＝人名)

2 次の各文を口語訳せよ。

[1] 何為レゾ不ルレ去ラ也。

可レ謂レ孝乎。（ベケン・いフ・ト・や）

読 孝と謂ふべけんや。
訳 孝と言えるだろうか、いや言えない。

▼これは反語形です。反語のポイントは、「乎・也・哉・与・耶・邪・歟」の前に推量の助動詞「ン」がくることで、文末の「乎」は必ず「や」と読みます。「ン」の前は活用語の未然形です。

❷ 文頭・文中に疑問詞を用いる形

何A（乎）（なんゾ・スル・や）
読 なんぞA（する）（や）
訳 どうしてAするのか （疑問）

何A（乎）（なんゾ・セ・ン・や）
読 なんぞA（せ）ん（や）
訳 どうしてAするだろうか、いやAしない （反語）

（胡・奚・庸・曷・何遽）

何恭也。（なんゾ・うやうやシキ・や）
読 何ぞ恭しきや。
訳 どうして丁重にするのか。

吾何愛二一牛一。（なんゾ・をシマン・ヲ）
読 吾何ぞ一牛を愛しまん。
訳 私はどうして一頭の牛を惜しんだりするだろうか、いや惜しんだりしない。

▼疑問詞とセットになる場合の文末の「乎」は必ず「や」と読みます。
▼「何ぞ」のような疑問詞を用いるときは、文末の「乎」は用いない例があります。逆に、文末に「乎」がなくても、送りがなで「や」を読むこともあります。
▼「何・胡・奚・曷」に「為」をつけて強調した「何為」（なんすれぞ）という形も、「なんぞ」と同じです。

2 何為不レ楽。（レゾ・ワン・シマ）

3 何患レ無二兄弟一也。（ゾ・うれヘン・キヲ・けい・てい）

3 口語訳を参考にして後の漢文を書き下し文にせよ。

1 どうして一人だけ恐れなかったのか。
何独不レ懼。（懼＝おそル。下二段動詞）

2 私はどうして彼を恐れたりしようか。
吾何畏レ彼哉。（畏＝おそル）

3 あなたはどうして政治をしないのか。
子奚不レ為レ政。（為＝なス）

4 仁と言うことができようか、いや言えない。
可レ謂レ仁乎。（謂＝いフ）

16 疑問・反語(2)

「何ぞ」にしても「安くんぞ」にしても、疑問・反語が同じ形の場合のポイントは、反語では「乎」の前、あるいは文末に、古文の推量の助動詞「ン」がくること！「…ンヤ」があれば反語と覚えましょう。

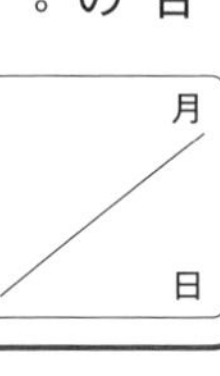

安（いづクンゾ）A（スル）（乎（や））

読 いづくんぞA（する）（や）
訳 どうしてAするのか　（疑問）

安（いづクンゾ）A（セン）（乎（や））

読 いづくんぞA（せ）ん（や）
訳 どうしてAするだろうか、いやAしない　（反語）

（寧・焉・悪・烏）

子（し）安（いづクンゾ）知（ル）之（これヲ）。

読 子安くんぞ之を知る。
訳 あなたはどうしてそれを知っているのか。

子安（いづクンゾ）知（ラン）之（ヲ）。

読 子安くんぞ之を知らん。
訳 あなたはどうしてそれを知っているだろうか、いや知っているはずがない。

▼「安くんぞ」の場合も、文末に「乎」を用いない例があります。
▼「安」は「いづくにか…連体形」と読むこともあり、その場合は「どこに…か」と場所を問う疑問形になります。「いづくにか…未然形＋ん」であれば「どこに…だろうか、いや、どこにも…ない」と訳す反語形になります。「焉・何」も同じように「いづくにか」と用います。

沛（はい）公（こう）安（クニカ）在（あル）。

読 沛公安くにか在る。
訳 沛公はどこにいるのか。

基礎演習ドリル

解答は別冊40ページ

1 次の各文を口語訳せよ。

[1] 君安（クンゾ）与（と）二項（かう）伯（はく）一有（ル）レ故（こ）。（項伯＝人名　故＝親交）

[2] 燕（えん）雀（じやく）安（クンゾ）知（ラン）二鴻（こう）鵠（こく）之（の）志（こころざしヲ）一哉。（鴻鵠＝大きな鳥）

[3] 割（さクニ）レ鶏（にはとりヲ）焉（クンゾ）用（ヒン）二牛（ぎう）刀（たうヲ）一。（牛刀＝牛切り包丁）

[4] 子（し）将（ニ）三安（クニカ）之（ゆカント）一。

[5] 人非（ザレバ）二聖人（ニ）一誰（カ）無（カラン）レ過（あやまチ）。

[6] 何（ヲ）以（テカ）殺（サン）レ人（ヲ）。

誰（たれカ）A（スル） 読 たれかA（する） 訳 だれがAするのか （疑問）

誰（たれカ）A（セ）ン 読 たれかA（せ）ん 訳 だれがAするだろうか、いやだれもAしない （反語）

自（よリ）レ古（いにしへ）誰（たれカ）無（カラン）レ死。 読 古（いにしへ）より誰（たれ）か死（し）無（な）からん。 訳 昔からだれが死の訪れない者があるだろうか、いやだれにでも死は訪れる。

▼「たれか」と濁らないで読みます。

▼「孰」も同じように「たれか」と用います。

孰（たれカ）為（ス）レ好（ムト）レ学（ヲ）。 読 孰（たれ）か学（がく）を好（この）むと為（な）す。 訳 だれが学問好きといえるか。

何（なにヲ）以（もつテ（カ））A（スル）（乎（や）） 読 なにをもつて（か）A（する）（や） 訳 どうしてAするのか （疑問）

何（なにヲ）以（もつテ（カ））A（セ）ン（乎（や）） 読 なにをもつて（か）A（せ）ん（や） 訳 どうしてAするだろうか、いやAしない （反語）

何（なにヲ）以（もつテカ）殺（ス）レ人（ヲ）。 読 何（なに）を以（もつ）てか人（ひと）を殺（ころ）す。 訳 どうして人を殺したのか。

▼「何由（何（なに）に由（よ）りてか）」・「何故（何（なん）の故（ゆゑ）に）」という形も同じです。

▼文末に「乎（や）」がない場合は、基本的に「何を以てか…」ですが、文末に「乎」が呼応している場合は「何を以て…や」のように、「か」を入れないで読むことが多いようです。

2 口語訳を参考にして後の漢文を書き下し文にせよ。

1 今その蛇はどこにいるのか。

今 蛇 安 在。

2 まだ生もわからない。どうして死がわかろうか。

未レ知レ生。焉 知レ死。

3 どうしてこれからの人が今（の自分）に及ばないとわかるだろうか。（来者＝これからの人、若い人）

焉 知二来（らい）者（しや）之（の）不一レ如レ今 也。

4 だれが迷いなくいることができようか。

孰 能 無レ惑。（惑＝まどヒ）

5 どうして私がそれができるのをわかったのか。

何 由 知二吾 可一也。（可＝可（か）ナリ）

17 疑問・反語(3)

「何」は最もポピュラーな疑問詞です。「何ぞ」「何為(なんす)れぞ」「何(いづ)くにか」「何を以(もつ)てか」「何に由(よ)りてか」のほかにも、「何をか」「何の」「何(いづ)れの」「如何(いかん)ぞ」などたくさんの形があります。

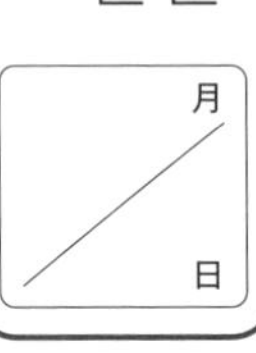

何ヲカA(スル)
読 なにをかA(する)
訳 なにをAするのか (疑問)

何ヲカA(セ)ン
読 なにをかA(せ)ん
訳 何をAするだろうか、いや何もAしない (反語)

何ヲカ謂フ二浩然之ノ気ト一。
読 何(なに)をか浩然(かうぜん)の気(き)と謂(い)ふ。
訳 何を浩然の気というのか。

壮士行クニ何ヲカ畏レン。
読 壮士(さうし)行(ゆ)くに何(なに)をか畏(おそ)れん。
訳 壮士が行くにあたって何を畏れるだろうか、いや何も畏れない。

▼「何」を用いた形には、ほかにもいろいろな読み方(用法)があります。

何ノA アリテカB(スル)
読 何(なん)のAありてかB(する)
訳 どんなAがあってBするのか

何ノAカ之レ有ラン
読 何(なん)のAかこれあらん
訳 どんなAがあるだろうか

何レノAカB(スル)
読 何(いづ)れのAかB(する)
訳 どこの(いつの)AがBするのか

何レノAカB(セ)ン
読 何(いづ)れのAかB(せ)ん
訳 どこの(いつの)AがBするだろうか

基礎演習ドリル

解答は別冊42ページ

1 次の各文を口語訳せよ。

1 何ヲカ憂ヘ何ヲカ懼レン。(懼=おそれる)

2 何ノ意アリテカ棲ム二碧山ニ一。(碧山=緑深い山の中)

3 何レノ日カ是レ帰年ナラン。(帰年=故郷に帰る日)

4 何ノ利カ之レ有ラン。(利=利益)

5 諸侯ノ不ルハレ従ハ奈何セン。

6 如何ゾ不ラン二涙垂タレ一。

如何ﾚ A ﾇ何

如何（いかんセン）
如ﾚA何（Aをいかんセン）

読 いかんせん・Aをいかんせん
訳 どうしたらよいか（疑問）
どうしたらよかろうか、いやどうしようもない（反語）

朋友之際ﾊ如何。
読 朋友の際は如何せん。
訳 友人との交際はどうしたらよいか。

▼「奈何」を用いることもあります。

虞兮奈ﾚ若ﾇ何。
読 虞や若を奈何せん。
訳 虞よ、おまえをどうしたらよかろうか、もうどうしようもない。

▼「如何」は方法・手段を問う疑問詞で、目的語をとる場合は二字の間にはさみます。
▼「如何せん」は読み方だけでは、疑問か反語かはわかりません。
▼「如何」は「いかんぞ…」と読んで、文頭で「何ぞ」と同じように「どうして…か」の意で用いることもあります。

幾何・幾許

幾何（いくばく（ゾ））・幾許（いくばく（ゾ））

読 いくばく（ぞ）
訳 どれほど（どれくらい）か（疑問）
どれほどであろうか、いやどれほどもない（反語）

人生幾何。
読 人生幾何ぞ。
訳 人生（の長さ）はどれほどであろうか、いやどれほどもない。

▼「幾何」も、読み方だけでは疑問か反語かはわかりません。

7 為ﾚ歓（スコトヲ）幾何。（為歓＝楽しく過ごす時間）

2 口語訳を参考にして後の漢文を書き下し文にせよ。

1 求めなければ何を得られようか。
不ﾚ索何獲。（索＝もとム　獲＝得）

2 何の難しいことがあろうか。
何難之有焉。（難＝かたシ　焉＝置き字）

3 このすばらしい夜をどう過ごしたらよいのか。
如ﾆ此良夜ｰ何。

4 桓魋が私をどうすることができようか。
桓魋其如ﾚ予何。（其＝それ　予＝われ）

18 疑問・反語(4)

一般に、疑問・反語の形は共通していますが、反語にはならず、疑問形としてのみ用いる形がいくつかあります。「…は何ぞや」「何如（「如何」との違いに注意）」「孰れか」が主なものです。

月　日

❸ 疑問形のみの形

A何也
読 Aはなんぞや
訳 A(なの)はどうしてか

不読書何也。
読 書を読まざるは何ぞや。
訳 書物を読まないのはどうしてか。

▼「何…也（なんぞ…や）」を倒置して強調した形です。

何如
読 いかん
訳 どうか・どうであるか

以五十歩笑百歩則何如。
読 五十歩を以て百歩を笑はば則ち何如。
訳 自分が五十歩だという理由で百歩逃げた者を笑ったとしたら、どうでしょうか。

▼状況・状態・事の是非（よいかよくないか）を問う疑問詞です。
▼「何若・奚若」を用いても同じです。
▼「如何」（⬇47ページ）との違いに注意しましょう。

基礎演習ドリル

解答は別冊44ページ

1 次の各文を口語訳せよ。

1 与長者期後何也。（長者＝年長者　期＝約束する）

2 顔淵之為人何若。（顔淵＝人名　為人＝人柄）

3 以子之矛陥子之盾何如。（子＝あなた　陥＝突き通す）

4 礼与食孰重。（礼＝礼節　重＝重要、大切）

5 如此則動心否。（如此＝こうすれば）

孰(いづレカ)A(スル)

読 いづれかA(する)
訳 どちらがA(する)か

汝(なんぢト)与レ回(とハ)(くわい)孰(いづレカ)愈(まさレル)。

読 汝(なんぢ)と回(くわい)とは孰(いづ)れか愈(まさ)る。
訳 おまえと顔回(がんかい)とはどちらがすぐれているか。

▼「何・奚」も「いづれか」と読んで用いることがあります。
▼「いづれをか」と読めば「どちらを…か」と訳します。
▼「孰」は「誰」と同じく「たれか」と読んで「だれが…か」という疑問を表すこともあります。

A(ヤ)否(いなヤ)

読 Aやいなや
訳 Aかどうか・Aだろうか

A(ヤ)未(いまダシヤ)

読 Aやいまだしや
訳 Aだろうか、まだだろうか

視(みヨ)二吾(ガ)舌(したヲ)一、尚(なホ)在(リヤ)否(いなヤ)。

読 吾(わ)が舌(した)を視(み)よ、尚(な)ほ在(あ)りや否(いな)や。
訳 私の舌を見ろ、まだあるかどうか。

寒梅開(キシヤ)レ花(ヲ)未(いまダシヤ)。

読 寒梅花(かんばいはな)を開(ひら)きしや未(いま)だしや。
訳 寒梅は花をつけただろうか、まだだろうか。

▼「Aか」「Aだろうか」という疑問の表現で、「否や」「未だしや」にはあまり意味はありません。

2 口語訳を参考にして後の漢文を書き下し文にせよ。

1 創業(そうぎょう)（国をおこす事業）と守成(しゅせい)（国家の維持）とは、どちらが難しいか。（難＝かたシ）

創 業 与二守 成一孰 難。

2 だれがこれをすることができたのか。（為＝なス）

孰 能 為レ之。

3 （同じ人間でありながら）或る者は大人(たいじん)（立派な人間）となり、或る者は小人(しょうじん)（つまらぬ人間）となるのはどうしてか。（或＝あるイハ）

或 為二大 人一或 為二小 人一何 也。

4 私は南海に行こうと思う、どうだろうか。（之＝ゆク）

吾 欲レ之二南 海一何 如。

19 疑問・反語(5)

反語のみの形もあります。中でも「豈(あ)に」は、「何ぞ」「安(いづ)くんぞ」と並んで重要度ベストスリー！「何」「安」は疑問の可能性がありますが、「豈」はほとんどが反語なので、出題率はナンバーワンです。

月　日

❹ 反語形のみの形

豈(あニ) A(セ)ン 哉(や)

読 あにA(せ)んや

訳 どうしてAするだろうか、いやAしない

豈(あニ) 忘(レン)二 父 母 之(ノ) 恩(ヲ)一 哉。

読 豈(あ)に父母(ふぼ)の恩(おん)を忘(わす)れんや。

訳 どうして父母の恩を忘れるだろうか、いや忘れたりはしない。

▼「あにAするや（か）」と読み、「Aだろうか」のように不確実なことを推測する疑問形になることがまれにあります。

▼「豈」は次のような形の場合は詠嘆形です。（⬇87ページ）

豈(ニ) 不(ず)レ A(セ) 哉　読 あにA(せ)ずや

豈(ニ) 非(ズ)レ A(ニ) 哉　あにAにあらずや

訳 なんとAではないか

独(ひとリ) A(セ)ン 哉(や)

読 ひとりA(せ)んや

訳 どうしてAするだろうか、いやAしない

基礎演習ドリル

解答は別冊46ページ

1 次の各文を口語訳せよ。

[1] 豈(ニ) 能(ク) 毋(なカラン)レ 怪(シムコト) 哉。

[2] 豈(ニ) 望(マン)レ 報(ヲ) 乎。（報＝恩返し）

[3] 豈(ニ) 不(ず)レ 悲(シカラ) 哉。

[4] 独(リ) 得(ン)二 默 然(トシテ) 而 已(やムコトヲ)一 乎。（得＝できる　已＝やめる）

[5] 肯(あヘテ) 将(もっテ)二 衰(すい) 朽(きうヲ)一 惜(シマンヤ)二 残 年(ヲ)一。（衰朽＝老いぼれた身　残年＝余命）

独（ひとり）畏（レン）二廉（れん）将軍（ヲ）一哉。

読 独（ひと）り廉将軍（れんしやうぐん）を畏（おそ）れんや。

訳 どうして廉将軍を恐れるだろうか、いや恐れたりはしない。

▼「独」は次のような形の場合は限定形です。（⬇73ページ）

独（リ）A（ノミ）〜　読 ひとりAのみ〜　訳 ただAだけが〜（する・だ）

独（リ）A（スル）耳　読 ひとりA（する）のみ　訳 ただA（する）だけだ

敢（あヘテ）A（セ）ン（乎（や））

読 あへてA（せ）んや

訳 どうしてAするだろうか、いやAしない

百獣之見（テ）レ我（ヲ）而敢（あヘテ）不（ざラン）レ走（ラ）乎（や）。

読 百獣（ひやくじう）の我（われ）を見（み）て敢（あ）へて走（はし）らざらんや。

訳 あらゆる獣たちが私を見て、どうして逃げ出さないだろうか、いやみんな逃げ出すだろう。

▼この形は、右の例文のように否定を伴って「敢不レA乎」（あへてAせざらんや）となっている例が多いようです。

▼「不二敢A一」（あへてAせず）の語順は否定形です。

不二敢（あヘテ）走（ラ）一。

読 敢（あ）へて走（はし）らず。

訳 けっして逃げない。

▼「敢へて」は、「肯（あ）へて」を用いることもあります。

2 次の各文の傍線部を書き下し文にして、口語訳せよ。

1 其（ノ）父雖（いへどモ）二善（よク）游（およグト）一、其子豈善游哉。

訳

2 縦（たとヒ）彼不（トモ）レ言（ハ）、籍（せき）独不レ愧二於心一乎。

（彼＝亡くなった兵たちの遺族　言＝うらみごとを言う　籍＝項羽の名。自分　愧＝はヅ）

訳

3 敢不レ敬乎。（敬＝敬（けい）ス。サ変動詞）

訳

4 不二敢仰視一。（仰視＝仰ギ視ル。上一段動詞）

訳

5 疑問・反語 実戦演習問題

1には疑問の「幾何」、**4**には反語の「豈…哉」があります。**2**にも、反語の読み方の可否にからんだ問題があります。**3**の理由説明問題は、傍線部の周辺をしっかりとらえることが大切！

月　日

解答は別冊48ページ

次の文章を読んで、後の問いに答えよ。設問の都合で返り点・送りがなを省いたところがある。

昔秦始皇問李信曰、「吾欲取荊。将軍度用幾何人而足。」李信曰、「不過二十万人。」又問王翦。曰、「非六十万人不可。」始皇使信伐荊。既而軍敗、復欲使翦。翦曰、「大王必不得已用臣、非六十万人不可。」始皇従之、遂平荊地。夫王翦豈不知以少撃衆為利哉。以為小変不可恃、大常不可失也。

（秦観『淮海集』）

注

1 **秦始皇**―秦の始皇帝。戦国時代末期に諸国を滅ぼし、天下を統一した。

2 **李信**―秦の将軍。

3 **荊**―戦国時代の楚の国のこと。

4 **王翦**―秦の将軍。

1 傍線部A「度用二幾何人一而足。」の意味として最も適当なものを、次のうちから一つ選べ。

① どれだけの人数を動員しても十分ではないと考えるのか。
② どれだけの人数を動員すれば十分であると考えるのか。
③ どのような人物を登用しても十分ではないと考えるのか。
④ どのような人物を登用すれば十分であると考えるのか。
⑤ 少しの人数を動員するだけで十分であると考えるのか。

□

2 傍線部B「非二六十万人一不レ可。」の読み方として最も適当なものはどれか。次のうちから一つ選べ。

① 六十万人に非ざれば可ならず。
② 六十万人に非ずして可ならず。
③ 六十万人を非として可とせず。
④ 六十万人に非ずして可ならざらんや。
⑤ 六十万人を非として可とせざらんや。

□

3 傍線部Cに「既而軍敗」、傍線部Dに「遂平二荊地一」とあるが、李信の軍が敗退し、王翦の軍が勝利を収めたのはなぜか。その説明として最も適当なものを、次のうちから一つ選べ。

① 李信が楚の兵力を二十万人足らずであると過小評価していたのに対し、王翦は楚の兵力を正しく把握していたから。
② 李信が秦の兵力を二十万人足らずであると過小評価していたのに対し、王翦は秦の兵力を正しく把握していたから。
③ 李信が秦の始皇帝を説得できず二十万人足らずの兵力しか与えられなかったのに対し、王翦は六十万人の兵力を与えられたから。
④ 李信の軍には二十万人の敵に対抗する能力しかなかったのに対し、王翦の軍には六十万人の敵に対抗できるだけの能力があったから。
⑤ 李信が楚の軍を攻めるにあたって二十万人足らずの兵力しか投入しなかったのに対し、王翦は多くの兵力を投入したから。
⑥ 李信が二十万人足らずの楚の軍を攻めるにあたって多くの兵力を投入しすぎたのに対し、王翦は少ない兵力を投入するにとどめたから。

□

4 傍線部E「豈不レ知二以レ少撃レ衆為レ利哉。」の意味として最も適当なものを、次のうちから一つ選べ。

① 少ない兵力で多くの敵を攻める方が効率がよいということを知らなかったわけではない。
② 少ない兵力で多くの敵を攻める方が原則にかなっているということを知らなかったわけではない。
③ 少ない兵力で多くの敵を攻める方が効率がよいということを知らなかったのではないか。
④ 少ない兵力で多くの敵を攻める方が原則にかなっているということを知らなかったのではないか。
⑤ 少ない兵力で多くの敵を攻める方が困難を伴うものであるということを知らなかったわけではない。

□

20 使役(しえき)

「AはBにCさせる」と訳す形を使役形といいます。特に、古文の使役の助動詞「しむ」と読む字を用いた「A 使二B C一（ABをしてCせしむ）」の使役の公式は、入試漢文ナンバーワンの頻出度です！

月　日

A 使(しム)二 B(ヲシテ) C(セ)一（令・教・遣・俾）

読 ABをしてC(せ)しむ
訳 AはBにCさせる

秦(しん)王(わう)使(しム)三使者(ヲシテ)告(ゲ)二趙(てう)王(ニ)一。

読 秦王(しんわう)使者(ししや)をして趙王(てうわう)に告(つ)げしむ。
訳 秦王は使者をやって趙王に告げさせた。

▼Aは主語ですが、省略されていることや、「使（しむ）」の直前にはないこともあります。

▼Bは使役の対象、つまり、だれに「させる」のかを示します。「使（しむ）」の直下にあるBの体言（名詞）に「ヲシテ」という送りがなをつけることが、読みのポイントです。

▼Cは使役の内容。何を「させる」のかを示します。この位置の活用語を未然形にして「使（しむ）」に返ります。

▼「使・令・教・遣・俾」は、古文の使役の助動詞「しむ」ですから、必ずひらがなにします。次のように活用し、二音めからは送りがなになります。

基本形	未然	連用	終止	連体	已然	命令
しム	しメ	しメ	しム	しムル	しムレ	しメヨ

基礎演習ドリル

解答は別冊50ページ

1 次の各文を口語訳せよ。

(1) 天帝使(ム)三我(ヲシテ)長(ちやうタラ)二百獣(ニ)一。（天帝＝天の神様　長＝王）

(2) 教(ムルハ)二韓(かん)信(しんヲシテ)反(せ)一何(ゾ)也。（韓信＝人名　反＝謀反(むほん)をおこす）

(3) 命(ジテ)二豎(じゆ)子(しニ)一殺(シテ)レ雁(がんヲ)烹(にシム)レ之(これヲ)。（豎子＝童僕　烹＝料理する）

2 次の各文を書き下し文にせよ。

(1) 王令二人学一レ之。

(2) 有下使三人求二千里(ノ)馬一者上。（千里馬＝駿馬(しゆんめ)）

A 命ﾚ B ニ C (セ)シム

読 ABにめいじてC(せ)しむ
訳 AはBに命令してCさせる

院 命二 義 経一 討二 平 氏一。

読 院義経に命じて平氏を討たしむ。
訳 院は義経に命令して平氏を討伐させる。

▼Aは主語ですが、省略されていることもあります。
▼Bは使役の対象です。ここに「ヲシテ」をつけずに、上の、使役の意をもつ動詞（この場合は「命ず」）に返ります。
▼Cは使役の内容です。ここに送りがなとして使役の「シム」をつけます。「シム」の前は未然形です。
▼この形は「命じて」以外にもたくさんあります。

A 召ﾚ B ヲ C (セ)シム　読 ABを召してC(せ)しむ　訳 AはBを召しよせてCさせる

A 説ﾚ B ニ C (セ)シム　読 ABに説きてC(せ)しむ　訳 AはBを説得してCさせる

A 勧ﾚ B ニ C (セ)シム　読 ABに勧めてC(せ)しむ　訳 AはBに勧めてCさせる

A 遣ﾚ B ヲ C (セ)シム　読 ABを遣はしてC(せ)しむ　訳 AはBをやってCさせる

A 挙ﾚ B ヲ C (セ)シム　読 ABを挙げてC(せ)しむ　訳 AはBを挙げ用いてCさせる

A 属ﾚ B ニ C (セ)シム　読 ABに属してC(せ)しむ　訳 AはBに頼んでCさせる

3 不ﾚ 教三 胡 馬 度二 陰 山一。（胡馬＝異民族の騎馬兵　度＝わたル。侵入する）

4 遣二 将 守ﾚ 関。（将＝将軍　関＝関所）

5 遣ﾚ 将 守ﾚ 関。

6 范 増 勧二 項 羽一 殺二 沛 公一。（范増・項羽・沛公＝人名）

3 次の書き下し文に従って返り点をつけよ。

1 諸君をして天の我を亡ぼすにして戦ひの罪に非ざるを知らしめん。

令 諸 君 知 天 亡 我 非 戦 之 罪。

2 自ら其の身をして死無からしむる能はずして、安くんぞ能く王をして長生せしめんや。

不 能 自 使 其 身 無 死、安 能 使 王 長 生 哉。

6 使役　実戦演習問題

4は使役形に着眼して絞り、あとは文脈から判断。1の(ア)は「何を以てか…」の疑問形です。2は対句と類似表現に着眼。3はよけいな読み方のあるものを消去して絞ります。

月／日

解答は別冊52ページ

次の文章を読んで、後の問いに答えよ。設問の都合で返り点・送りがなを省いたところがある。

衛霊公(注1)与夫人夜坐、聞車声轔轔。至闕(注2)而止、過闕復有声。公問夫人曰、「知此為誰。」夫人曰、「此必蘧伯玉也。」公曰、「(ア)何以知之。」夫人曰、「妾(注3)聞、礼下公門、式路馬(注4)、所以広敬也。夫忠臣与孝子、A不為昭昭信節、不為冥冥(注5)堕行。蘧伯玉衛之賢大夫(注6)也。仁而有智、(イ)敬於事上。此其人必不以闇昧(注7)廃礼。是以知之。」

B公使視之、果伯玉也。公(ウ)反之以戯夫人曰、「非也。」夫人酌觴再拝賀公。（後略）

（劉向『列女伝』）

注

1 衛霊公—春秋時代の衛国の君主。
2 闕—宮殿の門。
3 妾—女性の自称。
4 下公門、式路馬—君主の住む宮殿の門前では車を下り、君主の馬に対しては敬礼する。『礼記』に「大夫」の行うべき礼として見える。
5 冥冥—暗くて見えないこと。
6 大夫—中国古代の官吏の身分の一つ。
7 闇昧—暗くてよく見えないこと。

1

傍線部(ア)「何以知レ之」・(ウ)「反レ之」の意味として最も適当なものを、次のうちからそれぞれ一つずつ選べ。

(ア)「何以知レ之」

① それがわかるはずがあるだろうか
② そのことがいつわかったのか
③ 何としてもそれを知りたいのか
④ どうしてそれがわかるのか
⑤ 誰(だれ)がそれを教えてくれたのか

(ウ)「反レ之」

① 事実をいつわって
② 宮殿に立ち戻って
③ わが身をふりかえって
④ 侍者をひき下がらせて
⑤ 気持ちとはうらはらに

(ア) □　(ウ) □

2

傍線部A「不下為二昭昭一信上レ節」の意味として最も適当なものを、次のうちから一つ選べ。

① 賢明であるから、無理に礼節を押しつけようとはしない。
② あからさまに多くの人々の前で、礼節について議論することはしない。
③ 人が見ているからといって、わざと礼節を誇張して行うことはしない。
④ 公明正大なやり方だけが、礼節を正しく行うことだと主張しているわけではない。
⑤ 聡明(そうめい)な人に対してだけ、礼節の教えを説いているわけではない。

□

3

傍線部(イ)「敬於事上」の返り点の付け方とその読み方として最も適当なものを、次のうちから一つ選べ。

① 敬 於 事レ 上　敬して上に事あらしむ
② 敬二 於 事レ 上　上に事(つか)ふるよりも敬たり
③ 敬 於 事レ 上　敬して上に事へんや
④ 敬 於レ 事 上　敬して事に於いて上(たてまつ)る
⑤ 敬二 於 事 上一　事の上に敬(つつ)しまんや
⑥ 敬二 於 事レ 上　上に事ふるに敬あり

□

4

傍線部B「公使レ視レ之、果伯玉也」の意味として最も適当なものを、次のうちから一つ選べ。

① 霊公が様子を見に行ったところ、それは夫人の言葉どおり蘧伯玉であった。
② 霊公が侍者に見に行かせたところ、それは霊公の予想どおり蘧伯玉であった。
③ 霊公が様子を見に行ったところ、それは霊公の予想どおり蘧伯玉であった。
④ 霊公が夫人に見に行かせたところ、それは夫人の言葉どおり蘧伯玉であった。
⑤ 霊公が侍者に見に行かせたところ、それは夫人の言葉どおり蘧伯玉であった。
⑥ 霊公が夫人に見に行かせたところ、それは霊公の予想どおり蘧伯玉であった。

□

受身（うけみ）

「…れる。…られる。…される」と訳す形を受身形といいます。受身の助動詞「る・らる」にあたる返読文字を用いる形、「A為ニB所レC（ABのCする所と為る）」という受身の公式、いずれも重要です。

月　　日

❶ る・らる

見レA（セ）（為・被・所）

読 Aる・A(せ)らる
訳 Aれる・Aられる・Aされる

信ニシテ而見レ疑ハれ、忠ニシテ而被レ謗そしラる。

読 信（しん）にして疑（うたが）はれ、忠（ちゅう）にして謗（そし）らる。
訳 正直なのに疑われ、忠義なのに中傷される。

▼「る」と読むか、「らる」と読むかは接続の問題です。
る……四段・ナ変・ラ変動詞の未然形につきます。
らる…右以外（上一段・上二段・下一段・下二段・カ変・サ変）の動詞の未然形につきます。
※ただし、漢文ではナ変（死ぬ・往ぬ）やカ変（来（く））は使いませんし、ラ変動詞が受身になることもほとんどありません。
▼「る・らる」は次のように活用します。

基本形	未然	連用	終止	連体	已然	命令
る	れ	れ	る	るル	るレ	れヨ
らル	らレ	らレ	らル	らルル	らルレ	らレヨ

基礎演習ドリル

解答は別冊54ページ

1 次の各文を口語訳せよ。

1 寛ニシテ而見レ畏おそレ、厳ニシテ而見レ愛セ。（寛＝寛容　厳＝厳格）

2 吾嘗かつテ三タビ見レ逐おハ二於君一ニ。（君＝主君　逐＝追放する）

3 吾ガ子為ル二盗ノ所一トレ害スル。（盗＝盗賊　害＝殺す）

4 太たい祖そノ馬ば鞍あん為ル二鼠ねずみノ所一トレ齧かじル。（馬鞍＝馬のくら）

5 窮スル者ハ常ニ制セラル二於人一ニ。（窮者＝愚かな者）

❷ 受身の公式

A 為ニ B 所レ C（スル）

読 AのBのC(する)ところとなる
訳 AはBにCされる

欺レ人 者 却 為ニ人 所レ欺。

読 人を欺く者は却つて人の欺く所と為る。
訳 人を欺く者は、かえって人に欺かれる。

▼Aは主語ですが、省略されていること、直前にないこともあります。
▼Bは受身の対象、つまり、だれに「される」のかです。
▼Cは受身の内容、何を「される」かです。ここを連体形にして「所」へ返ります。

❸ 置き字「於」による受身形

A ハ C（セ）ラル ニ 於 B ニ

読 AはBにC(せ)らる
訳 AはBにCされる

労レ力 者 治ニ 於 人一。

読 力を労する者は人に治めらる。
訳 肉体労働をするものは人に治められる。

▼この形は「於・于・乎」グループの置き字のはたらきによる受身形です。
▼Aは主語ですが、省略されていること、直前にないこともあります。
▼Bは受身の対象で、このBの送りがなの「ニ」が置き字「於」のはたらき（受身の対象を示す）にあたります。
▼Cは受身の内容を表す動詞で、この動詞の未然形に、送りがなとして「ル・ラル」をつけます。

2 次の各文の傍線部を書き下し文にせよ。

1 弥子瑕見レ愛ニ於衛君一。（弥子瑕＝人名）

2 且レ見レ禽。（禽＝とりこニス。サ変動詞。つかまえる）

3 君子ハ恥レ不レ能、不レ恥レ不レ見レ用。

4 張儀為ニ楚相所レ辱。（張儀＝人名　楚相＝楚の国の宰相　辱＝はづかシム）

5 宋遂ニ為ニ楚所レ敗。（宋・楚＝国名　敗＝やぶル）

6 先ンズレバ則チ制シレ人ヲ、後ルレバ則チ為ニ人所レ制。

7 不レ信ニ乎朋友一。（朋友＝友人）

7 受身 実戦演習問題

「A為二B所一レC」の受身の形に気がつけば、**1**はイッパツで正解が出るはずです。**2**は「然・亦・功・可・自」などのポイントの訳を細かくチェック。**3**は文脈をしっかりとらえることが大事です。

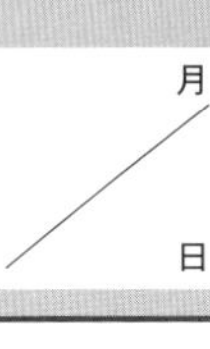

解答は別冊56ページ

北宋の文人政治家蘇東坡（そとうば）（蘇軾（そしょく））は、かつて讒言（ざんげん）にあって捕らえられ、厳しい取り調べを受け黄州に流されたが、その後復権した。次の文章は、東坡が都に戻る道中、取り調べを受けた獄官に会った場面である。これを読んで、後の問いに答えよ。設問の都合で返り点・送りがなを省いたところがある。

　東坡戯レテレ之ニ曰ハク、「A有蛇螫殺人、為冥（めい）（注1）官（くわん）所追（注2）議、法当死。蛇前（すすミ）訴ヘテ曰ハク、『B誠ニ有リレ罪、然レドモ亦タ有リレ功、可シトテ二以テ自ラ贖（あがなフ）一。』冥官曰ハク、『何ノ功ナル也（かト）。』蛇曰ハク、『某（それがし）ニ有リレ黄（注3）、可シレ治スレ病ヲ、所レ活（いカス）已ニ数人ナリト矣。』吏（注4）考（注5）験スルニ、固ヨリ不レバレ誣（しヒ）（注6）、遂ニ［X］。良（やや）久シクシテ、牽（ひキテ）二一牛ヲ一至ル。獄吏曰ハク、『此ノ牛触（つキテ）殺スレ人ヲ。亦タ当タルトレ死ニ。』牛曰ハク、『我モ亦タ有リレ黄、可シ二以テ治スレ病ヲ、亦タ活カスト二数人ヲ一矣。』良久シクシテ、亦タ［X］。（後略）」

（孫宗鑑（そんそうかん）『西畬瑣録（せいよさろく）』）

注

1 **冥官**―冥界の裁判官。古来中国では、死後の世界にも役所があり、冥官が死者の生前の行いによって死後の処遇を決すると考えられていた。
2 **追議**―死後、生前の罪を裁くこと。
3 **黄**―薬効。
4 **吏**―役人。
5 **考験**―取り調べること。
6 **誣**―欺く。いつわって言う。

1 傍線部A「有 蛇 螫 殺 人、為 冥 官 所 追 議、法 当 死」の返り点の付け方と書き下し文との組合せとして最も適当なものを、次のうちから一つ選べ。

① 有レ蛇 螫 殺レ人、為三冥 官 所二追 議一、法 当レ死
蛇有りて螫（か）みて人を殺し、冥官の追議する所と為（な）り、法は死に当たる

② 有レ蛇 螫 殺レ人、為二冥 官 所 追 議一、法レ当レ死
蛇有りて螫みて人を殺さんとし、冥官の所に追議を為すは、死に当たるに法（のつと）る

③ 有レ蛇 螫 殺 人、為二冥 官一所二追 議一、法レ当レ死
蛇有りて螫まれ殺されし人、冥官と為りて追議する所は、死に当たるに法る

④ 有二蛇 螫一殺 人、為三冥 官 所二追 議一、法レ当レ死
蛇の螫むこと有らば殺す人、冥官の追議する所の為（ため）に、死に当たるに法る

⑤ 有レ蛇 螫 殺 人、為 冥 官 所二追 議一、法 当レ死
蛇有りて螫まれ殺されし人、為に冥官の追議する所にして、法は死に当たる

2 傍線部B「誠 有レ罪、然 亦 有レ功、可二以 自 贖一」の解釈として最も適当なものを、次のうちから一つ選べ。

① 実際には罪がありますので、またすぐれた仕事をして自分で罪を帳消しにすべきなのです。

② たしかに罪はあるのですが、私には功績もあって自分自身で罪を償うことができます。

③ 結局は罪があるのですが、仕事の腕前によっておのずと罪は埋め合わされるのです。

④ もし罪があったとしても、当然私の功名によって自然と罪が許されるようになるはずです。

⑤ 本当は罪があるのですが、それでもあなたの功徳によって私の罪をお許しいただきたいのです。

3 本文中の二箇所の空欄 X にはどちらも同じ語句が入る。その語句を(i)から一つ選べ。また(i)の解答をふまえて、本文から読み取れる蛇と牛に対する冥官の判決理由を説明したものとして最も適当なものを、(ii)のうちから一つ選べ。

(i) 空欄に入る語句

① 得レ免　② 不レ還　③ 有レ功　④ 得レ死　⑤ 治レ病

(ii) 判決理由の説明

① 蛇も牛も、生前人を殺した上に、死後も「黄」によって人を病気から救うことができるとでたらめを言って、反省していない。よって、死罪とする。

② 蛇も牛も、人を殺してきた罪は許しがたい。よって、今後「黄」によって人を救う可能性はあっても、冥界に留め置き罪を償わせることとする。

③ 蛇も牛も、人を殺してきたが、体内の「黄」で将来は人の命を救う可能性は残っている。よって人の病気を治すことで罪を償わせることとする。

④ 蛇も牛も、人を殺すという重大な罪を犯したが、自らの「黄」によって人を病気から救ってもきた。よって、生前の罪を許すこととする。

⑤ 蛇も牛も、人を殺してきたというのは誤解で、むしろ大勢の人を「黄」によって病から救うという善行を積んできた。よって、無罪とする。

22 比較・選択(1)

二つのもの(こと)を比べて、「□のほうが△より…だ」「…についてはこれが一番だ」と判断するのが比較・選択形です。置き字のはたらきによるもの、「如(若)く」を用いるものなどがあります。

月　日

❶ 比較形

A ハ C ニ 於 B ヨリ(モ)一(ナリ)

読 AはBより(も)C(なり)
訳 AはBよりもCである

苛政猛二於虎一也。

読 苛政は虎よりも猛なり。
訳 苛酷な政治は虎よりも恐ろしい。

▼「於・于・乎」グループの置き字による比較形です。「Bヨリ(モ)」の「ヨリ(モ)」が「於」のはたらきにあたります。

▼Cは、形容詞か形容動詞、あるいは、名詞＋「なり」が入ります。

A ハ 不レ 如レ B ニ
(不レ若)

読 AはBにしかず
訳 AはBには及ばない
Aよりも Bのほうがよい

百聞不レ如二一見一。

読 百聞は一見に如かず。
訳 百回聞くよりも一度見るほうがよい。

▼「如く(若く)」は四段活用の動詞で、「及ぶ」という意味です。動詞の語幹ですから、書き下し文にするときは漢字のままでよし。

▼必ず「に」から「如かず」に返ってくることが、読み方のポイントです。

▼AとBとどちらがよいかを比較しています。

基礎演習ドリル

解答は別冊58ページ

1 次の各文を口語訳せよ。

1 防二民之口一、甚二於防一レ水。(甚＝危険である)

2 巧詐不レ如二拙誠一。(巧詐＝たくみないつわり　拙誠＝つたないまごころ)

3 興二一利一不レ若レ除二一害一。(興＝始める)

4 知レ臣莫レ如レ君。(臣＝臣下　君＝主君)

5 養レ心莫レ善二於寡欲一。(寡欲＝欲望が少ないこと)

AハBニ無シ如クハ（無若・莫如・莫若）

人之所急無如其身。

読 人の急にする所は其の身に如くは無し。
訳 人が大切にするものに関しては、自分自身にまさるものはない。

読 AはBにしくはなし
訳 Aに関してはBにまさるものはない

▼これは、AとBとを比較しているのではなく、一種の最上級の表現です。
▼これも「…に如くは無し」と、必ず「に」から返ります。

Aハ莫シC（ナル）ハ於B ヨリ（モ）

読 AはBより(も)C(なる)はなし
訳 Aに関してはBよりCなものはない

天下之水莫大於海。

読 天下の水海より大なるは莫し。
訳 天下の水に関しては海より大きいものはない。

▼「於」による比較形で、これも最上級の表現です。
▼「ヨリ(モ)」にあたる「於」も使っていない、次のような形もあります。

莫シA（ナル）ハ焉これヨリ

読 これよりA(なる)はなし
訳 これよりAなものはない

6 晋国ハ天下ニ莫シ強ナルハ焉これヨリ。

2 次の各文の傍線部を書き下し文にせよ。

1 霜葉紅於二月花。（霜葉＝紅葉　紅＝くれなゐナリ　二月花＝春の花）

2 天下ニ莫柔弱於水。（柔弱＝柔弱ナリ）

3 地利不如人和。（地利＝地の利　人和＝人の和）

4 衣莫若新、人莫若故。（故＝ふるシ。旧友）

5 百年之計ハ莫如植樹。（植＝うウ）

6 反身而誠、楽莫大焉。

23 比較・選択(2)

比較したうちのどちらの方をとるかが選択形です。ただ、選択形の場合、「与りは」とか「寧ろ」が読めれば文意がとれるケースが多く、比較形ほどには質問の対象になることも多くはないと言えます。

月／日

❷ 選択形

与レA寧B（セヨ・セン）
読 AよりはむしろB(せよ)
AよりはむしろB(せん)
訳 A(する)よりはB(せよ・しよう)

与レA不レ如レB
読 AよりはBにしかず
訳 A(する)よりはB(する)ほうがよい

喪与二其易一寧戚。
読 喪は其の易まらんよりは寧ろ戚め。
訳 葬儀に関しては形が整っていることよりも、むしろ心から悲しむことだ。

与二其生而無レ義、固不レ如レ烹。
読 其の生きて義無からんよりは、固より烹らるるに如かず。
訳 義を欠いた生き方をしているよりは、言うまでもなく煮殺されるほうがましだ。

▼AよりもBのほうを選択せよ、あるいは選択する、という形です。Bの部分の表現によって訳し方も変わります。

基礎演習ドリル

解答は別冊60ページ

1 次の各文を口語訳せよ。

1 礼与二其奢一寧倹。（奢＝ぜいたくにする　倹＝質素）

2 与二人刃レ我、寧自刃。（刃＝殺す）

3 与二其富而畏レ人、不レ若二貧而無レ屈。（畏＝おそれおののく。気をつかう　屈＝卑屈になる）

4 寧人負レ我、毋二我負レ人。

5 寧為二刑罰所レ加、不レ為二陳君所レ短。（陳君＝人名　短＝悪く言う）

寧A無B

読 むしろA(す)ともB(する)(こと)なかれ

訳 むしろAしても、Bはするな

寧A不B

読 むしろA(す)ともB(せ)ず

訳 むしろAしても、Bはしない

寧為鶏口、無為牛後。

読 寧ろ鶏口と為るとも、牛後と為る無かれ。

訳 むしろ鶏のくちばしにはなっても、牛の尻にはなるな。

寧以義死、不苟幸生。

読 寧ろ義を以て死すとも、苟しくも生くることを幸はず。

訳 むしろ義のために死んでも、かりにも生きながらえることを願ったりはしない。

▼Bではなく、Aのほうを選択するという形です。

A孰与B（孰若）

読 AはBにいづれぞ

訳 AはBと比べてどうか（Bのほうがよいのではないか）

漢孰与我大。

読 漢は我の大なるにいづれぞ。

訳 漢はわが国の大きさと比べてどうか。（わが国のほうが大きいのではないか）

6 与其有楽於身、孰若無憂於其心。（楽＝快楽　憂＝心配事）

7 坐而待伐、孰与伐人之利。

2 口語訳を参考にして後の漢文を書き下し文にせよ。

1 私はむしろ知恵を闘わすことがあっても、力を闘わすことはできない。

吾寧闘智、不能闘力。

2 ほかの人の妻となるよりは、むしろあなたの妾になりたい。（妾＝正妻でない夫人）

与為人妻、寧為夫子妾。

8 比較・選択 実戦演習問題

論理的な内容で、やや難しい文章ですが、丁寧に解釈してみましょう。**3**に比較形のポイントがあります。**2**には「奚をか…ん」の反語形。**4**は二重否定と部分否定がからんでいます。

月／日

解答は別冊62ページ

次の文章を読んで、後の問いに答えよ。

君子之学必好問。問与学、相輔而行者也。非学無以致（注1）疑、非問無以広識。好学而不勤問、非真能好学者也。A理明矣、而或不達于事。識其大矣、而或不知其細。B捨問、其奚決焉。賢于己者、問焉以破其疑、［ C ］者、問焉以求一得、等于己者、問焉以資切磋（注2）。（中略）

智者千慮、必有一失（注3）。D聖人所不知、未必不為愚人所知也。愚人之所能、未必非聖人之所不能也。理無専在（注4）、而学無止境（注5）也。然則問可少耶。

（劉開『劉孟涂集』）

注

1 致レ疑―疑問をもつ。
2 資二切磋一―知識をみがき学問の向上に役立てる。
3 失―まちがい。
4 専在―安住してとどまっている。
5 止境―停滞している状態。

1 傍線部A「理明矣、而或不レ達二于事一」は、どういう意味か。最も適当なものを、次のうちから一つ選べ。

① 理念としては分かっているが、最後まで仕事を成し遂げられない場合がある。
② 理想ははっきりしていても、その実践が時宜にかなっていない場合がある。
③ 理解の仕方が鮮明であっても、それが大事業の達成に至らない場合がある。
④ 物事の処理には明るいが、肝心なことには手の及ばない場合がある。
⑤ 道理には明らかでも、実際の事に通じていない場合がある。

□

2 傍線部B「捨レ問、其奚決焉」は、どういう意味か。最も適当なものを、次のうちから一つ選べ。

① 質問という方法を止めたら、いかなる問題の解決も望めない。
② 問うべき友人を捨ててしまったなら、何の決断もできないはずだ。
③ 問題点をほうっておくと、それは何によって解決できるのだろうか。
④ 問うことを捨ててしまったら、賢人か愚人かの区別がつかなくなる。
⑤ 試問を止めてしまったら、学問好きかどうかを決めることができなくなる。

□

3 空欄 C を含む一文「賢二于己一者、……問レ焉以資二切磋一」は、己を基準に比較した三段階の人に対して、どう対処するかを述べたものである。空欄 C に入るものとして最も適当なものを、次のうちから一つ選べ。

① 不ルレ知ラレ己ヲ
② 類スル二于己一ニ
③ 勝ル二于己一ヨリ
④ 不ルレ如カレ己ニ
⑤ 不ルレ好マレ己ヲ

□

4 傍線部D「聖人所レ不レ知、未二必不一レ為二愚人所一レ知也」は、どのようなことを言っているか。その説明として最も適当なものを、次のうちから一つ選べ。

① 聖人の知恵の及んでいる所には、愚人の知恵が反映されている。
② 聖人の知らないことは、もちろん愚人も知るはずがない。
③ 聖人の知らないことでも、愚人が知っている場合がある。
④ 聖人の関知しないことを、逆に愚人は必ず気にしている。
⑤ 聖人の知恵の及ばない所でこそ、愚人の知恵が生きる。

□

24 仮定（かてい）

仮定の形は「如（若）し」「苟しくも」「縦ひ」などが読めればOKです。呼応する表現には一応注意しましょう。「雖も」は必ず「…と」から返ってくる返読文字であることがポイントです。

月　日

如（若）A（セ・ナラ）バ　読 もしA（せ・なら）ば　訳 もしAならば

学若無成不復還。

読 学若し成る無くんば復た還らず。
訳 もし学問が成就しなかったならば、二度と再び故郷へは帰らない。

▼「もし」と読む字は「如・若」以外にも次のようなものがありますが、覚える必要はありません。

使・令・向・尚・倘・当・則・即・脱・誠・設
仮如・如使・向使・当使

▼「もし」は原則として「未然形＋ば」と呼応しますが、漢文では「未然形＋ば」と「已然形＋ば」の区別はそれほど厳密ではありません。

苟A（セ・ナラ）バ　読 いやしくもA（せ・なら）ば　訳 かりにもAならば

苟有天運得勝利。

読 苟しくも天運有らば勝利を得ん。
訳 かりにも天運があるならば必ず勝利が得られよう。

▼「苟しくも」も、原則として「未然形＋ば」と呼応します。

基礎演習ドリル

解答は別冊64ページ

1 次の各文を口語訳せよ。

[1] 如君不君、臣不臣。（君＝主君）

[2] 苟利於民、孤之利也。（孤＝私。王の自称）

[3] 縦我不往、子寧不来。

[4] 国雖大、好戦必亡。

[5] 微孔孟、王道不興。（孔孟＝孔子と孟子）

2 次の各文の傍線部を書き下し文にして、口語訳せよ。

[1] 苟有過、人必知之。（過＝あやまチ）

縦(たとヒ) A (ス)トモ・(スル)モ

読 たとひA(す)とも・A(する)も
訳 たとえAとしても

縦(たとヒ)彼不レ(ずトモ)言(ハ)、籍(せき)独(リ)不レ(ラン)愧(はヂ)ニ於心(ニ)一乎(や)。

読 縦(たと)ひ彼(かれ)言はずとも、籍(せき)独(ひと)り心(こころ)に愧(は)ぢざらんや。
訳 たとえ彼らが何も言わないとしても、私はどうして心の中で恥じずにいられようか。

▼「仮令・縦令・縦使」も「たとひ」と読みます。
▼原則的には「終止形＋トモ」と呼応しますが、「連体形＋モ」と呼応することもあります。

雖(いへどモ)レ A ト

読 Aといへども
訳 Aとはいっても たとえAであっても

雖(いへどモ)レ不レ(ずト)中(あタラ)不レ遠(カラ)。

読 中(あ)たらずと雖(いへど)も遠(とほ)からず。
訳 あたっていないとはいっても、それほどはずれてはいない。

▼必ず「ト」から返読することが読み方のポイントです。
▼「雖」は四段動詞の已然形「言へ」に、逆接仮定条件の接続助詞「ども」がついたものです。
▼逆接仮定条件で訳すことがふつうですが、逆接確定条件になって、「…だけれども」のように訳すこともあります。

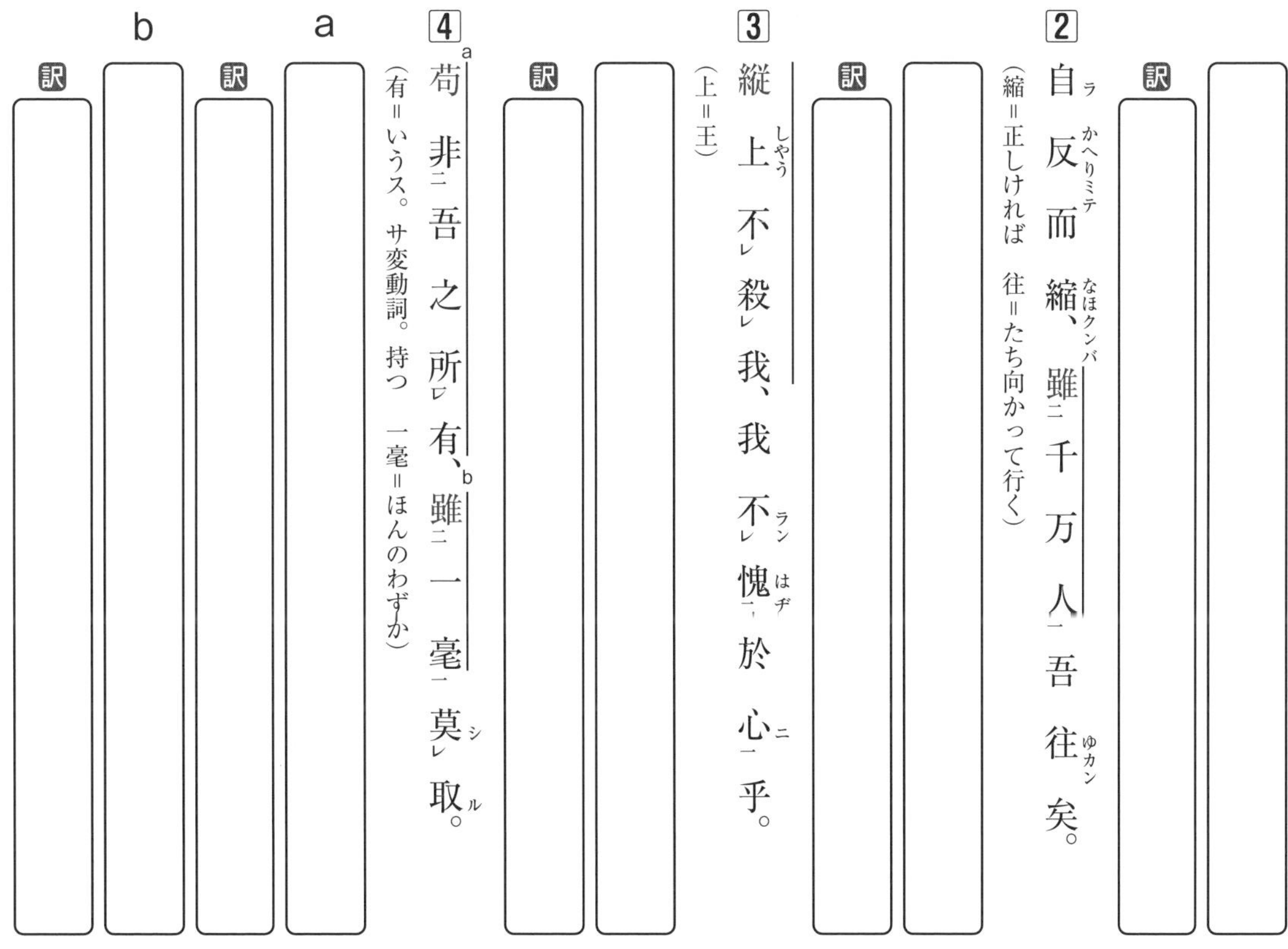

2 自(ラ)反(かへりミテ)而縮(なほクンバ)、雖ニ千万人一吾往(ゆカン)矣。
(縮＝正しければ　往＝たち向かって行く)
訳

3 縦上(しやう)不レ殺レ我、我不レ(ラン)愧(はヂ)ニ於心(ニ)一乎。
(上＝王)
訳

4 苟非ニ吾之所一レ有、雖ニ一毫一莫(シ)レ取(ル)。
(有＝いうス。サ変動詞。持つ　一毫＝ほんのわずか)
a 訳
b 訳

9 仮定　実戦演習問題

次の文章を読んで、後の問いに答えよ。設問の都合で返り点・送りがなを省いたところがある。

華佗(注1)善医。嘗有郡守(注2)病甚。佗過之。郡守令佗診候(注3)。
佗退謂其子曰、「使君(注4)病(ア)有異於常。積瘀血(注5)在腹中。
A当極怒嘔血。即能去疾。(イ)不爾無生矣。子能尽言家君(注6)
平昔(注7)之愆、吾疏(注8)而責之。」其子曰、「B若獲癒何謂不
言。」於是具以父従来所為乖誤(注9)者、尽示佗。佗留書
責罵之。C父大怒、発吏捕佗、佗不至。遂嘔黒血升余、其
疾乃平。

（『太平広記』）

3に「若し」の仮定形があります。「ば」と呼応することがポイントですから、そこから絞ること。1の(イ)にも仮定表現があります。その他、1の(ア)に比較の「於」、2には再読文字があります。

解答は別冊66ページ

月　日

注

1 **華佗**―後漢末の名医。
2 **郡守**―郡の長官。太守。
3 **診候**―病気を診察する。
4 **使君**―ここでは郡守を指す。
5 **瘀血**―濁った悪い血液。
6 **家君**―相手の父親に対する敬称。
7 **平昔**―以前から。
8 **疏**―箇条書きにする。
9 **乖誤**―過ち。悪い行い。

1 傍線部(ア)「有レ異二於常一」・傍線部(イ)「不レ爾無レ生矣」とあるが、その意味内容として最も適当なものを、次のうちから一つずつ選べ。

(ア) 有レ異二於常一

① 普通の状態に比べて深刻である。
② ふだんよりは良くなってきている。
③ 日ごとに様子が変化している。
④ 日ごろから自覚していたようだ。
⑤ 以前と変わった点があったはずだ。

(イ) 不レ爾無レ生矣

① そうとでも考えなければ、生きていく気力もうせるであろう。
② 並の肉体の人間であれば、死んでも不思議はないだろう。
③ そういう暮らしができないのならば、生きる意味もなかろう。
④ この方法を実行しなければ、生命を落とすことになるであろう。
⑤ このやり方でもだめならば、命を救うことはできないだろう。

(ア) □　(イ) □

2 傍線部A「当極怒嘔血」は、「当(まさ)に怒(いか)りを極(きは)めて血(ち)を嘔(は)かしむべし」と読む。どのように返り点をつけるのがよいか。最も適当なものを、次のうちから一つ選べ。

① 当二極怒一レ嘔レ血
② 当極レ怒レ嘔血
③ 当二極レ怒嘔血一
④ 当レ極二怒嘔一血
⑤ 当二極レ怒嘔一レ血

□

3 傍線部B「若獲レ癒何謂不レ言」は、「病気が治せるのなら、どうしてお話ししないことがありましょうか」という意味である。返り点に従って書き下すとどうなるか。最も適当なものを、次のうちから一つ選べ。

① 若(も)し癒(い)ゆるを獲(う)るも何謂(なんす)れぞ言はじ。
② 若し癒ゆるを獲るも何謂れぞ言はざる。
③ 若し癒ゆるを獲(え)ば何謂れぞ言はざる。
④ 若し癒ゆるを獲ば何謂れぞ言はんや。
⑤ 若し癒ゆるを獲(え)んとて何謂れぞ言はんや。
⑥ 若し癒ゆるを獲んとて何謂れぞ言はじ。

□

4 傍線部C「父大怒」とあるが、「父」が怒った理由として最も適当なものを、次のうちから一つ選べ。

① 華佗が家にやってきて、目の前で筆をふるい、自分の欠点を批判がましく書き連ねたから。
② 華佗が、自分の起こした過去の犯罪を紙に書いて張り出し、広く世間の人々に示したから。
③ 華佗が、優れた医学書を手元に置き、他人が借りようとすると、かたくなに拒絶したから。
④ 華佗が残した書状を見たところ、自分の過去がすべて暴かれたうえ、非難されていたから。
⑤ 華佗が書いた著作を読んだところ、息子と一族の悪口が、こと細かく記載されていたから。

□

25 限定（げんてい）

限定形は「ただ」「ひとり」「わづかに」などの副詞と、「…のみ」を用います。いずれも読めればOK！「ただ…なだけだ」と限定するのが原則ですが、強調程度のこともありますから、訳すときは注意。

月　日

A（スル）耳（のみ）（已・爾・而已・而已矣・也已 など）

読 Aのみ・A（する）のみ
訳 A（する）だけだ

口（こう）耳（じ）之（の）間（ハ）四寸（体言）耳（のみ）。

読 口耳（こうじ）の間（かん）は四寸（よんすん）のみ。
訳 口と耳の間は四寸にすぎない。

書（ハ）足（たル）（連体形）以（もつテ）記（しるスニ）姓名（ヲ）而已（のみ）。

読 書（しよ）は以（もつ）て姓名（せいめい）を記（しる）すに足（た）るのみ。
訳 文字は姓名を書くのに役立つだけだ。

▼「のみ」は体言あるいは活用語の連体形につきます。
▼限定というほどでなく、強調程度の例もあります。

唯（ただ）A（スル）（耳（のみ））（惟・直・但・只・徒・特・祇・止）

読 ただA（する）のみ
訳 ただA（する）だけだ

基礎演習ドリル

解答は別冊68ページ

1 次の各文（傍線のあるものは傍線部のみ）を書き下し文にして、口語訳せよ。

1 夫子之（の）道（ハ）忠恕而已矣。
（夫子＝先生。孔子のこと　忠恕＝まごころと思いやり）

訳

2 雖（いへどモ）殺（スト）之（ヲ）無（シ）益。祇（ダ）益（ス）禍（ヒヲ）耳。

訳

3 道（ハ）二（ツ）。仁（ト）与（ニ）不仁（二）而已矣。

訳

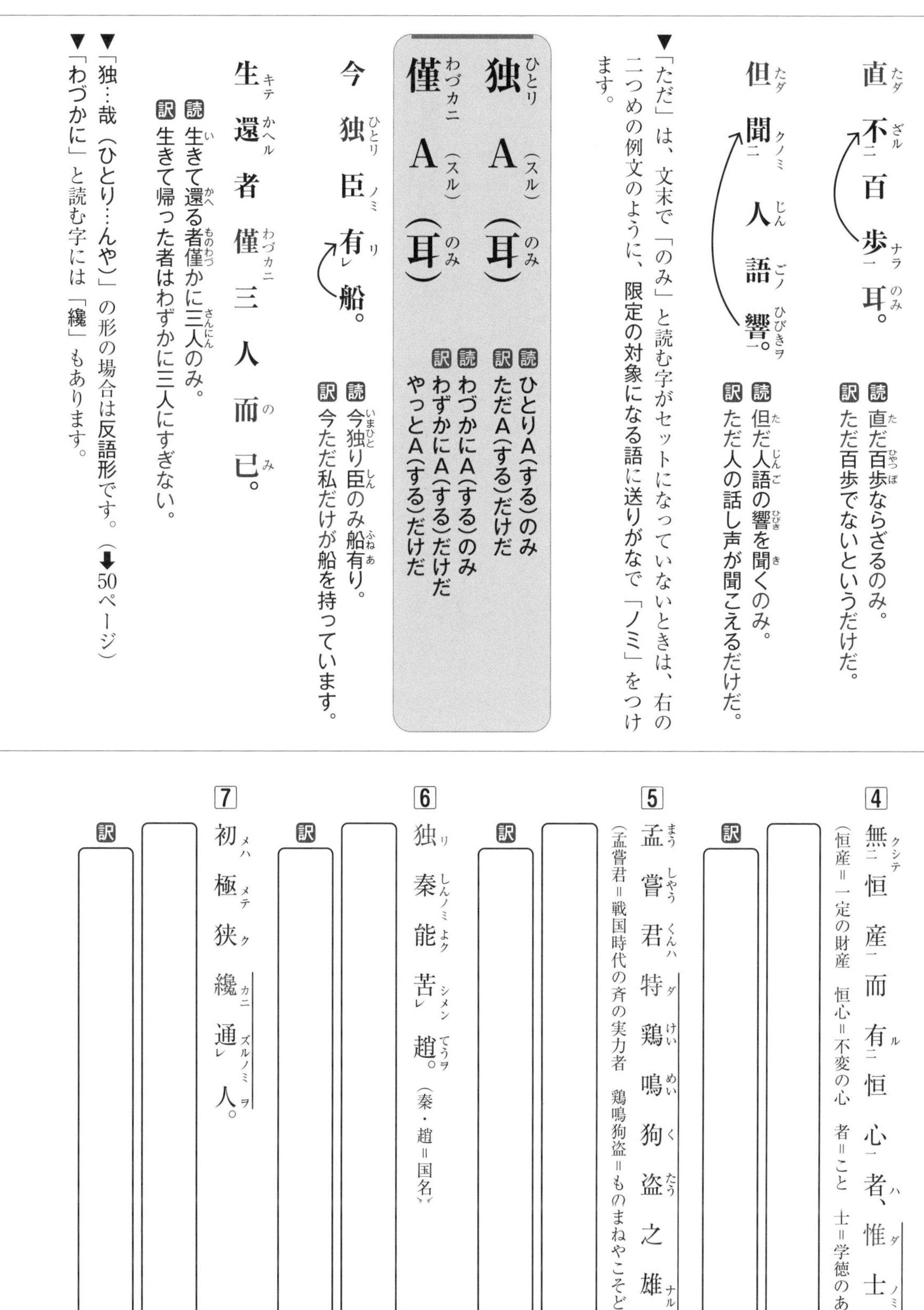

直（ただ）不二百歩一耳（のみ）。

読 直だ百歩ならざるのみ。
訳 ただ百歩でないというだけだ。

但（ただ）聞二人語（じんご）響一。

読 但だ人語の響を聞くのみ。
訳 ただ人の話し声が聞こえるだけだ。

▼「ただ」は、文末で「のみ」と読む字がセットになっていないときは、右の二つめの例文のように、限定の対象になる語に送りがなで「ノミ」をつけます。

独（ひとり）A（スル）（耳）（のみ）
読 ひとりA(する)のみ
訳 ただA(する)だけだ

僅（わづかニ）A（スル）（耳）（のみ）
読 わづかにA(する)のみ
訳 わずかにA(する)だけだ
やっとA(する)だけだ

今独（ひとり）臣（ノミ）有（リ）レ船。

読 今独り臣のみ船有り。
訳 今ただ私だけが船を持っています。

生（キテ）還（かへル）者僅（わづかニ）三人而已（のみ）。

読 生きて還る者僅かに三人のみ。
訳 生きて帰った者はわずかに三人にすぎない。

▼「独…哉（ひとり…んや）」の形の場合は反語形です。（➡50ページ）
▼「わづかに」と読む字には「纔」もあります。

4 無（クシテ）二恒産一而有（ル）二恒心一者（ハ）、惟（ダ）士（ノミ）為（スト）レ能（よク）。
（恒産＝一定の財産　恒心＝不変の心　者＝こと　士＝学徳のある人）

訳

5 孟嘗君（まうしやうくんハ）特（ダ）鶏鳴狗盗（けいめいくたう）之雄（ナル）耳。
（孟嘗君＝戦国時代の斉の実力者　鶏鳴狗盗＝ものまねやこそどろ　雄＝親分）

訳

6 独（リ）秦（しんノミ）能（よク）苦（シメン）レ趙（てうヲ）。（秦・趙＝国名）

訳

7 初（メハ）極（メテ）狭（ク）纔（カニ）通（ズルノミ）レ人（ヲ）。

訳

26 抑揚（よくよう）

前半で軽い内容を抑（おさ）えて述べ、後半で強調したいことをもち上げて述べる言い方を抑揚形といいます。「Aすら且つ（猶ほ）B」のあとの後半に、「況んや…をや」がくる形と、反語形がくる形とがあります。

月　日

A且B、況C乎（Aスラかツ B、いはンヤ Cヲ や）

且＝猶（なホ）・尚（なホ）

読 Aすらかつ（なほ）B、いはんやCをや
訳 AでさえBなのだ（から）、ましてCであればなおさら（B）だ

死馬且買レ之、況生者乎。

読 死馬（しば）すら且（か）つ之（これ）を買（か）ふ、況（いは）んや生（い）ける者（もの）をや。
訳 死んだ馬でさえ買ったのだから、まして生きている名馬であればなおさら買うだろう。

▼読み方の上では、「況（いは）んや」が「…をや」と呼応することがポイントです。
▼解釈の上では、「ましてCであればなおさらだ」の部分が、「なおさらBだ」と言っている点がポイントです。
▼「且・猶・尚」がない形や、「而（しか）るを況んや」となっている形、後半の「況…乎」が省略された形など、いろいろ類型があります。

至二犬馬一尽然、而況於レ人乎。

読 犬馬（けんば）に至（いた）るまで尽（ことごと）く然（しか）り、而（しか）るを況（いは）んや人（ひと）に於（お）いてをや。
訳 犬や馬に至るまでみんなそうだ、なのに、まして人間であればなおさらそうだ。

基礎演習ドリル

解答は別冊70ページ

1 次の各文を口語訳せよ。

[1] 天地尚不レ能レ久、而況於レ人乎。
（久＝永遠であり続ける）

[2] 将軍且死、妾安用レ生乎。
（妾＝私　用生＝生きる）

[3] 以二獣相食一且人悪レ之。（悪＝嫌う）

[4] 并（へい）州（しう）且不レ得レ住、何況得レ帰二咸（かん）陽（やう）一。
（并州・咸陽＝地名）

以二聖人之賢一且学。

読 聖人の賢を以てすら且つ学ぶ。

訳 聖人のようにすぐれていてさえ、なお学ぶのだ。
(まして凡人であればなおさら学ばねばならない)

A且B、安C乎

尚 猶

読 Aすらかつ(なほ)B、いづくんぞCんや

訳 AでさえBなのだ(から)、どうしてCなことがあろうか、いやCではなくBだ

臣死且不レ避、卮酒安足レ辞。

読 臣死すら且つ避けず、卮酒安くんぞ辞するに足らん。

訳 私は死ぬことさえ避けたりはしない、大杯の酒などどうして辞退することがあろうか。

▼後半に反語形がくる形です。後半の反語形については、「安くんぞ」でなく、「何ぞ」でも「誰か」などでもかまいません。

▼後半に、反語と「況んや」が同居して、「何況…(何ぞ況んや)」のようになっている場合は、文末は「…をや」ではなく、反語を優先させて、「…んや」と読みます。

2 口語訳を参考にして後の漢文を書き下し文にせよ。

1 あなたでさえそうだ、まして高綱であればなおさらだ。

子且然、況高綱乎。

2 顔回でさえ過ちが無いということはできない、ましてその他の人(=其の余)であればなおさらだ。

顔回尚不レ能レ無レ過、況其余乎。

3 鳥や獣でさえ恩を知っている、人間がどうして恩を知らないことがあろうか。

禽獣且知レ恩、人安不レ知レ恩哉。

4 菅公(菅原道真)のような賢人でさえ、なお権力を慕う心がないということができないのだ。

以二菅公之賢一猶不レ能レ無二恋レ権之意一。

10 抑揚　実戦演習問題

典型的な抑揚の形の解釈の問題が**2**にあります。あとの問題は全体の読解にかかわるものです。問題にはなっていませんが、二種類の受身形がありますから、見つけたらしっかり解釈しましょう。

月　日

解答は別冊72ページ

次の文章を読んで、後の問いに答えよ。

哀王沖、字倉舒、少聡察岐嶷。時軍国多事、用刑厳重。太祖馬鞍在庫、而為鼠所齧。庫吏懼必死、議欲面縛首罪、猶懼不免。沖謂曰、「待三日中、然後自帰。」沖於是以刀穿単衣、如鼠齧者、謬為失意、貌有愁色。太祖問之、沖対曰、「世俗以為鼠齧衣者、其主不吉。今単衣見齧、是以憂戚。」太祖対曰、「此妄言耳。無所苦也。」俄而庫吏以齧鞍聞。太祖笑曰、「児衣在側、尚齧、況鞍懸柱乎。」一無所問。沖仁愛識達、皆此類也。（後略）

（陳寿『三国志』）

注
1 **哀王沖**—三国時代魏の曹操の子、曹沖。
2 **岐嶷**—才知に秀でていること。
3 **軍国**—軍事と国政。
4 **太祖**—魏の曹操。
5 **面縛**—自ら両手を後ろ手に縛ること。罪に服する気持ちを表す。
6 **憂戚**—恐れ心痛める。
7 **聞**—申し上げる。

1 傍線部A「此妄言耳」とあるが、太祖はどのようなことを「妄言」とみなしているのか。文中の語句（波線部ⓐ〜ⓕ）で答えるとすればどれか。最も適当なものを、次のうちから一つ選べ。

① ⓐ 軍国多事、用レ刑厳重。
② ⓑ 議欲二面縛首レ罪、
③ ⓒ 待二三日中一、然後自帰。
④ ⓓ 以レ刀穿二単衣一、
⑤ ⓔ 謬為二失意一、貌有二愁色一。
⑥ ⓕ 鼠齧レ衣者、其主不吉。

2 傍線部B「児衣在レ側、尚齧、況鞍懸レ柱乎」の解釈として最も適当なものを、次のうちから一つ選べ。

① 身近にあった子供の衣でさえかじられるのだから、いっそ鞍を柱に懸けておいたらどうだろうか。
② 太祖の衣が子供の傍らにあってさえかじられるのだから、いっそ鞍を柱に懸けておいたらどうだろうか。
③ 身近にあった子供の衣でさえかじられるのだから、鞍を柱に懸けておくべきではなかった。
④ 太祖の衣が子供の傍らにあってさえかじられるのだから、柱に懸けてある鞍がかじられるのは当然だ。
⑤ 身近にあった子供の衣でさえかじられるのだから、柱に懸けてある鞍がかじられるのは当然だ。

3 傍線部C「一無レ所レ問」の意味として最も適当なものを、次のうちから一つ選べ。

① いっさい責任を追及しなかった。
② すこしも疑いの余地がなかった。
③ すこしも聞きただすものがいなかった。
④ だれ一人として見舞うものがなかった。
⑤ だれ一人として怪しむものがなかった。

4 傍線部D「沖仁愛識達、皆此類也」とあるが、「此」は哀王のどのような行動を指すのか。最も適当なものを、次のうちから一つ選べ。

① 自分の衣に刀で鼠がかじったような穴をあけてしまったが、鞍を鼠にかじられた倉庫番とともに進んで自分たちの罪を認めることで、かえって太祖を感嘆させたこと。
② 太祖の鞍を鼠にかじられたのみならず、太祖の衣にまで穴をあけてしまったが、忠義の心に厚い倉庫番の忠告を素直に聞き入れて謝罪し、太祖の我が子に対する期待に十分にこたえたこと。
③ 太祖の鞍を鼠にかじられた倉庫番の身を思いやり、わざと自分の衣に穴をあけ鼠にかかわる俗信に対する太祖の反応を利用することによって、太祖の倉庫番に対する怒りをそらせ命を救ったこと。
④ 鼠が鞍までもかじらざるをえないことから倉庫の中の穀物が横領されている事実に気づき、わざと太祖の衣に穴をあけて太祖の関心を巧みに倉庫番に向けさせることによって、強欲な倉庫番をこらしめたこと。
⑤ 倉庫番の不注意から大切な鞍を鼠にかじられ、それを不吉の予兆だとする俗信にとらわれて失意にあった太祖の気持ちを察し、自分の衣にも穴をあけるという子供らしい機知によって太祖の笑いを誘って慰めたこと。

累加（るいか）

累加というのは、「ただ…なだけでなく」のあと、さらに何かを累ね（かさね）加えることをいいます。否定の「不・非」と限定の「唯・独」が組合さった形と、反語と限定が組合さった形とがあります。

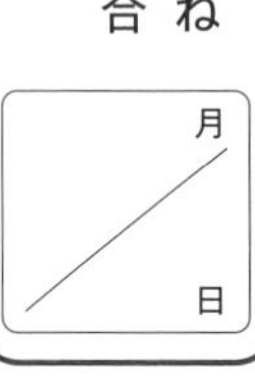

❶「否定＋限定」型の累加形

不（ず）二唯（たダニ）A（ノミナラ）一B
非（あらズ）二唯（たダニ）A（ノミニ）一B

読 ただにAのみならず、B
　 ただにAのみにあらず、B
訳 ただAなだけでなく、その上Bだ

不二唯（たダニ）忘（ルルノミナラ）レ帰（ルヲ）、可（ベシ）二以（テ）終（をフ）レ老（ヲ）。

読 唯（た）だに帰（かへ）るを忘（わす）るるのみならず、以（もつ）て老（らう）を終（を）ふべし。
訳 ただ都に帰るのを忘れるだけでなく、ここは晩年をすごすのによい土地だ。

▼否定形「不・非」と限定形「ただに」の組合せによる累加の形です。
▼「ただに」は、「惟・直・但・徒・只・特・祇・止」などを用いても同じです。

不二独（ひとり）A（ノミナラ）一B
非（ズ）二独（ひとり）A（ノミニ）一B

読 ひとりAのみならず、B
　 ひとりAのみにあらず、B
訳 ただAだけでなく、その上Bだ

基礎演習ドリル

解答は別冊74ページ

1 次の各文を口語訳せよ。

1 非（ズ）三独（リ）賢者（ノミ）有（ルニ）二是（ノ）心一。（是心＝仁義の心）

2 疑（フ）レ臣（ヲ）者不二唯（ダニ）三人（ノミナラ）一。（臣＝私）

3 非（ズ）二特（ダニ）末（すゑ）見（あらはルル）而已一（ニ）。（末＝錐（きり）の先端）

4 豈（ニ）惟（ダニ）口腹（ニノミ）有（ランヤ）二飢（き）渇（かつ）之（の）害一、人之心（モ）亦（また）皆有（リ）レ害。（飢渇之害＝飢えや渇きの苦しみ）

5 故郷何（ゾ）独（リ）在（ルノミナランヤ）二長安一（ニ）。

不㆓独(ひとり)漢朝(ノミナラ)㆒、今(モ)亦(また)有(リ)。

読 独(ひと)り漢朝(かんてう)のみならず、今(いま)も亦(また)有(あ)り。

訳 ただ漢王朝の時代だけでなく、今もまたある。

▼否定形「不・非」と限定形「ひとり」の組合せによる累加の形です。

❷「反語＋限定」型の累加形

豈(あニ)唯(たダニ)A(ノミナランヤ)B

何(なんゾ)独(ひとり)A(ノミナランヤ)B

読 あにただにAのみならんや、B
なんぞひとりAのみならんや、B

訳 どうしてただAなだけであろうか、いやそれだけでなくさらにBだ

豈(あニ)唯(たダニ)怠(ルノミナランヤ)レ之(これヲ)、又従(ヒテ)而盗(ム)レ之(ヲ)。

読 豈(あ)に唯(た)だに之(これ)を怠(おこた)るのみならんや、又従(またしたが)ひて之(これ)を盗(ぬす)む。

訳 どうしてただ怠けているだけであろうか、いやそれだけでなくさらに盗んでもいる。

何(なんゾ)独(ひとり)丘(きうノミナランや)哉。

読 何(なん)ぞ独(ひと)り丘(きう)のみならんや。

訳 どうしてただ丘（私＝孔子）だけであろうか。（いや丘だけではない）

▼反語形「豈に…んや・何ぞ…んや」と限定形「ただに・ひとり」の組合せによる累加の形です。

2 次の各文の傍線部を書き下し文にして、口語訳せよ。

1 悲嘆(セシ)者(ハ)非㆓独我㆒、人皆涕(てい)泣(きふセリ)。

訳

2 豈唯我之罪。

訳

3 非㆓直於(レ)身有(レ)益。（於＝おイテ）

訳

4 豈徒斉民安、天下之(の)民(たみ)挙(みな)安(やすシ)。

（斉＝国名　安＝安心して暮らせる）

訳

28 願望（がんぼう）

願望形は、文頭に「請ふ」「願はくは」「庶（こひねが）はくは」を用います。大切なのは文末で、活用語の命令形であれば相手に対する願望、意志の助動詞「ん」であれば自己の願望。その訳し分けが大事です。

月　日

請（こフ）A（セヨ）
読 こふA(せよ)
訳 どうかAしてください

請（こフ）A（セ）ン
読 こふA(せ)ん
訳 どうかAさせてください
なんとかしてAしたい

（乞）

請（こフ）君傾（ケテ）レ耳（ヲ）聴（きケ）。
読 請（こ）ふ君耳（きみみみ）を傾（かたむ）けて聴（き）け。
訳 君よどうか耳を傾けて聴いてくれ。

請（こフ）以（テ）レ剣（ヲ）舞（まハン）。
読 請（こ）ふ剣（けん）を以（もつ）て舞（ま）はん。
訳 どうか剣舞をさせてください。

▼願望形は、文末の表現による訳し方がポイントです。
文末が｛命令形 → 相手への願望／意志の助動詞「ン」→ 自己の願望｝

▼以下の形も同じですが、この型は、「請二…一（…を請ふ）」と返って読めるものを、「請ふ…」と読んでいるわけで、「請ふ」に返ってふつうの文のように読んでいるケースもあります。

願（ねがハクハ）A（セヨ）
読 ねがはくはA(せよ)
訳 どうかAしてください

基礎演習ドリル

解答は別冊76ページ

1 次の各文を口語訳せよ。

1 請（フ）以（テ）レ戦（ヒヲ）喩（たとヘン）。（戦＝戦争の話）

2 願（ハクハ）為（なリテ）二黄（くわう）鵠（こくト）一兮還（かヘラン）二故郷（ニ）一。（黄鵠＝鳥の名）

3 幸（ハクハ）分（カタレヨ）二我一桮（ぱいノ）羹（かうヲ）一。（羹＝スープ）

4 庶（ハクハ）免（まぬかレン）レ為（ルヲ）二人（ノ）所（ト）一レ笑（フ）。

5 在（リテハ）レ天（ニ）願（ハクハ）作（なラン）二比（ひ）翼（よくノ）鳥（ト）一。（比翼鳥＝羽を重ねて雌雄一体となって飛ぶという鳥）

願ハクハ A（セ）ン（幸）

読 ねがはくはA(せ)ん

訳 どうかAさせてください／なんとかしてAしたい

願ハクハ大王急ギ渡レ。

読 願(ねが)はくは大王(だいわう)急(いそ)ぎ渡(わた)れ。

訳 どうか大王様急いでお渡りください。

願ハクハ為ラン二子ガ妻ト一。

読 願(ねが)はくは子(し)が妻(つま)と為(な)らん。

訳 どうかあなたの妻にさせてください。／なんとかしてあなたの妻になりたい。

庶ハクハ A（セヨ）／庶ハクハ A（セ）ン（冀・幾・庶幾）

庶ハクハ A（セヨ）

読 こひねがはくはA(せよ)

訳 どうかAしてください

庶ハクハ A（セ）ン

読 こひねがはくはA(せ)ん

訳 どうかAさせてください／なんとかしてAしたい

王庶幾ハクハ改メヨレ之ヲ。

読 王庶幾(わうこひねが)はくは之(これ)を改(あらた)めよ。

訳 どうか王様これをお改めください。

▼「こひねがはくは」というのは、「請ふ」と「願はくは」を合体させた、非常に丁寧な表現です。

▼命令形の文末を、たとえば右の例では、「改められよ」とか、「改められんことを」のように、古文の尊敬の助動詞「る・らる」を用いた、敬意を含んだ読み方にしていることがあります。

2 口語訳を参考にして後の漢文を書き下し文にせよ。

1 どうか先生の志(こころざし)を聞かせてください。

願 聞二子 之 志一。（子＝先生）

2 私に、西周(せいしゅう)（国名）に水を流させるようにさせてください。

臣 請、使二西 周 下一レ水。（下＝くだス）

3 王様、どうか私を疑わないでください。

王、請 勿レ疑レ我。

4 何とかして残りの人生を無事に保ち終えたいものだ。

庶 保二卒 余 年一。（保卒＝たもチをフ。ハ行下二段動詞）

11 願望 実戦演習問題

次の文章を読んで、後の問いに答えよ。設問の都合で返り点・送りがなを省いたところがある。

有二盗レ牛者一、牛主得レ之。盗者曰、「我邂逅(注1)迷惑。従レ今已後将レ為レ改レ過。子既已赦宥(注2)。A幸無使王烈(注3)聞之。」人有二以告レ烈者一、烈以二布一端(注4)一遺レ之。或問、「此人既為レ盗、畏二君聞一レ之、B反与二之布一、何也。」烈曰、「昔秦穆公(注5)、人盗二其駿馬一ⓐ食レ之、ⓑ乃賜二之酒一。盗者C不レ愛二其死一、以救二穆公之難(注6)一。今此盗人能悔二其過一、懼二吾聞一レ之、是知レ恥レ悪。知レ恥レ悪、則善心将レ生。故与レ布勧レ為レ善也。」

（『三国志』魏書、管寧伝の裴松之注）

1 は返り点の付け方の問題ですが、願望形・使役形・禁止形など、重要句法がぎっしりです。解釈も大事な部分ですから、意味も自分で考えましょう。**3** のⓐの「食」は「やしなふ」ですから注意！

解答は別冊78ページ

月　日

1 **邂逅迷惑**―ふとしたはずみで心に迷いが生じる。
2 **赦宥**―罪を許す。
3 **王烈**―三国時代の人。すぐれた見識と道徳をそなえ、地域の有力者として人望があつかった。
4 **端**―布の長さの単位。
5 **穆公**―春秋時代の秦の君主。
6 **難**―災難。

1 傍線部A「幸無使王烈聞之」は、「幸はくは王烈をして之を聞かしむること無かれ」と読む。どのように返り点をつけるのがよいか。最も適当なものを、次のうちから一つ選べ。

① 幸 無二 使 王 烈 聞一レ 之
② 幸 無下 使二 王 烈一 聞上 之
③ 幸 無レ 使二 王 烈 聞一 之
④ 幸 無レ 使二 王 烈一 聞レ 之
⑤ 幸 無レ 使二 王 烈 聞一レ 之

2 傍線部B「反与二之布一、何也」の解釈として最も適当なものを、次のうちから一つ選べ。

① 盗みを働いた人に償わせず、被害者に布を渡すことで納得させたのは、一体どういうわけですか。
② 盗みを働いた人を罰せずに、口止めに布まであたえて家に帰したのは、一体どういうわけですか。
③ 盗みを働いた人を改心させ、自分から布を差し出すようにさせたのは、一体どういうわけですか。
④ 盗みを働いた人を責めることなく、わざわざ布まで恵んでやったのは、一体どういうわけですか。
⑤ 盗みを働いた人が嫌がるのに、布を贈って褒めたたえようとしたのは、一体どういうわけですか。

3 傍線部ⓐ「食レ之」・ⓑ「賜二之酒一」の「之」はそれぞれ何を指すか。その組合せとして最も適当なものを、次のうちから一つ選べ。

① ⓐ駿馬　ⓑ盗人を捕らえた人
② ⓐ駿馬　ⓑ駿馬
③ ⓐ駿馬　ⓑ駿馬を盗んだ人
④ ⓐ駿馬を盗んだ人　ⓑ盗人を捕らえた人
⑤ ⓐ駿馬を盗んだ人　ⓑ駿馬
⑥ ⓐ駿馬を盗んだ人　ⓑ駿馬を盗んだ人

4 傍線部C「不レ愛二其死一」とあるが、それはなぜか。その理由として最も適当なものを、次のうちから一つ選べ。

① 駿馬を盗んではみたものの、それを嘆き悲しむ穆公の様子に憐れみを感じたから。
② 穆公の駿馬を盗んだにもかかわらず、思いがけず寛大な処遇を受け感激したから。
③ 多くの駿馬を持つ穆公にとっては、一頭ぐらい失っても何でもないと思ったから。
④ 穆公の駿馬を盗んだ以上、いつかはつかまって殺される運命にあると思ったから。
⑤ 命をかけて穆公を助ければ、駿馬を盗んだ罪も大目に見てもらえると思ったから。

29 比況（ひきょう）

古文の比況の助動詞「ごとし」にあたる返読文字「如・若」を用いる形です。体言（名詞）から返る場合は「のごとし」、活用語から返る場合は連体形＋「がごとし」と読むことがポイントです。

月／日

如（ごとシ）レ A（ノ・（スル）ガ）（若）

読 Aのごとし　A(する)がごとし
訳 Aのようだ・Aと同じだ

人生（ハ）如（ごとシ）ニ朝（てう）露（ろノ）一。（朝露＝体言）

読 人生（じんせい）は朝露（てうろ）のごとし。
訳 人生は朝の露のようなものだ。

士（しノ）処（をルハ）レ世（ニ）若（ごとシ）三錐（きりノ）処（をルガ）二嚢（なう）中（ニ）一。（処＝連体形）

読 士（し）の世（よ）に処（を）るは錐（きり）の嚢中（なうちゆう）に処（を）るがごとし。
訳 有能な人物がこの世にいるのは、錐がふくろの中にあるようなものだ。（必ず頭角をあらわす）

▼「如・若」は、古文の比況の助動詞「ごとし」ですから、書き下し文にするときはひらがなにします。
▼「ごとし」へは、格助詞「の・が」を伴って返読しますが、「の」か「が」かは、次のようになります。
　体言（名詞）＋ノ
　活用語の連体形＋ガ　｝→ごとし
▼「如・若」は、まれに「ごとくなり」と読む例もあります。

基礎演習ドリル

解答は別冊80ページ

1 次の各文を口語訳し、傍線部は書き下し文にせよ。

1 君子之（の）交（ハリハ）淡（キコト）若（レ）水。

書き下し

2 小人之交（ハリハ）甘（キコト）若（レ）醴。（醴（れい）＝甘酒）

書き下し

3 富貴（ハ）於（おイテ）レ我（ニ）如（ニ）浮雲（一）。

書き下し

4 侵（しん）掠（りやくスルコト）如（クレ）火（ノ）、不（レ）動（カザルコト）如（レ）山。

譬如A（ノ・スル）ガ

読 たとへばAの（Aするが）ごとし
訳 たとえばAの（Aする）ようなものだ

譬如為山。
読 譬へば山を為るがごとし。
訳 たとえば山を作るようなものだ。

猶如A（ノ・スル）ガ
猶A（スル）ガ

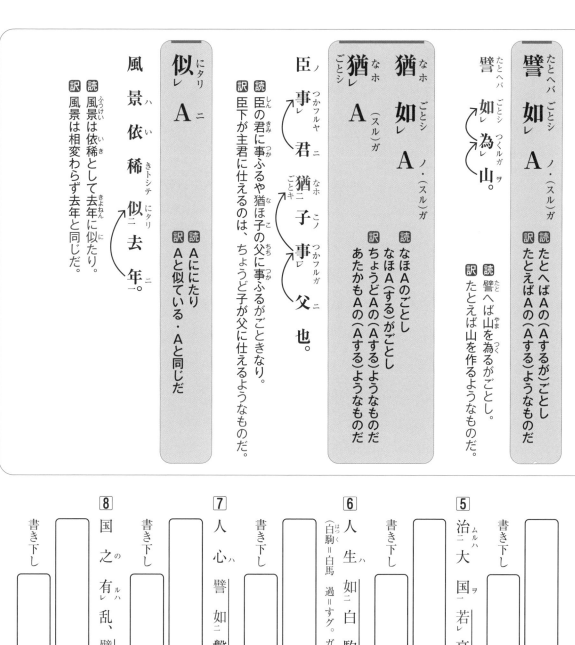

読 なほAのごとし
なほA（する）がごとし
訳 ちょうどAの（Aする）ようなものだ
あたかもAの（Aする）ようなものだ

臣事君猶子事父也。
読 臣の君に事ふるや猶ほ子の父に事ふるがごときなり。
訳 臣下が主君に仕えるのは、ちょうど子が父に仕えるようなものだ。

似A

読 Aににたり
訳 Aと似ている・Aと同じだ

風景依稀似去年。
読 風景は依稀として去年に似たり。
訳 風景は相変わらず去年と同じだ。

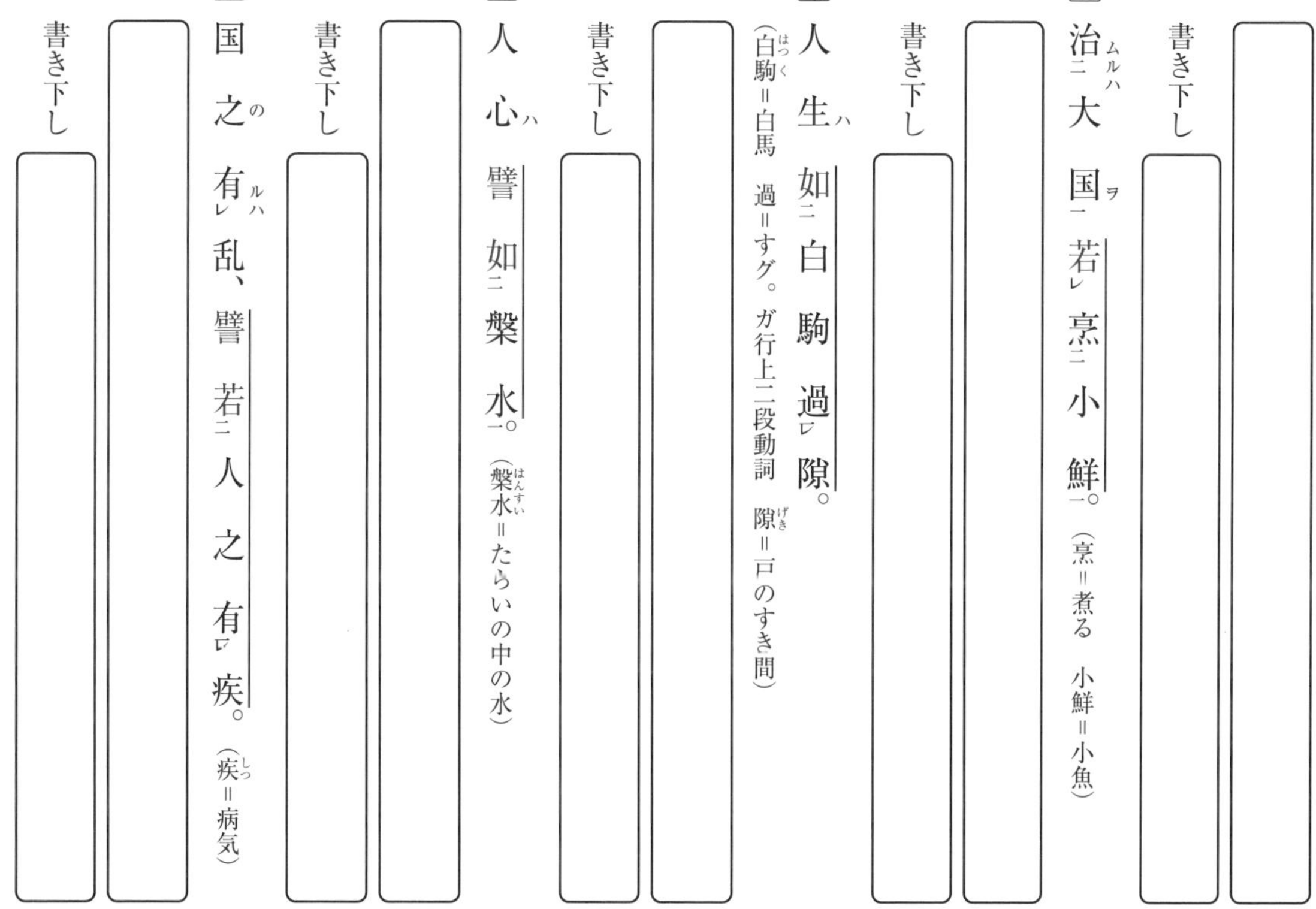

5 治大国若烹小鮮。（烹＝煮る　小鮮＝小魚）
書き下し

6 人生如白駒過隙。（白駒＝白馬　過＝すグ。ガ行上二段動詞　隙＝戸のすき間）
書き下し

7 人心譬如槃水。（槃水＝たらいの中の水）
書き下し

8 国之有乱、譬若人之有疾。（疾＝病気）
書き下し

30 詠嘆（えいたん）

詠嘆形は、文頭に「ああ」と読む字、文末に「かな」と読む字を用いるのが一般的ですが、もともと疑問形や反語形である「何ぞ」や「豈に」などを用いた形が大事ですから、しっかり覚えましょう。

月　日

❶ 感動の助字「かな」

A（スル・ナル）矣（かな）（夫・哉・与・乎）

読 A（する・なる）かな
訳 Aだなあ・Aなことよ

甚（ダシイ）矣（かな）吾（ガ）衰（ヘタル）也（や）。

読 甚（はなは）だしいかな吾（わ）が衰（おとろ）へたるや。
訳 ひどいものだなあ私の衰えようは。

逝（ゆク）者（ハ）如（キ）レ斯（かクノ）夫（かな）、不レ舎（おカ）二昼夜（ヲ）一。

読 逝（ゆ）く者（もの）は斯（か）くのごときかな、昼夜（ちゅうや）を舎（お）かず。
訳 流れゆくものは皆このようなものなのだなあ、昼も夜もとどまることがない。

▼「かな」の前は連体形です。

❷ 感動詞「ああ」

嗚（あ）呼（あ）A（スル・ナル）（矣）（かな）

読 ああA（する・なる）（かな）
訳 ああAだなあ

嗚（あ）呼（あ）哀（かなシイ）哉（かな）。

読 ああ哀（かな）しいかな。
訳 ああ悲しいなあ。

基礎演習ドリル

解答は別冊82ページ

1 次の各文を口語訳せよ。

[1] 賢（ナル）哉、回（くわい）也（や）。（回＝人名）

[2] 宜（むベナル）乎、百（ひゃく）姓（せい）之（の）謂（フヤ）二我（ヲ）愛（をシムト）一。（宜＝もっともだ　百姓＝人民　愛＝けちだ）

[3] 嗟于士（ハ）為（ニ）二知（ル）レ己（ヲ）者（ノ）一死（ス）。（士＝男）

[4] 嗚呼可（キ）レ畏（おそル）哉。

[5] 君何（ゾ）其（レ）志（こころざし）之（の）小（ナル）也。（君＝あなた）

▼「ああ」と読む字はたくさんあります。
噫・嘻・唉・嗚乎・嗟呼・嗟乎・吁嗟・于嗟・嗟于・噫嘻・吁戯　など

❸ 疑問や反語の表現を用いた形

何ゾＡ(スル)也

読 なんぞＡ(する)や
訳 なんとＡなことよ

何(なんゾ)楚(そ)人(ひと)之(の)多(キ)也(や)。

読 何(なん)ぞ楚人(そひと)の多(おほ)きや。
訳 なんと楚の人間の多いことよ。

▼もともとは疑問の形の詠嘆形です。

豈ニ不レＡ(セ)哉
豈ニ非レＡニ哉
不ニ亦Ａ一(セ)乎

読 あにＡ(せ)ずや
あにＡにあらずや
またＡ(せ)ずや
訳 なんとＡではないか

豈(あニ)不(ず)レ悲(シカラ)哉(や)。

読 豈(あ)に悲(かな)しからずや。
訳 なんと悲しいことではないか。

不(ず)ニ亦(また)楽(シカラ)一乎(や)。

読 亦楽(またたの)しからずや。
訳 なんと楽しいことではないか。

▼もともとは反語の形の詠嘆形です。
▼「豈にＡせざらんや」「豈にＡに非ざらんや」「亦Ａせざらんや」ではなく、「Ａせずや」「Ａにあらずや」と読むことがポイントです。

6 張儀豈不誠大丈夫哉。(張儀＝人名　大丈夫＝意志の強い立派な男)

7 豈非可惜哉。

8 余之好高不亦宜乎。(余＝私　高＝崇高さ)

2 次の各文の傍線部を書き下し文にせよ。

1 夫子聖者与。何其多能也。(其＝そレ)

2 豈非天命哉。

3 学而時習之不亦説乎。(学＝教わる　習＝復習する　説＝よろこバシ)

12 詠嘆　実戦演習問題

次の文章を読んで、後の問いに答えよ。

荊荘哀王(注1)猟於雲夢(注2)、射随兕(注3)、(ア)中之。申公子培(注4)劫王而奪之。王曰、「A何其暴而不敬也。」命吏誅之。左右大夫(注5)皆進諫曰、「子培、賢者也。又為王百倍之臣。B此必有故。願察之也。」不出三月、子培疾而死。荊(イ)興師、戦於両棠(注6)、大勝晋(注7)。帰而賞有功者。申公子培之弟進請賞於吏曰、「人之有功也於軍旅、C臣兄之有功也於車下。」王曰、「何謂也。」対曰、「（中略）臣之兄嘗読故記(注8)曰、『殺随兕者、不出三月。』是以臣之兄驚懼而争之。故伏其罪而死。」（後略）

（『呂氏春秋』）

傍線部Aの「何…也」は、疑問か、反語か、詠嘆かの判断がポイントです。選択肢が⑥や⑦までありますが、2・3は、選択肢の中にある配分にも着目しましょう。1の熟語問題も入試頻出の問題です。

解答は別冊84ページ

月　日

注

1 **荊荘哀王**―春秋時代の楚国の王の名。荊は楚の別名。
2 **雲夢**―楚の地名。
3 **随兕**―水牛に似た珍獣の名。
4 **申公子培**―人名。
5 **大夫**―中国古代の官吏の身分の一つ。
6 **両棠**―地名。
7 **晋**―春秋時代の国名。
8 **故記**―古い記録。

1 波線部(ア)「中」・(イ)「師」と同じ意味で用いられている語として最も適当なものを、次の各群のうちから、それぞれ一つずつ選べ。

(ア)「中」
① 中枢
② 道中
③ 中略
④ 集中
⑤ 中毒
⑥ 夢中

(イ)「師」
① 師団
② 法師
③ 師事
④ 京師
⑤ 師匠
⑥ 薬師

(ア) □　(イ) □

2 傍線部A「何其暴而不敬也」の意味内容として最も適当なものを、次のうちから選べ。

① なぜ申公子培は粗暴で無礼なことをするのだろうか。
② なぜ随兕は強暴で馴(な)れ親しまないのだろうか。
③ なんと申公子培は粗暴で無礼なことか。
④ なんと随兕は強暴で馴れ親しまないことか。
⑤ どうして申公子培が粗暴で無礼だといえようか。
⑥ どうして随兕が強暴で馴れ親しまないといえようか。

□

3 傍線部B「此必有レ故」の意味内容として最も適当なものを、次のうちから選べ。

① 申公子培が並はずれた賢臣とされたのには、きっと何か事情があるはずです。
② 申公子培が並はずれた賢臣となったのは、故人のおかげです。
③ 申公子培が並はずれた賢臣であったのは、今となってはすでに過去のことです。
④ 申公子培が随兕を奪ったのは、今となってはすでに過去のことです。
⑤ 申公子培が随兕を奪うことになったのは、故人のせいです。
⑥ 申公子培が随兕を奪ったのには、きっと何か事情があるはずです。

□

4 傍線部C「臣兄之有レ功也於二車下一」とあるが、弟が兄の「功」として主張したのは何か。適当なものを、次のうちから二つ選べ。

① 申公子培が雲夢で荘哀王の狩猟にお供したこと。
② 申公子培が荘哀王から随兕を奪い取ったこと。
③ 申公子培が申し開きをせずその場で自殺したこと。
④ 申公子培が王の身代わりとなって死んだこと。
⑤ 申公子培が戦陣で武功を立て晋に大勝したこと。
⑥ 申公子培が王の車の製作に功労があったこと。
⑦ 申公子培が強暴な随兕を役人に命じて殺させたこと。

□　□

31 接続語（せつぞくご）

文と文、句と句をつなぐ接続語にはさまざまなものがあります。基本的には、順接であるか逆接であるかが大切で、そこを取り違えると文脈の読解が大きく狂ってしまうこともありますから注意！

月　日

於レ是（おイテここニ）

読 ここにおいて
訳 そこで

於レ是項王乃欲三東渡二烏江一。

読 是に於いて項王乃ち東のかた烏江を渡らんと欲す。
訳 そこで項王はやむなく東に向かい烏江を渡ろうとした。

▼「是」を「これに」ではなく「ここに」と読むことがポイントです。
▼「そこで」の意を表す語は、ほかに「因（よりて）」「乃（すなはち）」などがあります。

是以（ここヲもつテ）

読 ここをもつて
訳 だから・それゆえ

皆酔我独醒。是以見レ放。

読 皆酔ひ我独り醒めたり。是を以て放たれたり。
訳 皆酔っていて私一人がさめている。それゆえ私は追放されてしまったのだ。

▼「以レ是」は「これをもつて」で、「このために・これを用いて」などの意。
▼「だから」の意を表す語は、ほかに「故（ゆゑに）」があります。

基礎演習ドリル

解答は別冊86ページ

1 次の各文の傍線部を口語訳せよ。

[1] 於レ是遂去。

[2] 公衣二狐裘一、是以不レ寒。
（狐裘＝キツネの毛皮のコート）

[3] 世有二伯楽一然後有二千里馬一。
（伯楽＝馬の鑑定の名人　千里馬＝一日に千里を走る名馬）

[4] 進亦憂、退亦憂。然則何時而楽邪。
（憂＝苦しむ　何時＝いつ）

然則（しかラバすなはチ）
読 しからばすなはち
訳 それならば・そうだとすると

何則（なんトナレバすなはチ）
読 なんとなればすなはち
訳 なぜならば

然後（しかルのちニ）
読 しかるのちに
訳 そうしてのちに・…してはじめて

然則聖人且有過与。
読 然らば則ち聖人すら且つ過ち有るか。
訳 そうだとすると聖人でもやはり過ちはあるのか。

然（しかレドモ）
読 しかれども
訳 しかし・けれども

不者（しからずンバ）
読 しからずんば
訳 そうでなければ

否則（しからずンバすなはチ）
読 しからずんばすなはち
訳 そうでなければ

雖然（いへどモしかリト）
読 しかりといへども
訳 そうだとしても・そうではあるが

不者若属皆且為所虜。
読 しからずんば若が属皆且に虜とする所と為らんとす。
訳 そうでなければおまえの一族は皆捕虜にされてしまうであろう。

5 然猶未敢以為是也。（是＝よしと）

6 此沛公左司馬言之。不然籍何以至此。（沛公＝人名　左司馬＝官名　籍＝項羽の名。自分のことを言っている　至＝来る）

7 不則百悔亦竟無益。

8 雖然其為人好善悪悪甚。（為人＝人柄）

接続詞「而」の用法

「而」は、読まない場合は置き字で、直前の送りがな「テ・デ・シテ・ドモ」など、つまり接続助詞のはたらきをしますが、読む場合は、自立語で接続詞になります。

順接…しかシテ・しかうシテ
逆接…しかルニ・しかルヲ・しかモ・しかレドモ

とくに、「しかモ」が逆接であることには、注意しましょう。

「而」はそのほかに、「汝・若・爾」などと同じく、二人称の「なんぢ」と読むこともありますし、「則・乃・即・便」などと同じく「すなはち」と読むこともあります（⬇100ページ）。

32 漢詩（かんし）のきまり(1)

漢詩のきまりについての質問で最も重要なのは「押韻」のきまりで、選択肢型の問題では、ほとんど偶数句末の空欄補充問題です。空欄以外の偶数句末と選択肢の音読みで簡単に答えが出ます。

月　日

❶ 漢詩の形式と構成

絶句（ぜっく）
- 五言絶句（ごごんぜっく）……一句が五文字で、四句で構成。
- 七言絶句（しちごんぜっく）……一句が七文字で、四句で構成。

律詩（りっし）
- 五言律詩（ごごんりっし）……一句が五文字で、八句で構成。
- 七言律詩（しちごんりっし）……一句が七文字で、八句で構成。

古詩（こし）
- 五言古詩（ごごんこし）……一句が五文字で、句数に制限がない。
- 七言古詩（しちごんこし）……一句が七文字で、句数に制限がない。

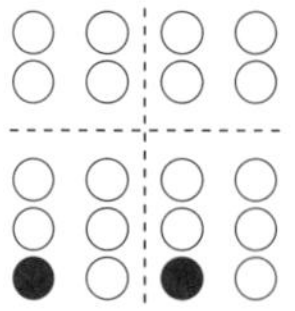

起句（きく）……歌い起こす。
承句（しょうく）……起句の内容を承（う）ける。
転句（てんく）……前半の感じを一転させる。
結句（けっく）……全体をまとめて結ぶ。

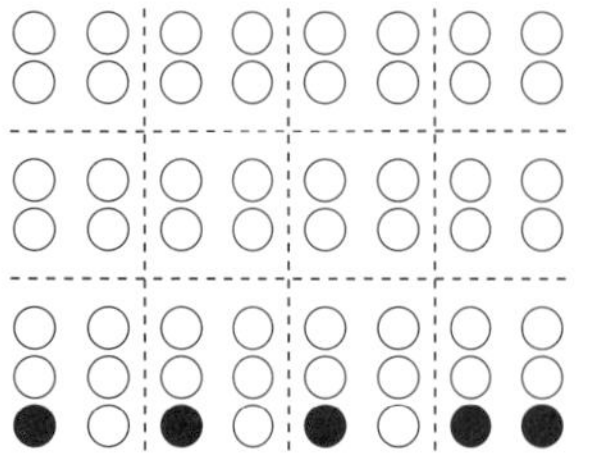

首聯（しゅれん）
頷聯（がんれん）……対句（ついく）にする
頸聯（けいれん）……対句にする
尾聯（びれん）

▼ヨコの点線は、一句の中の語の構成です。
▼タテの点線は、漢詩は二句で一まとめということを示しています。

基礎演習ドリル

解答は別冊88ページ

1 次の詩の空欄の中に入れるのに最も適当な語を、後の(1)～(4)の中から一つ選べ。

尋（たづ）ヌ二胡（こ）隠（いん）君（くん）ヲ一　高（こう）啓（けい）

渡（わた）レリ水ヲ復（ま）タ渡レリ水ヲ　（水＝川）
看（み）レバ花ヲ還（ま）タ看ル花ヲ　（花＝桃の花）
春風江上ノ路（みち）　（江上＝川のほとり）
不レ覚エ到ル二君ガ□ニ一　（不覚＝思いがけなく）

(1) 処　(2) 門　(3) 家　(4) 庭

□

2 次の詩の空欄の中に入れるのに最も適当な語を、後の(1)～(4)の中から一つ選べ。

山亭ノ夏（か）日（じつ）　高（こう）駢（べん）

緑樹陰（かげ）濃（こまヤカニシテ）夏日□
楼（ろう）台（だい）倒（さかしま）ニシテレ影ヲ入（い）ル二池（ち）塘（とう）ニ一　（楼台＝高殿　池塘＝池）
水（すい）精（しょう）ノ簾（れん）動（うご）イテ微風起（おこ）リ　（水精＝水晶　簾＝すだれ）

② 押韻（韻をふむ）

漢詩には、決められた句の末尾の字の音（母音）のひびきをそろえる「押韻」というきまりがあります。右ページの五言絶句と七言律詩の例で、●で示したところが、押韻の位置です。

古詩の場合も同じですが、長い詩になると、段落で韻の種類を変えることがあり、それを「換韻」といいます。始めから終わりまで同一の韻で通すものは「一韻到底」といいます。

> 五言の詩…偶数句の末尾字が押韻する。
> 七言の詩…第一句と偶数句の末尾字が押韻する。

▼ただし、五言の詩の第一句末も押韻している例もあり、逆に、七言の詩の第一句末が押韻していない例もあります。

▼偶数句末は必ず押韻します。例外はありません。

早発白帝城　李白

朝辞白帝彩雲間　kan
千里江陵一日還　kan
両岸猿声啼不住
軽舟已過万重山　san

読 朝に辞す白帝彩雲の間
千里の江陵一日にして還る
両岸の猿声啼いて住まざるに
軽舟已に過ぐ万重の山

▼右の詩は七言ですから、第一句と偶数句末の字を音読みしてみると、「間・還・山」が「アン（an）」というひびきでそろっていることがわかります。

満架薔薇一院香　（満架＝たないっぱい　薔薇＝バラの花）

(1) 暑　(2) 長　(3) 淡　(4) 亦

□

3 次の詩の空欄の中に入れるのに最も適当な語を、後の(1)～(5)の中から一つ選べ。

月夜　杜甫

今夜鄜州月　（鄜州＝家族がいる地）
閨中只独□　（閨＝女性の、ここでは妻の寝室）
遥憐小児女　（小児女＝幼い子供たち）
未解憶長安　（長安＝唐の都。杜甫のいる地）
香霧雲鬟湿　（雲鬟＝豊かなまげ）
清輝玉臂寒　（清輝＝清らかな月明かり　玉臂＝玉のような白い腕）
何時倚虚幌　（虚幌＝カーテン）
双照涙痕乾

(1) 眠　(2) 寝　(3) 泣　(4) 患　(5) 看

□

33 漢詩のきまり(2)

「対句」は、元来、律詩のきまりですが、散文の中でも頻繁に用います。古詩のように長い詩の中の、どこが対句になっているかを指摘させる問題が出ることがありますから、慎重に判断しましょう。

月　日

③ 対句（ついく）

春望（しゅんぼう）　杜甫（とほ）

国破レテ山河在リ
城春ニシテ草木深シ shin
（対句）

感ジテハレ時ニ花ニモ濺ギレ涙ヲ
恨ンデハレ別レヲ鳥ニモ驚カスレ心ヲ shin
（対句）

烽火（ほうくわ）連ナリ三月（さんげつ）ニ
家書（かしょ）抵タル万金ニ kin
（対句）

白頭掻（かかケバ）更ニ短ク
渾（すベテ）欲スレ不ルレ勝（たヘ）レ簪（しんニ） shin

読
国破れて山河在り
城春にして草木深し
時に感じては花にも涙を濺ぎ
別れを恨んでは鳥にも心を驚かす
烽火三月に連なり
家書万金に抵たる
白頭掻けば更に短く
渾て簪に勝へざらんと欲す

基礎演習ドリル

解答は別冊90ページ

1 次の詩の中の空欄に入れるのに最も適当な語を、後の(1)～(5)の中から一つ選べ。また、対句になっている句を、各句の上の数字で答えよ。

登高（とうこう）　杜甫

1 風急ニ天高クシテ猿嘯（うそぶクコト）哀（かなシ）
2 渚（なぎさ）清ク沙（すな）白クシテ鳥飛ビ廻（めぐル）
3 無（む）辺（へんノ）落木蕭（せう）蕭（せうトシテ）下リ
4 不（ふ）尽（じんノ）長江滾（こん）滾（こんトシテ）□
5 万（ばん）里（り）悲秋常ニ作（な）レ客（かく）ト
6 百年多病独リ登ルレ台ニ
7 艱（かん）難（なん）苦（はなはダ）恨ム繁（はん）霜（さうノ）鬢（びん）
8 潦（らう）倒（たう）新タニ停（とどム）濁（だく）酒（しゅノ）杯

（嘯＝鳴く）
（渚＝川の岸辺）
（無辺＝はてしないこと　蕭蕭＝さらさらと）
（滾滾＝川の流れの形容）
（客＝旅の身の上）
（百年＝生涯　台＝高台）
（艱難＝苦難　繁霜鬢＝白毛が多くなった）
（潦倒＝老いぼれて）

(1) 来タル　(2) 流ル　(3) 逝ク　(4) 下ル　(5) 湧ク

▼偶数句末「深・心・金・簪」が押韻しています。
▼首聯（第一句と第二句）は対句にしなければならない聯ではありませんが、対句になっています。
▼頷聯（第三句と第四句）・頸聯（第五句と第六句）は、きまりどおり対句になっています。
▼尾聯（第七句と第八句）は、返り点の付け方、語の構成を見ても、明らかに対句ではありません。
▼**対句になるのは、原則として、隣り合った奇数・偶数句です。**たとえば第二句と第三句とか、第二句と第八句とかいうようなことはありません。

❹ 漢詩の歴史

唐代以前の主な詩人

屈原(くつげん)……戦国時代の楚(そ)の詩人。憂国の詩人。『楚辞(そじ)』。
陶潜(とうせん)……晋(しん)末の田園詩人で、**陶淵明**(とうえんめい)という呼称でも有名です。「帰去来(ききょらい)の辞(じ)」「桃花源(とうかげん)の記(き)」などの文章でもよく知られています。

唐代の主な詩人

王維(おうい)……盛唐の詩人。「**詩仏**(しぶつ)」と言われています。**孟浩然**(もうこうねん)とともに自然詩人として知られています。
李白(りはく)……盛唐の詩人。「**詩仙**(しせん)」と言われ、自由奔放な天才肌の詩風で、絶句が得意でした。
杜甫(とほ)……盛唐の詩人。「**詩聖**(しせい)」と言われ、雄渾な詩風で、憂愁の詩人です。
白居易(はくきょい)……**韓愈**(かんゆ)・**柳宗元**(りゅうそうげん)らとともに中唐を代表する詩人。字(あざな)は**楽天**(らくてん)。「長恨歌(ちょうごんか)」などで日本文学にも大きな影響を与えました。
杜牧(とぼく)……**李商隠**(りしょういん)とともに晩唐を代表する詩人です。

宋代の主な詩人

蘇軾(そしょく)・**王安石**(おうあんせき)・**陸游**(りくゆう)

2 次の詩の中の対句になっている句を、各句の上の数字で答えよ。また、この詩の形式を答えよ。

1 去ル 者ハ 日ニ 以テ 疎(うと)ク
2 来タル 者ハ 日ニ 以テ 親シ
3 出デテ二 郭(くわく)門ヲ一 直 視スレバ （郭門＝町はずれの城門）
4 但ダ 見ルノミ二 丘ト 与(と)レ 墳(ふん)ヲ一 （丘・墳＝ともに墓地のこと）
5 古 墓ハ 犂(す)カレテ 為(な)リレ 田ト （犂＝土を掘りおこすこと）
6 松 柏ハ 摧(くだ)カレテ 為ルレ 薪(たきぎ)ト （柏＝ひのき）
7 白(はく) 楊(やう) 多ク二 悲 風一 （白楊＝はこやなぎの木）
8 蕭(せう) 蕭(せう)トシテ 愁二 殺ス 人ヲ一 （愁殺＝たいへん悲しませる）
9 思ヒレ 還(かへ)ランコトヲ二 故(もと)ノ 里(り) 閭(りよ)ニ一 （里閭＝村里。郷里）
10 欲スルモレ 帰ラント 道 無シレ 因(よ)ル （無因＝あてがない）

（『文選(もんぜん)』）

形式名

13 漢詩のきまり　実戦演習問題

1は「押韻」の典型的な問題。各偶数句末の字と選択肢の字を、まずは音読みしてみましょう。**2**は「対句」の指摘の問題です。その他、**3**には受身形、**4**には使役形のポイントがあります。

月／日

解答は別冊92ページ

次の詩を読んで、後の問いに答えよ。設問の都合で送りがなを省いたところがある。

①十月鷹出レ籠、　②草枯雉兎肥。
③下レ韝（注1）随二指顧（注2）一、　④百擲（注3）無二一 A 一。
⑤鷹翅疾如レ風、　⑥鷹爪利如レ錐。
B ⑦本為二鳥所一レ設、　⑧今為二人所一レ資。
C ⑨孰能使二之然一、　⑩有二術甚易一レ知。
D ⑪取二其向背性一、　⑫制在二飢飽時一。
⑬不レ可レ使二長飽一、　⑭不レ可レ使二長飢一。
⑮飢則力不レ足、　⑯飽則背レ人飛。
（後略）

（『白香山詩集』「放鷹」）

注
1 韝―鷹を止まらせるために腕につける革具。
2 指顧―指さし顧みること。指示。
3 擲―投げ放つ。

1 空欄Ａに入る語として最も適当なものを、次のうちから一つ選べ。

① 中　② 遺　③ 敗　④ 至　⑤ 失

2 この詩の中には対句が用いられている。次の組合せの中から双方とも対句であるものを選ぶとすれば、どれが最も適当か。次のうちから一つ選べ。

(1) ①②と⑪⑫　(2) ⑤⑥と⑮⑯
(3) ⑦⑧と⑬⑭　(4) ⑬⑭と⑮⑯

3 傍線部B「本 為二鳥 所レ設、今 為二人 所レ資」の意味として最も適当なものを、次のうちから一つ選べ。

① 鷹は、もともと獲物を捕る才能を備えており、今も人のために役立っている。
② 小鳥は、もともと鷹が食料としていたものであるが、今では人が食料としている。
③ 雉(きじ)や兎(うさぎ)は、もともと鷹のために天が授けたものであるが、今は人の食料となっている。
④ 翼や爪は、もともと鷹のために付けられているものなのに、今は人に利用されている。
⑤ 鷹狩りは、もともと鷹の訓練のために始められたものであるが、今では人の娯楽となっている。

4 傍線部C「孰 能 使二之 然一」の読み方として最も適当なものを、次のうちから一つ選べ。

① 孰(たれ)ぞ能(よ)く之を然らしめん。
② 孰(たれ)の能(のう)か之(ゆ)きて然らしめん。
③ 孰(たれ)か能(よ)く之をして然らしめん。
④ 孰(いづ)くんぞ能(よ)く之を然りとせしめん。
⑤ 孰(いづ)れの能(のう)か之をして然らしめん。

5 傍線部D「取二其 向 背 性一」の意味として最も適当なものを、次のうちから一つ選べ。

① 獲物が鷹を恐れて背を向ける習性を利用する。
② 鷹が何を好んで何を嫌うのかをよく見て取る。
③ 鷹が獲物の背後に向かう性質をよく読み取る。
④ 鷹が従順であったり反抗したりする性質を利用する。
⑤ 鷹狩りの際に方角や位置に利があるかないかを読み取る。

付録1 用法の重要な語20

一つの字にいくつもの読み方（意味・用法）があり、質問の対象になりやすい重要語があります。基本的には「読み」のいろいろがわかるかどうかが大事なので、しっかり覚えましょう。

月　日

1 与（與）

① **と**―「**A(ト)与レB**」の形で並列を表す。

例 貧(ト)与(とハ)レ賤(せん)是(これ)人之(の)所レ悪(にくム)也(なり)。

② **と**―「**与レA～**」の形で従属を表す。

例 与(と)レ之(これ)行(ク)。

③ **(…ト) ともニ**―（…と）一緒に。

例 与(ともニ)レ彼(ト)治(ム)レ兵(ヲ)。

④ **(…ト) ともニス**―サ変動詞（…と）一緒にやる。

例 誰(たれト)与(ともニセン)。

⑤ **ともニ**―副詞 一緒に。（＝**倶・共**）

例 遂(つひニ)去(ツテ)不二復(まタ)与(ともニ)言一(ハ)。

⑥ **か・や**―文末で、**疑問・反語**を表す。（＝**乎・哉・也・邪・耶・歟**）

例 魯(ろノ)孔(こう)丘(きう)与(か)。

⑦ **かな**―文末で**詠嘆**を表す。（＝**矣・夫・哉・乎**）

例 嗚(あ)呼(あ)哀(シイ)与(かな)。

⑧ **よりハ**―「**与(リハ)レA～**」の形で**比較・選択**を表す。

例 与(よりハ)二人(ノ)刃(じんセン)レ我(ヲ)、寧(むしロ)自(ラ)刃(セン)。

⑨ **あたフ**―下二段動詞 与える。

例 与(あたフ)二銭(ぜに)一万一(ヲ)。

⑩ **あづかル**―四段動詞 かかわる。関与する。

例 王(タルハ)二天下一(ニ)不二与(あづかり)存一(セ)焉。

⑪ **くみス**―サ変動詞 味方する。支持する。仲間になる。賛成する。かかわる。

例 吾(ハ)与(くみセン)レ汝(なんぢニ)。

2 為（爲）

① **なス**―四段動詞 する。

例 為(なス)レ盗(ヲ)。

② **なル**―四段動詞 なる。

例 為(なル)二天子一(ト)。

③ **つくル**―四段動詞 作る。

例 為(つくル)二小門(ヲ)於大門(ノ)側(かたはらニ)一。

④ **をさム**―下二段動詞 治める。治す。

例 為(をさメテ)レ之(ヲ)及(ブ)二三年一(ニ)。

⑤ **(…ガ・ノ) ために**―（…の）ために。

例 為(ために)レ父(ノ)隠(ス)レ罪(ヲ)。

⑥ **(…ノ) ためニス**―サ変動詞（…の）ためにする。

例 古(いにしへ)之(の)学(ブ)者(ハ)為(ためニス)レ己(おのれノ)。

⑦ **ため二**—接続詞 そのために。ゆえに。それで。

例 腸為断絶。

⑧ **たリ**—「**為レA**」の形で**断定**の助動詞のはたらきをする。「なり」とは読まない。

例 汝為レ汝、我為レ我。

⑨ **る・らル**—「**為レA**」の形で**受身**の助動詞のはたらきをする。（＝**見・被**）

例 為レ疑。

3 故

① **ふるシ**—形容詞 古い。（＝**古・旧**）

例 温レ故而知レ新。

② **ゆゑ**—名詞 理由。わけ。

例 怪レ問二其故一。

③ **ゆゑ二**—接続詞 だから。それゆえ。

例 故哭。

④ **もと**—以前。昔。もと。「**如レ故**（もとノごとシ）」「**もとヨリ**」の形で用いることが多い。

例 太祖口貌如レ故。

⑤ **こと**—名詞 わざわい。事故。非常事。

例 兄弟無レ故一楽也。

⑥ **ことさら二**—副詞 わざわざ。わざと。故意に。

例 故遣レ将守レ関。

4 已

① **すで二**—副詞 すでに。もう。（＝**既**）

例 漢皆已得レ楚乎。

② **すで二シテ**—副詞 やがて。まもなく。（＝**既**）

例 已殺レ之。

③ **やム**—四段動詞 止む。終わる。（＝**止・休・罷**）
下二段動詞 止める。終える。

例 死而後已。

④ **のみ**—文末で**限定**を表す。（＝**耳・爾**）

例 無レ不レ為已。

⑤ **はなはダ**—副詞 非常に。たいそう。（＝**甚・太・苦**）

例 夜已長。

5 夫

① **そレ**—文頭で、文を言いおこす語。そもそも。いったい。

例 夫秦王有二虎狼之心一。

② **かノ**—連体詞 あの。

例 夫泣者誰。

③ **かな**—文末で**詠嘆**を表す。（＝**矣・哉・与・乎**）

例 逝者如レ斯夫。

6 而

① **置き字**—（読まない字）接続助詞にあたる。

a **順接**—送りがな「**テ・デ・シテ**」にあたる。

例 学(ンデ)而時(ニ)習(フ)レ之(ヲ)。

b **逆接**—送りがな「**ドモ**」にあたる。

例 子欲(スレドモ)レ養(ハント)而親不レ待(タ)。

② **接続詞**—文（句）頭にある場合は読む。

a **順接**—**しかシテ。しかうシテ。すなはチ。**

例 而(しかシテしこう)周処(しよ)尤(もつとモ)劇(はげシ)。

b **逆接**—**しかルニ。しかルヲ。しかモ。しかレドモ。**

例 而(しかルニ)今安(いづクニ)在(ル)哉(や)。

③ **なんぢ**—代名詞 **目下の者に対する二人称。**おまえ。そなた。（＝**汝・若・爾・女**）

例 越(あつ)人(ひと)殺(ス)二而(なんぢノ)父(ヲ)一。

7 見

① **みル**—上一段動詞 見る。

例 逐(おフ)レ鹿(ヲ)者(ハ)不レ見(み)レ山(ヲ)。

② **みユ**—下二段動詞 見える。

例 思(ヘドモ)レ君(ヲ)不レ見(みエ)。

③ **まみユ**—下二段動詞 お目にかかる。謁見する。

例 孟(まう)子(し)見(まみユ)二梁(りやうノ)恵(けい)王(ニ)一。

④ **あらはル**—現れる。露見する。見えてくる。世に出る。

例 天下(ニ)有(レバ)レ道則(チ)見(あらはル)。

⑤ **あらはス**—見せる。明らかにする。

例 世(ニ)見(あらはス)レ之(ヲ)。

⑥ **る・らル**—「**見レA**」の形で**受身**の助動詞のはたらきをする。（＝**為・被**）

例 信(ニシテ)而見(る)レ疑(ハ)。

8 如

① **もシ**—**仮定形**。「未然形（已然形）＋バ」と呼応する。（＝**若**）

例 如(もシ)君不(ずンバ)レ君(タラ)、臣不レ臣(タラ)。

② **しク**—四段動詞 及ぶ。「如かず」「如くは無し」のように、否定を伴って**比較形**に用いる。（＝**若**）

例 百聞(ハ)不レ如(しカ)二一見(ニ)一。

③ **ごとシ**—**比況形**。「体言＋ノ」、「連体形＋ガ」から返読する。（＝**若**）

例 人生(ハ)如(ごとシ)二朝露(ノ)一。

④ **ゆク**—四段動詞 行く。（＝**行・往・之・適・逝・征・徂・于**）

例 沛(はい)公(こう)起(たチテ)如(ゆク)レ厠(かはやニ)。

9 且

①**かツ**—接続詞 しかも。その上。いったい。

例 富(ミテ)且(かツ)貴(キハ)於(イテ)レ我(ニ)如(シ)二浮雲(ノ)一。

②**しばらク**—副詞 しばらく。（=**暫・頃・姑・少**）

例 君且(しばらク)去(レ)。

③**まさニ…ンとす**—**再読文字**。「**将**」と同じで、「いまにも…しそうだ。…しようとする」の意。

例 引(キテ)レ酒(ヲ)且(まさニ)レ飲(マント)レ之(ヲ)。

10 者

①**もの**—名詞 もの。形式名詞のこともある。

例 生(キテ)還(かへル)者(もの)僅(わづカニ)三人而已(のみ)。

②**こと**—名詞 こと。形式名詞。

例 如(キ)レ是(かクノ)者(こと)三(タビス)。

③**は**—係助詞 …は。

例 目者(は)所(ゆゑん)二以(ル)見一也。

④**置き字**—「**昔・今・古**（いにしへ）・**前**（さきニ）」などの、時を表す語について、読まない。

例 昔(むかし)者曽子(そうし)往(ゆク)レ斉(せいニ)。

11 之

①**これ**—**指示語**。これ。（=**此・是・諸・焉**）

例 当(まさニ)レ殺(ス)レ之(これヲ)。

②**この**—連体詞 この。（=**此・斯・是**）

例 之(こノ)子于(ゆキ)帰(とつグ)。

③**の**—格助詞 主格・連体格のはたらきをする。

例 国家之(の)急務也。

④**ゆク**—四段動詞 行く。（=**行・往・如・適・逝・征・徂・于**）

例 送(ル)三孟浩然(まうかうねんノ)之(ゆクヲ)二広陵(くわうりようニ)一。

12 自

①**みづからー**副詞 自分で。自分から。（=**親**）

例 自(みづから)改(ム)。

②**おのづからー**副詞 自然に。ひとりでに。

例 心自(おのづから)閑(ナリ)。

③**より**—**返読文字**。…から。（=**従・由**）

例 自(より)レ古(いにしへ)誰(カ)無(カラン)レ死。

13 幾

① **ちかシ** — 形容詞 近い。（＝**近**）

例 故幾於道。

② **ほとんド** — 副詞 ほぼ。だいたい。…しそうになる。（＝**殆**）

例 幾死者数也。

③ **こひねがフ** — 四段動詞 願う。（＝**冀・庶幾**）

「こひねがハクハ…ン」「こひねがハクハ…命令形」の形で、**願望形**として用いる形が多い。

例 幾我死也。

④ **いくばく** — どれほど（か）。どれくらい（か）。（＝**幾何・幾許**）

数量・時間・程度について、**疑問・反語**の表現を作る。

文末では「いくばくゾ」。

例 汝罪有幾。

⑤ **いく～** — 後の語を修飾する。

例 古来征戦幾人回。

14 悪

① **あく** — 名詞 悪いこと。悪事。

例 勿以悪小為之。

② **にくム** — 四段動詞 憎む。嫌う。

例 貧与賤是人之所悪也。

③ **いづクンゾ** — **疑問・反語**を表す。どうして。（＝**安・寧・焉・烏**）

例 彼悪知之。

④ **いづクニカ** — **疑問・反語**を表す。どこに。どういう点で。（＝**何・安・焉**）

例 去仁悪乎成名。

15 適

① **ゆク** — 四段動詞 行く。とつぐ。（＝**行・往・之・逝・征・如・于・徂**）

例 子適衛。

② **かなフ** — 四段動詞 合う。うまくあてはまる。つり合う。ととのう。

心のままにする。思いどおりになる。よい。

例 意不適。

③ **したがフ** — 四段動詞 従う。合わせる。（＝**従**）

例 適兄意耳。

④ **まさニ** — 副詞 まさしく。ちょうど。たった今。（＝**方・正**）

例 鳳鳥適至。

⑤ **たまたま** — 副詞 偶然。たまたま。（＝**偶・会**）

例 吾謀適不用。

16 爾

① **なんぢ**—**目下の者に対する二人称**。おまえ。そなた。あなた。（＝**汝・若・而・女**）

例 我与(ト)レ爾(なんぢ)耳(のみ)。

② **のみ**—文末で**限定・強調**の意を表す。…だけ。…にすぎない。（＝**耳・已・而已・而已矣・也已・也已矣**）

例 是(レヲ)之(これ)取(レル)爾(のみ)。

③ **しかり**—そのようである。そのとおりだ。（＝**然**）

例 問(フ)レ君(ニ)何(ゾ)能(ク)爾(しかルト)。

④ **しかス**—**サ変動詞** そうする。そのようにする。（＝**然**）

例 有(リテ)二君命(しかスル)一爾也。

⑤ **～じ**—他の語の下について、状態を表す語を作る。「卒爾(そつじ)（にわかなさま）」「莞爾(かんじ)（にっこりほほえむさま）」など。（＝**然・焉**）

17 然

① **しかり**—**ラ変動詞** そのとおりだ。肯定・同意の意を表す。（＝**爾**）

例 天下皆然(しかり)。

② **しかリトス**—**サ変動詞** もっともだと認める。

例 皆然(しかリトシテ)相(ヒ)許(ス)。

③ **しかス**—**サ変動詞** そうする。そのようにする。（＝**爾**）

例 非(ザル)下悪(にくミテ)二其(ノ)声(ヲ)一而然(しかスルニ)上也。

④ **しかシテ**—多くは「**然而**」の形で、「而」を読まないか、二字とも読む場合は「しかりしかうシテ」。**順接**で、「そうであって」の意。

例 然(しかリ)而(しかうシテ)不(ル)レ王(タラ)者(ハ)、未(ダ)二之(レ)有(ラ)一也。

⑤ **しかレドモ**—**逆接**で、「そうではあるが。けれども。しかし」の意。

例 然(しかレドモ)安(ンズル)レ家(ヲ)者(ハ)必(ズ)彼也。

⑥ **しかラバ**—多くは「**然則**」の形で、「しかラバすなはチ」と読み、「それならば。そうであるならば」の意。

例 然(しかラバ)則(すなはチ)聖人(スラ)且(かツ)有(ル)レ過(あやまチ)乎(か)。

⑦ **しかル**—多くは「**然後**」の形で「しかルのちニ」と読み、「その後で。…してはじめて」の意。

例 歳(とし)寒(クシテ)然(しかル)後(のちニ)知(ル)二松柏(しょうはく)之(の)後(おくルルヲ)レ彫(しぼムニ)一。

⑧ **もユ**—**下二段動詞** もえる。「**燃**」と同じに用いる。

例 山青(クシテ)花欲(ス)レ然(もエント)。

⑨ **ぜん**—他の語の下について、状態を表す語を作る。「悠然(ゆうぜん)」「泰然(たいぜん)」など。

18 焉

① **いづクンゾ**―**疑問・反語**を表す。どうして。（＝**安・寧・悪・烏**）

例 割レ鶏焉用二牛刀一。

② **いづクニカ**―**疑問**を表す。どこで。どこから。（＝**安・何・悪**）

例 焉取レ之。

③ **これ・ここ**―**指示語**。（＝**此・之・是・諸**）

例 莫レ大レ焉。

④ **置き字**―文末で、**断言・強調**の意を表す。（＝**矣・也**）

例 三人行必有二我師一焉。

19 矣

① **置き字**―文末で、**断言・強調**の意を表す。（＝**焉・也**）

例 可レ謂レ孝矣。

② **かな**―文末で、**詠嘆**の意を表す。…だなあ。…なことよ。（＝**哉・夫・与・乎**）

例 甚矣、吾衰也。

20 於

① **置き字**―「**V二於C一**」の形で、C（補語）の送りがな「**ニ・ト・ヨリ・ヨリモ・ヲ**」などのはたらきをする。

㋐ 動作の行われる場所・方向を表す。（ニ）

例 遊二於赤壁一。

㋑ 動作の対象を表す。（ニ・ヲ）

例 己所レ不レ欲、勿レ施二於人一。

㋒ 動作が継続・終止する時間を表す。（ニ）

例 積二於今一六十歳矣。

㋓ 動作の起点や、原因・原料などを表す。（ヨリ）

例 千里行始二於足下一。

㋔ 比較を表す。（ヨリ・ヨリモ）

例 霜葉紅二於二月花一。

㋕ 受身の対象を表す。（ニ）

例 労レ力者治二於人一。

② **おイテ**―多く、「於レAB（AニおイテBス）」の形で、「AでBする。AにBする。Aした時にBする。AにとってBである」の意を表す。

例 於レ我如二浮雲一。

③ **おケル**―両者の関係を示す。

例 先進於二礼楽一野人也。

付録 2

読みの重要語100

語の「読み」の問題は、国公立・私立を問わず多いのですが、よく出るものは限られています。出すほうもサービス点で出していますから、出たらラッキーなくらいの得点源にしましょう。

月　日

副詞・接続詞

- あまねく……普・遍（広く。すべてにわたって）
- いささか……些・聊（すこし。わずか。ついちょっと）
- いたづらに……徒（むなしく。何もせずに）
- いはゆる……所謂（世にいうところの）
- いよいよ……逾・愈・兪・弥（ますます）
- うたた……転（いよいよ。ますます）
- おもへらく……以為（思ったことには…と）
- およそ……凡（おしなべて。すべて。だいたい）
- かつ……且（しかも。その上）
- かつて……嘗・曽（以前。ある時）
- かへつて……反（逆に。更に）
- けだし……蓋（思うに。考えるに。おそらく）
- ここにおいて……於レ是（そこで）
- ここをもつて……是以（だから。それゆえ）
- ことごとく……尽・悉・畢（のこらず。すべて）
- こもごも……交・更（かわるがわる。交互に）
- さきに……向・前（以前に。かつて）
- しかれども……然（しかしながら。そうではあるが）
- しばしば……数・屢（たびたび。しばしば）
- しばらく……暫・且・少・頃・姑（しばらく）
- すこぶる……頗（ずいぶん。かなり。やや）
- すでに……已・既（すでに。もう）
- すなはち……乃・則・即・便・輒（そこで。…すれば。…と。すぐに。たやすく。…するたびにいつも、など）
- そもそも……抑（いったい。そもそも）
- それ……夫・其（そもそも。いったい）
- たちどころに……立（ただちに）
- たちまち……忽・乍（急に。にわかに）
- たまたま……偶・会・適・遇（偶然。思いがけず）
- つとに……早・夙（早く。早くから。早朝。以前から）
- つねに……毎・常・恒（つねに。いつも）
- つひに……遂・卒・終・竟（とうとう。結局。しまいには）
- つぶさに……具（くわしく）
- ともに……倶・与・共（いっしょに。ともに）
- にはかに……俄・遽・暴・卒・驟（急に。突然）
- はなはだ……甚・已・苦・太・孔（非常に。たいそう）
- ひそかに……私・窃・密・陰・暗・潜（こっそり）
- ほとんど……殆・幾（きっと。おそらく。だいたい。ほぼ）
- ほぼ……略（だいたい。ほぼ）
- まさに……方・正・適（ちょうど。まさしく）
- また……亦・又・復・還（また）

- みづから……自・親（自分で）
- もつとも……尤・最（もっとも。とりわけ）
- もとより……固・素・原・故（言うまでもなく。もともと）
- やうやく……漸・稍（しだいに。だんだんと）
- ゆゑに……故（だから。それゆえ）
- よりて……因（そこで。そのために）

動詞・形容詞・形容動詞・名詞・助詞

- あざな……字（男子の成人後の呼び名）
- あつ（あたる）…中（当てる。当たる。命中する）
- あづかる……与（かかわる。関与する）
- いさむ……諫（目上の人に忠言する）
- いにしへ……古（昔。古代）
- いふ……言・道・謂・云・曰（言う。述べる）
- おほし……衆・多・庶（多い。たくさん）
- かくのごとし…如レ此・如レ是・如レ斯・若レ此・若レ是（このようである）
- かふ……易・更・替・代・変（変える。とりかえる）
- がへんず……肯（承知する。承諾する。肯定する）
- こたふ……対・応・答（答える。応じる）
- こひねがふ……庶・冀・幾・庶幾（切にねがう）
- すくなし……寡・鮮・少（少ない）
- せむ……数・責（責める）
- ちかし……幾・庶・近・親（近い。むつまじい）
- つかふ……事・仕（仕える。お仕えする）
- つまびらか……詳・審（くわしい。こまかい）
- と……与（～と）
- なんぢ……汝・若・爾・女・而（目下の者に対する二人称。おまえ。そなた。そのほう。あなた）
- にくむ……悪・憎（きらう。にくむ）
- ひさぐ……鬻（売る。あきなう）
- ふるし……故・旧・古（古い）
- ほしいまま……肆・恣・縦（かって気まま。やりたいほうだい）
- まうす……白・申（申し上げる）
- まつたし……全（欠けるところがない。無事だ）
- まみゆ……見（お目どおりする。拝謁する）
- むべ……宜（当然だ。もっともだ）
- やむ……已・止・休・罷（やむ。やめる。とまる）
- ゆく……行・往・之・如・適・逝・征・徂・于（行く）
- ゆゑん……所以（原因・理由。方法・手段）
- より……自・従・由（～より。～から）
- わかし……少・夭・稚・若（若い）

句法（句形）

- あたはず……不レ能（不可能）
- あに……豈（反語形）
- いかん……何如・何若・奚如・奚若（疑問形）
- いかんせん……如何・奈何・若何（反語形・疑問形）
- いくばく……幾何・幾許・幾（疑問形・反語形）

☑いづくんぞ……安・焉・悪・寧・烏（反語形・疑問形）
☑いづれか……孰（疑問形）
☑いはんや……況（抑揚形）
☑いへども……雖（仮定形）
☑いやしくも……苟（仮定形）
☑かな……矣・夫・哉・与・乎（詠嘆形）
☑しむ……使・令・教・遣・俾（使役形）
☑ただ……唯・惟・只・但・徒・直・特・祇・止（限定形）
☑たとひ……縦・仮令・縦令（仮定形）
☑たれか……孰・誰（疑問形・反語形）
☑なんすれぞ……何為・胡為（疑問形・反語形）
☑なんぞ……何・胡・奚・庸・曷・何遽（疑問形・反語形）
☑のみ……耳・已・爾・而已・而已矣・也已・也已矣（限定形）
☑もし……如・若（仮定形）
☑よく……能・善（可能）
☑よりも……与（比較・選択形）
☑る・らる……見・為・被・所（受身形）

付録3

意味の重要語100

漢文では、古文の重要単語ほどではありませんが、読解力のために知っておきたい語があります。(注) がついていることもありますが、質問の対象になることもありますから、見わたしておきましょう。

月　日

- **字**〔**あざな**〕— 元服の時に本名とは別につける呼び名。
- **幾何**〔**いくばく**〕— どれほど。どれくらい。
- **一毫**〔**いちごう**〕— ごくわずかなこと。（＝**寸毫**・**秋毫**・**毫毛**・**毫末**）
- **一日**〔**いちじつ**〕— ある日。
- **夷狄**〔**いてき**〕— 異民族。（＝**胡**・**夷**）
- **所謂**〔**いわゆる**〕— 世間で言われている。ここで言うところの。
- **陰徳**〔**いんとく**〕— 人に知られない善行。
- **王道**〔**おうどう**〕— 君主の人徳によって天下を治める政治のやり方。徳治政治。（⇕**覇道**）
- **以為**〔**おもえらく**〕— 思うに。思ったことには。
- **科挙**〔**かきょ**〕— 高級官吏の登用試験。（＝**進士**・**登第**）
- **客**〔**かく**〕— 訪問者。旅人（＝**遊子**・**行人**）。食客（＝**舎人**・**門人**・**門下**）。「**客舎**」は旅館。「**客心**」は旅情。
- **学者**〔**がくしゃ**〕— 学問をする人。
- **寡人**〔**かじん**〕— 諸侯の自称、謙称。「徳の寡い私」の意。（＝**孤**・**不穀**）
- **干戈**〔**かんか**〕— 武器。戦争。（＝**兵**・**戎馬**）
- **宦官**〔**かんがん**〕— 後宮に仕えた、去勢された男の役人。
- **諫言**〔**かんげん**〕— 主君など目上の人の過ちをいさめること。
- **器**〔**き・うつわ**〕— 才能。度量。人物。
- **鬼**〔**き**〕— 死者の霊。亡霊。幽霊。もののけ。化けもの。
- **義**〔**ぎ**〕— 人としてふみ行うべき正しい道。意味。
- **奇才**〔**きさい**〕— すぐれた人物。すぐれた才知。「**奇とす**」は、非凡であると認めること。
- **貴賤**〔**きせん**〕— 身分が高いことと、身分が低いこと。
- **期年**〔**きねん**〕— まる一年。
- **急**〔**きゅう**〕— 大切だ。さしせまっている。いそぐ。せく。
- **堯舜**〔**ぎょうしゅん**〕— 中国古代の伝説上の聖天子、堯と舜のこと。理想的な王の代名詞。（⇕**桀紂**）
- **郷人**〔**きょうじん**〕— 郷里の人。俗人。凡人。
- **郷党**〔**きょうとう**〕— 村。村里。同郷の人。
- **禽獣**〔**きんじゅう**〕— 鳥やけもの。人をののしって言う語。
- **君子**〔**くんし**〕— 人徳のすぐれた立派な人物。学徳のある人。人の上に立って政治を行う人。（⇕**小人**）
- **京師**〔**けいし**〕— 都。
- **逆鱗**〔**げきりん**〕— 天子（目上の人）の怒り。
- **桀紂**〔**けっちゅう**〕— 夏の桀王と、殷の紂王のこと。暴君の代名詞。（⇕**堯舜**）
- **乾坤**〔**けんこん**〕— 天地。宇宙。
- **賈**〔**こ**〕— 商売。「**賈す**」で、売ること。（＝**鬻ぐ**）
- **光陰**〔**こういん**〕— 時間。歳月。年月。月日。
- **江河**〔**こうが**〕— 長江と黄河。大きな川。
- **後生**〔**こうせい**〕— あとから生まれる者。若者。（⇕**先生**）

☑**胡越**〔**こえつ**〕―北方の異民族胡と、南方の異民族越のこと。遠くへだたっていることのたとえ。

☑**古人**〔**こじん**〕―昔の人。亡くなっている人。

☑**故人**〔**こじん**〕―旧友。昔なじみ。親友。（＝**故旧**）

☑**宰相**〔**さいしょう**〕―天子を補佐して政治を行う大臣。（＝**丞相**・**相国**）

☑**左遷**〔**させん**〕―高い官職から低い官職におとすこと。（＝**謫**）

☑**左右**〔**さゆう**〕―側近の臣。侍臣。近臣。

☑**子**〔**し**〕―あなた。先生。（＝**夫子**）

☑**士**〔**し**〕―卿、大夫につぐ官吏。学徳のある者。

☑**師**〔**し**〕―軍隊（＝**兵**）。都。先生。手本。

☑**市井**〔**しせい**〕―まち。世の中。

☑**社稷**〔**しゃしょく**〕―国家。朝廷。

☑**舎人**〔**しゃじん**〕―側近（＝**左右**）。食客。家来。宿の主人。

☑**十一**〔**じゅういち**〕―十分の一。

☑**豎子**〔**じゅし**〕―子ども（＝**孺子**）。童僕。未熟者。青二才。

☑**須臾**〔**しゅゆ**〕―しばらく。少しの間。（＝**食頃**）

☑**書**〔**しょ**〕―手紙。書物。記録。文字。『書経』のこと。

☑**上**〔**しょう**〕―君主への尊称。陛下。ご主君。殿。君。

☑**城**〔**じょう**〕―城壁をめぐらした町全体。町なか。城壁の外側の郊外のことは「**郭**」という。

☑**小子**〔**しょうし**〕―おまえたち。先生が弟子に呼びかけることば。（＝**二三子**）

☑**小人**〔**しょうじん**〕―人格の低いつまらぬ人間。身分の低い者。

☑**丈夫**〔**じょうふ**〕―一人前のしっかりした男子。（＝**大丈夫**）

☑**少年**〔**しょうねん**〕―若者。

☑**食客**〔**しょっかく**〕―客分としてかかえておく家来。いそうろう。

☑**信**〔**しん**〕―うそがないこと。まこと。正直。誠実。

☑**仁**〔**じん**〕―思いやり。いつくしみ。愛。儒教の最高の徳目。

☑**人間**〔**じんかん**〕―世間。世の中。人間の世界。

☑**人事**〔**じんじ**〕―人間のすること。人間社会のことがら。

☑**聖人**〔**せいじん**〕―最高の人格者。尭・舜や孔子のことをいう。

☑**清廉**〔**せいれん**〕―心が清く私欲がないこと。（＝**廉潔**・**廉直**）

☑**千乗国**〔**せんじょうのくに**〕―兵車千台を出せるほどの諸侯の国。また、大諸侯の家老の国。「**万乗国**」は、兵車一万台を出せるほどの大国。

☑**先王**〔**せんのう**〕―昔の立派な天子。尭・舜・禹らをさす。

☑**千里馬**〔**せんりのうま**〕―一日に千里も走るような良馬。俊才のたとえ。（＝**驥**）（⇔**駑**・**駘**）

☑**粟**〔**ぞく**〕―穀物。俸禄。

☑**某**〔**それがし**〕―私。自分の謙称。「**なにがし**」と読めば、人・物・時・所などをぼかしていう語。

☑**大夫**〔**たいふ**〕―官位にあるものの総称。「**卿**」の下、「**士**」の上の地位。

☑**他日**〔**たじつ**〕―別の日。先日。後日。（＝**異日**）

☑**誅**〔**ちゅう**〕―「**誅す**」で、とがめる。責める。罰する。ほろぼす。殺す。「**戮す**」も、殺す意。

☑**朝**〔**ちょう**〕―天子が政事をとる所。「**朝す**」は参内する意。

☑**長者**〔**ちょうじゃ**〕―年長者。目上の人。権勢のある人。

☑**天子**〔**てんし**〕―君主。天命をうけて天下を治める者。（＝**皇帝**）

- **天年〔てんねん〕**―寿命。天寿。
- **堂〔どう〕**―表（おもて）座敷。正殿。執務室。住まい。
- **南面〔なんめん〕**―君主として統治すること。「**北面（ほくめん）**」は、臣下として君に仕えること。
- **二三子〔にさんし〕**―先生が複数の弟子に呼びかける語。おまえたち（＝**小子（しょうし）**）。弟子たち。
- **鄙〔ひ〕**―いなか。素朴でひなびていること。
- **匹夫〔ひっぷ〕**―一人の男。身分の低い者。つまらぬ男。
- **為人〔ひととなり〕**―人柄。性格。生まれつき。天性。
- **百姓〔ひゃくせい〕**―人民。庶民（＝**億兆（おくちょう）**）。多くの役人。
- **布衣〔ふい〕**―平民。無位無官の者。（＝**庶人（しょじん）**）
- **夫子〔ふうし〕**―先生。あなた（＝**子**）。『論語』では必ず孔子をさす。
- **不肖〔ふしょう〕**―おろかなこと。自分の謙称。
- **兵〔へい〕**―武器。兵士。武力。戦争。（＝**干戈（かんか）・戎馬（じゅうば）**）
- **柄〔へい〕**―権力。
- **病〔へい〕**―病気。病気が重いこと。苦しみ。憂い。欠点。
- **妄言〔ぼうげん〕**―みだりなことば。いつわりのことば。
- **方士〔ほうし〕**―方術（仙人が行う術）を行う人。（＝**道士（どうし）**）
- **方寸〔ほうすん〕**―心。胸中。きわめて狭い範囲。
- **道〔みち〕**―儒教では、人としてふみ行うべき正しいあり方、道理。老荘思想（道家（どうか））では、宇宙万物の根源をなす絶対的存在。
- **明主〔めいしゅ〕**―賢明な君主。（＝**明君（めいくん）**）
- **所以〔ゆえん〕**―理由。わけ。方法。…するところのもの。
- **予（余）〔よ〕**―わたくし。自称。

- **吏〔り〕**―官吏。役人。
- **礼〔れい〕**―正しい礼儀・作法。社会秩序の基準。
- **陋巷〔ろうこう〕**―むさくるしい町。狭くて汚い町。

校正　(株)研文社／渡邉智子
装丁デザイン　(株)ライトパブリシティ
本文デザイン　アルデザイン(佐藤誠)

別冊解答 もくじ

1 返り点・送りがな(1)

基礎演習ドリル

問題は本冊6ページ

解答

1 返り点に従って、□の中に読む順序を数字で入れよ。

1 [2]レ[1][5]レ[4]レ[3]。

2 [1][4]二[2][3]一[5]。

3 [5]二[2]レ[1][3][4]一。

4 [5]レ[4]二[1][2][3]一。

5 [6]レ[5]二[2]レ[1][3][4]一。

6 [1][7]レ[6]三[2][5]二[3][4]一。

7 [7]四[1][6]三[2][5]二[3][4]一。

8 [7]三[2]レ[1][6]二[4]レ[3][5]一。

9 [1][4]二-[5][2][3]一[6]。

10 [5]三[3]二-[4][1][2]一。

2 読み方に従って返り点をつけよ。

1 少年(せうねん)老(お)い易(やす)く学(がく)成(な)り難(がた)し。

解説

1 返り点はつけることができることが大事！

上段の設問のように、ついている返り点を読めることは、漢文の勉強では前提であり、実際の設問としては、書き下し文や口語訳に従って「返り点をつけよ」という出題が多い。

上段の逆パターンができるか、□内の数字の順に読めるように返り点をつけてみよう。（解答は上段）

1 [2][1][5][4][3]

2 [1][4][2][3][5]

3 [5][2][1][3][4]

4 [5][4][1][2][3]

5 [6][5][2][1][3][4]

6 [1][7][6][2][5][3][4]

7 [7][1][6][2][5][3][4]

8 [7][2][1][6][4][3][5]

9 [1][4][5][2][3][6]

10 [5][3][4][1][2]

少年易レ老学難レ成。

若者も年をとるのは早く、学問はなかなか成就しない。

2 鹿(しか)を逐(お)ふ者(もの)は山(やま)を見(み)ず。（不＝ず）

逐レ鹿者不レ見レ山。

鹿を追いかける者は山が目に入らない。

3 子(し)は吾(わ)が友(とも)に非(あら)ざるなり。（子＝あなた　也＝なり）

子非二吾友一也。

あなたは私の友ではない。

4 羊頭(ようとう)を懸(か)けて狗肉(くにく)を売(う)る。（狗肉＝犬の肉）

懸二羊頭一売二狗肉一。

羊の頭を店先にかけて、実は犬の肉を売っている。

5 書(しょ)は以(もっ)て名姓(めいせい)を記(しる)すに足(た)るのみ。（而已＝のみ）

書足三以記二名姓一而已。

文字は自分の姓名が書けるだけで十分である。

6 秦皇天下(しんこうてんか)を平定(へいてい)す。（秦皇＝秦の始皇帝(しこうてい)）

秦皇平二‐定天下一。

秦の始皇帝は天下を平定した。

7 百聞(ひゃくぶん)は一見(いっけん)に如(し)かず。（不如＝及ばない）

百聞不レ如二一見一。

百回聞くことは、一回見ることには及ばない。

8 人皆人(ひとみなひと)に忍(しの)びざるの心(こころ)有(あ)り。（不＝ざる　之＝の）

人皆有二不レ忍レ人之心一。

人間には皆、人の不幸をだまって見ていられない心がある。

---

2 レ点・一二点の返り方の原則を厳守せよ！

1 読み順は「少→年→老→易→学→成→難」。「老→易」「成→難」はいずれも一字上に返るので、それぞれの間にレ点。

2 読み順は「鹿→逐→者→山→見→不（ず）」。「山を→見→ず」は一字ずつ上へ返るので、レ点レ点と重なる。

3 読み順は「子→吾→友→非→也（なり）」。「友」から「非」へ二字返るので、「友」の左下に一、「非」の左下に二。

4 読み順は「羊→頭→懸→狗→肉→売」。「羊頭を」から「懸けて」へ、「狗肉を」から「売る」へは、いずれも二字上へ返るので、一二点、一二点。後半の「売二狗肉一」を「売四狗肉三」にしないこと。

5 読み順は「書→以→名→姓→記→足→而已（のみ）」。「姓を」から「記す」へ二字上に返る一二点のあと、「記す」から「足る」へさらに二字上へ返るので、「足」の左下には三がつく。

6 読み順は「秦→皇→天→下→平→定」。「平定」が二字の熟語であることがポイント。二は「平」の左下につく。「平」と「定」の間に「‐」を。

7 読み順は「百→聞→一→見→如→不（ず）」。「見→如」は二字上へ返るから一二点だが、「如」から「不」へは一字上だから、「不」の左下はレ点。ここを三にしないことがポイント。

8 読み順は「人→皆→人→忍→不（ざる）→之（の）→心→有」。「人→忍→不」は一字ずつ返るので、レ点レ点。「心」から「有り」へは途中でレ点レ点をはさんで五字上へ返るので、一二点。「心」の左下に一、「有」の左下に二である。

2 返り点・送りがな(2)

基礎演習ドリル

問題は本冊8ページ

解答

1 返り点に従って、□の中に読む順序を数字で入れよ。

1 6レ 5二 1 2 4㆑ 3。

2 6レ 5二 2レ 1 4㆑ 3。

3 6下 4二 2レ 1 3一 5上。

4 7下 1 6中 4二 2 3一 5上。

5 8レ 7下 4二 2レ 1 3一 6上レ 5。

6 8乙 6下 4二 2レ 1 3一 5上 7甲。

7 9丁 3二 1 2一 8丙 4 7乙 5 6甲。

解説

1 □内の数字の順に読めるように返り点をつけてみよう！（解答は上段）

1 6 5 1 2 4 3

2 6 5 2 1 4 3

3 6 4 2 1 3 5

4 7 1 6 4 2 3 5

5 8 7 4 2 1 3 6 5

6 8 6 4 2 1 3 5 7

7 9 3 1 2 8 4 7 5 6

2 読み方に従って返り点をつけよ。

1 勇者は必ずしも仁有らず。

勇者不㆓必有㆑仁。

勇気のある者が必ず仁の心があるとは限らない。

2 楚人に楯と矛とを鬻ぐ者有り。（与＝と　鬻＝売る）

楚人有㆘鬻㆓楯与㆑矛者㆖。

楚の国の人で、楯と矛を売っている者がいた。

3 善の小なるを以て之を為さざること勿かれ。

勿㆘以㆓善小㆒不㆖㆑為㆑之。

善が小さなことだからといって、それをしないことのないようにせよ。

4 一言にして以て燕国の患ひを解き将軍の仇に報ゆべき者有り。（可＝べし　之＝の）

有㆚一言可㆘以解㆓燕国之患㆒報㆗将軍之仇㆖者㆙。

たった一言で燕の国の心配事を取りのぞき、将軍のかたきをうつことのできる方法がある。

---

2 返り点の組み合わさる形「㆑・㆖㆑」に注意せよ！

1 読み順は「勇→者→必→仁→有→不（ず）」。「仁」から「有ら」へは一字上へ返るのでレ点であるが、「有」から「不（ず）」へ二字返るための一点が必要なので、「有」の左下はレ点と一点が同居して「㆒㆑」になる。そこから返って「不」の左下に二。

2 読み順は「楚→人→楯→矛→与（と）→鬻→者→有」。これも、まず「与」の左下にレ点と一点が同居して「㆒㆑」がつくことがポイント。そこから返って「鬻」の左下に二。この一二点をはさむので、「者」から「有り」へ返るには上下点が必要になる。「者」の左下に上、「有」の左下に下。

3 読み順は「善→小→以→之→為→不（ざる）→勿」。「小なるを」から「以て」へは、二字上へ返るので一二点。「之を→為さ→不（ざること）」は一字ずつ返るのでレ点レ点と重ねるが、「善の小なるを以て」で用いた一二点をはさんで「不」から「勿」に返るための上下点が必要なので、「不」の左下はレ点と上点が同居して「㆖㆑」になる。「勿」の左下に下。

4 読み順は「一→言→以→燕→国→之（の）→患→解→将→軍→之（の）→仇→報→可（べき）→者→有」。「患→解」は四字返るので、一二点。その一二点をはさんで、「仇→報」は四字、さらに、「報→可」は七字と返るので上中下点を用いる。さらに、この上中下点もはさんで、一番下の「者」から文頭の「有り」へ返るので、ここは、甲乙点を用いる。「者」の左下が甲、「有」の左下が乙。

上中下点の場合は二つだけ用いるときは「中↑上」でなく「下↑上」だが、甲乙丙丁点は、二つだけのときは「乙↑甲」と用いる。

3 書き下し文

基礎演習ドリル

問題は本冊10ページ

解答

1 次の各文を書き下し文にせよ。

1 国(くに)破レテ山河在(あ)リ。（破＝荒れ果てて）

国破れて山河在り。

国都は荒れ果ててしまったが、山や川は昔のままにある。

2 以(もつ)テレ心ヲ伝フレ心ニ。

心を以て心に伝ふ。

心をもって相手の心に伝える。

3 宋(そう)人(ひと)ニ有リ二耕スレ田ヲ者一。（宋人＝宋の国の人）

宋人に田を耕す者有り。

宋の国の人で、田を耕している人がいた。

4 人無ケレバ二遠キ慮(おもんぱか)リ一、必ズ有リ二近キ憂(うれ)へ一。

人遠き慮り無ければ、必ず近き憂へ有り。

遠い将来への配慮がないと、必ず近いうちに心配事が生じる。

5 知リレ彼ヲ知ラバレ己(おのれ)ヲ、百戦不(ず)レ殆(あや)フカラ。（彼＝敵、相手）

彼を知り己を知らば、百戦殆ふからず。

敵を知り自分のことがわかっていれば、何度戦っても危険がない。

解説

1 読まない字・ひらがなにする字がポイント！

1 返り点がないので、これは、漢字と右下の送りがなを順に読んだとおりに書けばよい。

2 「伝ふ」はハ行下二段動詞。「フ」をそのまま「ふ」にしなければならない。**歴史的かなづかい**の問題。

3 かなづかい上もとくに問題点はなし。返り点どおりに読めるかどうかの問題である。

4 「憂へ」の「へ」を「え」ではなくそのまま**歴史的かなづかい**で「へ」にすることがポイント。「憂ふ」は下二段動詞。動詞が名詞化する場合は一般に連用形であるから「憂へ」であるが、「憂ひ」と読む場合もある。

5 「殆」は形容詞「あやふし」。「殆ふから」の「ふ」の部分の**歴史的かなづかい**と、「不」が**打消の助動詞**「ず」であるから、ひらがなにしなければならないことがポイント（➡本冊28ページ「否定の基本形」）。

6 「而」は**読まない字**（➡本冊14ページ「置き字」）で、「三にして」の「して」に相当する。「乎」は**疑問の助詞**（➡本冊42ページ「疑問・反語(1)」）であるから、必ずひらがなにする。

7 ここも、二ヵ所ある**打消の助動詞**「不」をひらがなにすることと、「而」が**読まない置き字**であることがポイント。「而」は「知らずして」の「して」にあたる。

6 朝三而暮四、足乎。

朝に三にして暮に四にせん、足るか。

朝三つにして夜四つにしよう、足りるか。

7 人不レ知而不レ慍。（慍＝腹を立てる）

人知らずして慍みず。

人が自分のことを知ってくれないからと言って腹を立てない。

8 知二其一一未レ知二其二一。

其の一を知りて未だ其の二を知らず。

一つの面がわかっているだけで、もう一つの面がわかっていない。

2 書き下し文に従って返り点をつけよ。

1 虎穴に入らずんば、虎子を得ず。

不レ入二虎穴一、不レ得二虎子一。

虎の穴に入らなければ虎の子はつかまえられない。

2 我の明君に遇はざるを知る。（明君＝立派な主君）

知二我之不㆑遇二明君一。

私が明君にめぐりあっていないことを知っている。

3 不死の薬を荊王に献ずる者有り。

有下献二不死之薬於荊王一者上。

不死の薬を荊王に献上する者がいた。

---

8 「未」は「いまだ」と一度読み、もう一度返り点で返ってきて「ず」と読む**再読文字**（➡本冊22ページ「再読文字(1)」）。二度めの「ず」は必ずひらがなにする。

2 返って行く字数を慎重に！

1 読み順は「虎→穴→入→不（ずんば）→虎→子→得→不（ず）」。「虎穴に」から「入ら」へは二字上へ返るから一二点。「穴」の左下に一、「入」の左下に二。「入ら」から「不（ずんば）」へは一字上へ返るから、ここは「不」の左下にレ点。これを三にしてはいけない。後半も同じ形である。

2 読み順は「我→之（の）→明→君→遇→不（ざる）→知」。「我の明君に」までは下へ読んでいくだけである。「明君に遇は」の部分、「君→遇」は二字返るので一二点。「遇は」から「不（ざる）」へは一字返るから「不」の左下にはレ点であるが、「不」からさらに「知る」へ三字返るために一二点が必要なので、「不」の左下は一点とレ点が同居して「㆑」になる。「知」の左下に二。

3 読み順は「不→死→之（の）→薬→荊→王→献→者→有」。「於」は読まない置き字である。「荊王に」の「に」のはたらきをしている（➡本冊14ページ「置き字」）。「荊王に」の「王」から「献ずる」へは七字上へ返るので一二点。「王」の左下に一、「献」の左下に二。「者→有」はこの一二点をはさんで文頭まで九字返るので上下点である。「者」の左下に上、「有」の左下に下。

4 漢文の五文型

基礎演習ドリル

問題は本冊12ページ

解答

1 語の右側にある主語、述語、目的語、補語に注意して、書き下し文にせよ。

1 山（主）高（述）、水（主）清（述）。（水＝川）

山高く、水清し。

山は高く、川は清らかに流れている。

2 疑心（主）生ズ二（述）暗鬼（目）ヲ一。（生＝生ず。サ変動詞）

疑心暗鬼を生ず。

疑う心で見ていると何でもないことまで恐ろしく見えるものだ。

3 得二天下ノ英才（目）ヲ一、而教二育（述）之（目）ヲ一。

天下の英才を得て、之を教育す。

天下の秀才を集めて、彼らを教育する。

4 孟浩然（主）之二（述）広陵（補）ニ一。（之＝行　広陵＝地名）

孟浩然（の）広陵に之く。

孟浩然が広陵に行く。

5 孔子（主）問二（述）礼（目）ヲ於老子（補）ニ一。（於＝読まない字）

孔子礼を老子に問ふ。

孔子は礼を老子に尋ねた。

解説

1 目的語には「ヲ」、補語には「ニ」！

1 「山は高く、水は清し」と、主語にあたる「山・水」に「は」を入れて読んでもよいが、漢文では省略することが多い。「高・清」はいずれも形容詞である。「高し」は言いきっていないので、連用形「高く」にして後半へ。「清し」は終止形。

2 これも、「疑心は」と「は」を入れてもよいが、習慣上省略して読んでいることが多い。「暗鬼」は目的語であるから、送りがなは「を」になる。

3 「天下の英才」も「之」も目的語であるから、送りがなはいずれも「を」。「得」は下二段動詞である。文がまだ下へ続くので連用形で「得」であるが、接続助詞の「て」をつけて「得て」とするほうが読みやすい。「教育」は二字の熟語である。**二字の熟語はすべてサ変動詞で**、「教育す」と読むが、「教へ育む」と訓読みしても間違いではない。

4 主語の「孟浩然」については、主語を示す助詞を省略してよいが、入れるなら、主格の格助詞「の」が口調がよい。「は」を入れても文法的には間違いではないが、やや違和感がある。「広陵」は補語であるから、送りがなは「に」。「之く」に返ることから考えても「に」が適当であろう。補語の送りがなは「と・より・よりも」などのこともある。

5 「礼」は目的語、「老子」は補語なので、「礼を老子に」と読んで、

6 狙公与狙杼。（狙公＝サルを飼う人　杼＝どんぐり）

狙公狙に杼を与ふ。

サル飼いはサルにどんぐりを与えた。

7 秦王遺趙王使者。（遺＝おくル）

秦王趙王に使者を遺る。

秦王は趙王に使者を送った。

8 立身行道、揚名於後世。（揚＝あグ）

身を立て道を行ひ、名を後世に揚ぐ。

立身し、道を行って、名声を後の世に残す。

述語の「問ふ」（ハ行四段動詞）に返る。**述語の下に目的語・補語どちらもあるときは、両方読んでから述語へ返る。**「於」は補語の上に置かれる置き字。

6 「狙杼」の部分は、上の「狙」が補語で、下の「杼」が目的語という並び方であるから、「狙に杼を」と読んで「与ふ」（ハ行下二段動詞）に返る。

7 「趙王」が補語、「使者」が目的語であるから、「趙王に使者を」と読んでから「遺る」（ラ行四段動詞）に返る。5の「孔子」、6の「狙公」もそうであるが、7の主語「秦王」についても、**「は」を入れないで読むほうが口調がよい**ので略す。

8 「身」「道」「名」はいずれも目的語であるから、送りがなは「を」。「後世」は補語であるから、送りがなは「に」。述語の「立つ」（タ行下二段動詞）と「行ふ」（ハ行四段動詞）は、いずれも下へ続くので、連用形にして「立て」「行ひ」と読む。連用形の動詞に接続助詞の「て」をつけるかどうかについては、**読んだときの口調のよさを優先する。**この場合、「身を立て道を行ひ」とか、「身を立て道を行ひて」と読むよりも、ないほうが口調がよい。「揚」は注にあるように、ガ行下二段動詞「揚ぐ」で、これは終止形でよい。

5 置き字

基礎演習ドリル

問題は本冊14ページ

解答

1 次の各文を書き下し文にせよ。

1 子欲レ養而親不レ待。

子養はんと欲すれども親待たず。

子供が養おうと思っても、親は待っていてはくれない。

2 小人之学入レ乎耳一出レ於口一。

小人の学は耳より入りて口より出づ。

つまらぬ人間の学問は耳から入って、すぐに口から出て行く。

3 過而不レ改、是謂レ過矣。

過ちて改めざる、是を過ちと謂ふ。

過ちを犯して改めない、これを本当の過ちというのだ。

4 登二彼西山一兮采二其薇一。（薇＝ぜんまい）

彼の西山に登り其の薇を采る。

あの西山に登ってぜんまいをとって食べる。

2 書き下し文に従って返り点をつけよ。

1 故きを温ねて新しきを知らば、以て師と為るべし。

温レ故而知レ新、可二以為レ師矣。

古いことを学びたずねてそこから新しいことを知るようなら、（そういう人は人の）師となるにふさわしい。

解説

1 置き字は読まないので書かないこと！

1 「而」が置き字。「欲すれども」の、逆接の接続助詞「ども」に相当する。「不」はひらがなに。

2 「乎」が「耳より」の「より」、「於」が「口より」の「より」のはたらきをしている置き字。「之」はひらがなに。

3 「而」は「過ちて」の、順接の接続助詞「て」に相当する。文末の「矣」は断言の置き字。「不」はひらがなに。

4 「兮」は詩の中で調子を整えるための置き字。どの送りがなに相当するということもない。

2 置き字は読まなくても字数には数える！

1 読み順は「故→温→新→知→以→師→為→可（べし）」。「而」は「温ねて」の「て」にあたる置き字。文末の「矣」も置き字である。「故→温」「新→知」はいずれも一字上へ返るのでレ点。「師→為」も一字上でレ点であるが、「為る」から「可（べし）」へ二字返るための一二点が必要なので、「為」の左下は「レ」となる。

2 青は之を藍より取りて藍よりも青し。（青＝青い染料）

> 青取ニ之於藍一而青ニ於藍一。

青色の染料は藍という草からとるが、もとの藍よりずっと青い。

3 君子は言に訥にして行ひに敏ならんと欲す。（訥＝口べたなこと　敏＝機敏なこと）

> 君子欲下訥ニ於言一而敏中於行上。

君子はことばは下手でも行いには機敏であろうとするものだ。

3 次の各文の空欄に「而・於・矣」のいずれかを入れよ。

1 天網恢恢疎［而］不レ失。
（恢恢＝大きくて広いさま　疎＝網の目があらいこと）
天の網は大きくて目があらいようだが決してものごとを見のがしたりはしない。

2 氷水為レ之［而］寒ニ［於］水一。
氷は水からできるが、もとの水よりも冷たい。

3 忠言逆ニ［於］耳一［而］利ニ［於］行一。
人の忠告は耳の痛いものだが、自分の行いを正すには効果がある。

4 自反［而］縮、雖ニ千万人一吾往［矣］。
（縮＝正しければ　往＝立ち向かってゆく）
自分自身を反省してみて正しければ、たとえ相手が千万人であっても私は立ち向かって行く。

5 君子博学［而］日三ニ省乎己一、則智明［而］行無レ過［矣］。
君子が広く学び、日々自分自身を何度も反省すれば、智は明らかになり、行いに過ちがなくなる。

---

2 読み順は「青→之→藍→取→藍→青」。「於」は「藍より」「藍よりも」の「より」「よりも」のはたらき、「而」は「取りて」の「て」のはたらきをしている置き字。「藍→取」は三字上、「藍→青」は二字上へ返るので、それぞれ一二点がつく。

3 読み順は「君→子→言→訥→行→敏→欲」。二カ所ある「於」は「言に」「行ひに」の「に」、「而」は「訥にして」の「して」に相当する置き字。「言→訥」は二字返るので一二点。「行ひに敏ならんと欲す」と返るところは「敏」から「欲」に返る間で一二点をはさむので、上中下点が必要になる。

3 「而」は直前、「於」は直下の語の送りがなに相当！

1 直前の送りがな「疎にして」の「して」が順接の接続助詞であるから「而」が入る。

2 上の□は「為りて」の「て」のはたらきで順接の接続助詞「而」、下の□は直下の補語「水よりも」の「よりも」のはたらきで「於」。**基本的に「於・于・乎」グループの置き字は返り点にはさまれる。**
2の2「青は之を藍より取りて藍よりも青し」と対句である。

3 一つめと三つめの□は、「耳に」「行ひに」の「に」に相当するので、どちらも「於」。二つめの□は直前の送りがな「逆らへども」の逆接の接続助詞「ども」に相当するので「而」。

4 上の□は「反りみて」の「て」に相当するので「而」。下の□は文末であるから「矣」しかない。

5 一つめ、二つめの□は、「学びて」の「て」と、「明らかにして」の「して」に相当するので、どちらも「而」。三つめの□は文末であるから「矣」。

1 置き字

実戦演習問題

問題は本冊16ページ

解答

1 二重傍線部(ア)「遂」・(イ)「自」と同じ読み方をするものを、次のうちからそれぞれ一つずつ選べ。

(ア)「遂」
① 乃
② 終
③ 倶
④ 故
⑤ 既

(イ)「自」
① 如
② 以
③ 毎
④ 従
⑤ 雖

(ア) ②
(イ) ④

2 波線部ⓐ「矣」・ⓑ「也」・ⓒ「而」・ⓓ「耳」・ⓔ「焉」の説明の組合せとして最も適当なものを、次のうちから一つ選べ。

① ⓐ「矣」は「かな」と読み、詠嘆の意味を添え、ⓑ「也」は文末の置き字で、断定の意味を添える。
② ⓐ「矣」は「かな」と読み、感動の意味を添え、ⓒ「而」は文中の置き字で、順接の意味を添える。
③ ⓑ「也」は「なり」と読み、伝聞の意味を添え、ⓓ「耳」は「のみ」と読み、限定の意味を添える。
④ ⓒ「而」は文中の置き字で、順接の意味を添え、ⓔ「焉」は文末の置き字で、意志の意味を添える。
⑤ ⓓ「耳」は「のみ」と読み、限定の意味を添え、ⓔ「焉」は文末の置き字で、断定の意味を添える。

⑤

解説

1 **「読み」の問題は「知識」量の勝負！**

(ア)「遂」は、現代語でもふつうに用いているように、「つひニ」である。「終・卒・竟」も同様である。正解は②。

①「乃」は、「則・即・便・輒」などと同じ「すなはチ」。③「倶」は「ともニ」。④「故」は「ゆゑニ」。⑤「既」は「すでニ」。

(イ)「自」は、下から返ってきて「…より」と読む。「従・由」が同じで、正解は④。

返って読む用法に限れば、①「如」は「…(ノ・ガ)ごとシ」。②「以」は「…(ヲ)もつテ」。③「毎」は「…ごとニ」。⑤「雖」は「…(ト)いへどモ」である。

2 **読まない「置き字」の判断の問題！**

ⓐ「矣」は、上が「将に誕まんとす」で終わっているから、文末で「…かな」と読んでいるのではなく、**読まない置き字**である。

ⓑ「也」は、上が「相ひ能くせざる」と連体形であるから、断定の「なり」と読んでいる。

ⓒ「而」は、文中に「しかシテ」と読んでいる例があるが、ここは、「久しくして」の「して」に相当している**読まない置き字**。

ⓓ「耳」は、文末で「…のみ」と読む、限定の終助詞。

ⓔ「焉」は、上が「有り」と終止しているので、文末で**読まない置き字**。読む用法も多いので注意したい（本冊104ページ）。よって正解は⑤。

3 傍線部A「吁、亦異哉」とあるが、筆者がそのように述べる理由の説明として最も適当なものを、次のうちから一つ選べ。

① 子猫たちと出会った時は「嗚嗚然」としていた老猫が、「欣然」と子猫たちと戯れる姿を見せるようになったため。

② 互いに「漠然」として親子であることを忘れていた猫たちが、最後には「居然」と本来の関係をとりもどしたため。

③ 老猫と出会った初めは「漠然」としていた子猫たちが、ついには「欣然」と老猫のことを慕うようになったため。

④ 子猫たちが「居然」として老猫になつき、老猫も「嗚嗚然」たる深い悲しみを乗り越えることができたため。

⑤ 子猫たちが「欣然」と戯れる一方で、老猫は「居然」たるさまを装いながらも深い悲しみを隠しきれずにいるため。

---

3 **（注）2・3・5・6を参考に文脈をとらえる！**

傍線部そのものは、「ああ、なんと珍しい（すばらしい）ことではないか」の意。

ここは、2「嗚嗚然」、3「漠然」、5「欣然」、6「居然」についている（注）を参考に、第一段落の流れを読み取る。

①は、「欣然」を老猫の様子としている点が間違い。

②は、「漠然」の下の「親子であることを忘れていた」、後半の「猫たちが～」以下も間違っている。

④は、「居然」を子猫たちの様子としている点が間違い。後半の「乗り越えることができた」もキズである。

⑤は、「『居然』たるさまを装いながらも」以下が間違いである。

よって、正解は③。

書き下し文

一老貍奴、将に子を誕まんとす。一女童誤りて之に触れ、而して堕す。日夕嗚嗚然たり。会両小貍奴を餽る者有り。其の始め、蓋し漠然として相ひ能くせざるなり。老貍奴なる者、其の毳を舐めて之に食を譲る。両小貍奴なる者も、亦た久しくして相ひ忘るるなり。稍く之に即き、遂に其の乳を承く。是れより欣然として以て良に己の母なりと為す。老貍奴なる者も、亦た居然として以て良に己が出だすと為すなり。吁、亦た異なるかな。

昔、漢の明徳馬后に子無し。顕宗他の人子を取り、命じて之を養はしめて曰はく、「人子何ぞ必ずしも親ら生まんや。但だ愛の至らざるを恨むのみ」と。后心を尽くして撫育し、而して章帝も亦た恩性天至たり。貍奴の事、適に契ふ有り。

通釈

一匹の老猫が（妊娠し）今にも子を産みそうであった。（ところが）一人の召使の女がうっかり老猫に触ったために、（老猫は）流産してしまった。（老猫は）昼も夜も嘆き悲しんで鳴いた。たまたま二匹の子猫を譲ってくれる人があった。（だが）最初のうちは、思うに（子猫たちは老猫に）無関心な様子でなつこうとしなかった。老猫は、子猫たちのうぶ毛をなめ、子猫たちに食べ物を譲ってやった。二匹の子猫たちも、またしばらくして（老猫が実の母猫でないことを）忘れるのであった。だんだんと老猫になつき、ついにその乳を飲むようになった。それ以来（子猫たちは）喜々として本当に自分の（実の）母のように（老猫に）なついた。老猫も、また（子猫たちがいると）安らかな様子で本当に自分が産んだ子のように（子猫たちを）可愛がった。ああ、なんと珍しいことではないか。

昔、漢の明徳馬后には子がなかった。（そこで）顕宗が他の妃の子を引き取って、この子を（后に）養育させるよう命じて言うには、「子というものは、自分で産んだかどうかが大事なのではない。ただ（実子であろうがなかろうが）愛情が行き届かないことだけは残念なことだ」と。后は心を尽くしてその子を慈しみ育て、そして（後の）章帝もまた親に対する愛情が自然に備わっていった。（あの）猫の話と、ちょうど符合する点がある。

6 返読文字(1)

基礎演習ドリル

問題は本冊18ページ

解答

1 次の各文を書き下し文にせよ。

1 李(り)下ニ不レ正(タダ)サ冠(かんむり)ヲ。（李下＝すももの木の下）

李下に冠を正さず。

李(すもも)の木の下で冠をなおしたりしない。（不審な行動をとらないこと）

2 有(ル)ニ陰(いん)徳(とく)一者(ハ)必(ズ)有(リ)ニ陽(やう)報(ほう)一。（陰徳＝人に知られない善い行い　陽報＝天の授けるよい報い）

陰徳有る者は必ず陽報有り。

人に知られない善い行いをした人には必ず天の授けるよい報いがある。

3 不レ可(カラ)レ除(ク)ニ卿(けい)ノ名(ヲ)一。（卿＝あなた）

卿の名を除くべからず。

あなたの名前を除くことはできない。

4 使(ム)ニ民ノ心(ヲシテ)不(ざら)一レ乱(レ)。

民の心をして乱れざらしむ。

人民の心を乱れないようにさせる。

5 寛(くわんニシテ)而見(ル)レ畏(おそレ)。（寛＝寛容）

寛にして畏れらる。

寛容でありながらおそれられる。

6 旁(かたはらニ)若(シ)レ無(キガ)レ人。

旁に人無きがごとし。

そばに人がいないかのようだ。

解説

1 助動詞にあたる返読文字はひらがなに！

1 「不」は打消の助動詞「ず」（⬇本冊28ページ「否定の基本形」）。必ずひらがなにする。

2 「有」はラ変動詞「あり」。「無し」と同様に返読文字である。自立語であるから、語幹にあたる「有」は漢字のまま。

3 「不可（べからず）」はここでは不可能の意（⬇本冊30ページ「不可能・禁止」）。「不」も「可」も助動詞であるから、「べからず」は必ずひらがなにする。

4 「使」は使役の助動詞「しむ」（⬇本冊54ページ「使役」）。必ずひらがなにする。「不」は「ず」の未然形「ざら」で、もちろんひらがなにする。

5 「見」は受身の助動詞「らる」（⬇本冊58ページ「受身」）。ここは下の「畏(おそ)る」が下二段活用なので、「る」ではなく「らる」と読む。必ずひらがなにする。

6 「若」は「如」と同じ比況の助動詞「ごとし」（⬇本冊84ページ「比況」）。漢字のままにしている本もあるが、助動詞なのでひらがなにするようにしたい。

7 「為」は断定の助動詞「たり」。「為」は断定として用いる場合は「たり」で、「なり」とは読まない。断定の「なり」と読むのは文末で用いる「也」である。

7 人ハ為リ㆓刀タウ俎ソ㆒、我ハ為リ㆓魚肉㆒。（刀俎＝包丁とまな板）

人は刀俎たり、我は魚肉たり。　相手は包丁とまな板で、こちらは魚である。

2 書き下し文に従って、返り点をつけよ。

1 桃李（たうり）言（ものい）はざれども、下自（したおのづか）ら蹊（こみち）を成（な）す。

桃 李 不レ 言、下 自 成レ 蹊。

桃やすももは何も言わないが、その木の下には自然と小道ができる。

2 他山（たざん）の石以（いしもつ）て玉（たま）を攻（をさ）むべし。（攻＝みがく）

他 山 之 石 可㆓ 以 攻㆑ 玉。

よその山から出た粗悪な石でも、宝玉をみがく役にはたつ。

3 舟車（しうしや）有（あ）りと雖（いへど）も、之（これ）に乗（の）ること無（な）し。

雖レ 有㆓ 舟 車㆒、無レ 乗レ 之。

舟や車はあっても、乗ることはない。

4 時雨（じう）のごとく之（これ）を化（くわ）する者（もの）有（あ）り。（時雨＝ちょうどよい時に降る雨　化＝感化する）

有㆘ 如㆓ 時 雨㆒ 化レ 之 者㆖。

ちょうどよい時に降る雨のように、人々を感化することがある。

---

2 返読文字であることの判断が大切！

1 読み順は「桃→李→言→不→下→自→蹊→成」。「不」が返読文字。「言は」から「不（ざれ）」へも、「蹊を」から「成す」へも、一字上へ返るだけであるから、いずれもレ点。

2 読み順は「他→山→之（の）→石→以→玉→攻→可（べし）」。「玉を攻む」の部分は一字上へ返るからレ点であるが、「攻む」から「可（べし）」へ返るのに一二点が必要なので、「攻」の左下はレ点と一点が同居して「㆑」になる。「可」が返読文字。

3 読み順は「舟→車→有→雖→之→乗→無」。「雖（いへども）」と「有（あり）」「無（なし）」が返読文字である。「舟車」から「有り」へは二字返るので一二点。「有りと」から「雖も」へは一字上へ返るからレ点。後半の「之に→乗ること→無し」は一字一字上へ返るから、レ点レ点となる。

4 読み順は「時→雨→如（ごとく）→之→化→者→有」。「有」「如」が返読文字。「時雨のごとく」は、「雨」から「如」へ二字返るので一二点、「之を→化する」は一字上でレ点、「者」から「有り」へ返るには「如㆓時 雨㆒」の一二点をはさむので上下点がつく。

7 返読文字(2)

基礎演習ドリル

問題は本冊20ページ

解答

1 次の各文を書き下し文にせよ。

[1] 寿（いのちなが）ケレバ則チ多シレ辱（はぢ）。（寿＝長生きをすると）

> 寿ければ則ち辱多し。
> 長生きをすると恥をかくことも多い。

[2] 富ト与ハ貴是レ人之（の）所レ欲スル也。

> 富と貴とは是れ人の欲する所なり。
> 金持ちと身分の高いことは人がだれでも欲するものである。

[3] 有リ朋（とも）自リ二遠方一来タル。

> 朋有り遠方より来たる。
> 友がいて、遠い所からやってくる。

[4] 病（やまひ）ハ従リレ口入（い）リ、禍（わざはひ）ハ従リレ口出（い）ヅ。

> 病は口より入り、禍は口より出づ。
> 病気は口から入り、わざわいは口から出る（ことばがもとで起こる）。

[5] 恍（くわう）惚（こつ）トシテ若シレ有ルガレ所レ失フ。（恍惚＝ぼんやりして）

> 恍惚として失ふ所有るがごとし。
> ぼんやりとして心神を喪失しているようである。

[6] 所‐二以ハ枕（まくら）スル一レ流レニ、欲スレバナリレ洗ハント二其ノ耳ヲ一。（所以＝わけ）

> 流れに枕する所以は、其の耳を洗はんと欲すればなり。
> 川の流れに枕するわけは、耳を洗いたいからである。

解説

1 助詞にあたる返読文字にも注意する！

[1] 「多」が返読文字。「おほし」は「多」以外にも「衆」に注意しておきたい。「すくなし」も、「少」以外にも「寡・鮮」が読みの問題に頻出する。

[2] 「与」は非常に用法が多い（⬇本冊98ページ「用法の重要な語20」）。返読文字としては「与（と）レA」「A与（と）レB」の「と」の読み方が最重要。「所」も返読するが、名詞なので漢字のままでよい。

[3] 「有」「自」が返読文字。「自」は格助詞の「より」で、必ずひらがなにする。

[4] これも「従」が「自」と同じで、格助詞「より」。必ずひらがなにする。

[5] 「失ふ所有るがごとし」の部分は「所」「有」「若（ごとし）」と返読文字が連続している。「ごとし」はひらがなにする。

[6] 「所以（ゆゑん）」が、二字の熟語で返読文字である。ここでは「理由・わけ」の意である。漢字のままでよい。

[7] これも「所以」が返読文字。ここでは「～するところのもの・～するためのもの」の意である。「者（は）」「也（なり）」はひらがなに。

7 目者(は)所㆓‐以視(ル)㆒也。（所以＝～するところのもの）

目は視る所以なり。
目は（ものを）見るところのものである。

2 書き下し文に従って、返り点をつけよ。

1 韓魏(かんぎ)と之(これ)を伐(う)ちて、函谷関(かんこくくわん)に入(い)る。（韓・魏＝いずれも国名　函谷関＝関所の名）

与㆓韓魏㆒伐㆑之、入㆓函谷関㆒。

韓・魏とともにこれを伐って、函谷関に攻め入った。

2 人(ひと)に溺(おぼ)れんよりは、寧(むし)ろ淵(ふち)に溺(おぼ)れよ。（淵＝川の深いところ）

与㆑溺㆓于人㆒、寧溺㆓于淵㆒。

人におぼれるよりは、むしろ川の淵におぼれるほうがよい。

3 石(いし)に漱(くちすす)ぐ所以(ゆゑん)は、其(そ)の歯(は)を礪(と)がんと欲(ほっ)すればなり。

所㆓‐以漱㆑石、欲㆑礪㆓其歯㆒。

石で口すすぐわけは、歯をみがきたいからである。

4 法令(はふれい)は民(たみ)を導(みちび)く所以(ゆゑん)なり。（所以＝方法・手段）

法令所㆓‐以導㆑民也。

法令は人民を導くための手段である。

---

2 「所以」は二字の熟語、字間に「‐」を入れる！

1 読み順は「韓→魏→与（と）→之→伐→函→谷→関→入」。「与」が返読文字。「韓魏」から「与（と）」へは二字上へ返るので一二点。「之を」から「伐ちて」へは一字上でレ点。「函谷関に」から「入る」へは三字上へ返るので一二点。

2 読み順は「人→溺→与（よりは）→寧→淵→溺」。「与」が比較を表す返読文字（➡本冊64ページ「比較・選択(2)」）。二ヵ所の「于」はいずれも「於」と同じで、「人に」「淵に」の「に」にあたる置き字である。**置き字は読まないが、字数には数える。**「人→溺」は二字上へ返るから一二点だが、「溺れん」から「与（よりは）」へは一字上へ返るのでレ点。ここを三にしないことが大切。「淵に」から「溺れよ」へは二字上なので一二点。

3 読み順は「石→漱→所→以→其→歯→礪→欲」。「石→漱」は一字上なのでレ点だが、「漱→所」と二字上へ返るので一二点が必要になり、「漱」の左下は「レ」。「所以」は間に「‐」を入れて「所」の左下に二点をつける。後半、「其の歯を」から「礪がんと」へは一二点、「礪」から「欲」へはレ点。**1**の6の文と対句で「漱石枕流(そうせきちんりゅう)」という四字熟語になっており、夏目漱石のペンネームのもととしても有名である。

4 読み順は「法→令→民→導→所→以→也（なり）」。ここも3の前半と同じで、「導」の左下は「レ」になり、「所以」は間に「‐」を入れて「所」の左下に二点をつける。

8 再読文字(1)

基礎演習ドリル

問題は本冊22ページ

解答

1 次の各文を書き下し文にして、口語訳せよ。

[1] 未(ダ)(ル)レ聞(カ)二好(ム)レ学(ヲ)者(ヲ)一也。（学＝学問）

未だ学を好む者を聞かざるなり。

訳 まだ（本当に）学問を好むという者を聞いたことがない。

[2] 不レ知(ラ)二老(イ)之(ノ)将(ニ)(ルヲ)一レ至(ラント)。

老いの将に至らんとするを知らず。

訳 老いが今にも訪れようとしていることに気づかない。

[3] 趙(てう)且(ニ)レ伐(ウタント)レ燕(えんヲ)。（趙・燕＝戦国時代の国名）

趙且に燕を伐たんとす。

訳 趙は今にも燕を伐とうとしている。

[4] 若(もシ)不(ずンバ)レ用(ヒ)、当(ニ)(シ)レ殺(ス)レ之(これヲ)。（之＝ある人物をさす）

若し用ひずんば、当に之を殺すべし。

訳 もし用いないのなら、彼を殺さなければならない。

解説

1 再読文字は訳し方も大事！

[1] 左下にレ点があるが、「未」は「いまだ」と一度読み、あとは返り点どおりに返ってきて「ざる」と再読する。二度めの「ざる」はひらがなに。「也」は断定の「なり」で、ひらがなに。

[2] 「老いの」のあと、左下に「レ」があるが、「将」は「まさに」と一度読み、レ点で返って「至らんとするを」と左側の送りがなで再読して、ここから「知らず」へ返る。「…んと」から二度めの読みの「する」に返ることがポイント。「今にも…しようとする」と訳す。「不（ず）」「之（の）」「将（する）」はひらがなに。

[3] 「且」は「将」と同じ、「まさに…んとす」と読む再読文字。ここも「伐たんとす」の「未然形＋んと」がポイント。「す」はひらがなに。

[4] 「若し用ひずんば」の部分は仮定形（➡本冊68ページ「仮定」）。「ずんば」はひらがなに。「当」は左下にレ点があるが、「まさに」と一度読み、あとはレ点レ点で「之を殺す」と返って二度めの「べし」を読む。ここでは「当」は当然の用法で、「…しなければならない。当然…すべきだ」と訳す。「べし」はひらがなに。

[5] 「応」も「まさに…べし」であるが、ここではいかにも推量の用法で、「きっと…だろう」という訳し方があてはまる。「べし」はひらがなに。

5 山中酒応ニレ熟ス。

山中酒応に熟すべし。

訳 山の中ではきっと酒がほどよく熟しているだろう。

2 次の各文の傍線部を書き下し文にせよ。

1 見テレ牛ヲ未レ見レ羊也。

（牛を見て）未だ羊を見ざるなり。

牛を見て、まだ羊を見ていないのである。

2 挙ゲテレ足ヲ将レ撃二其輪一。（撃＝うツ　輪＝車輪）

（足を挙げて）将に其の輪を撃たんとす。

（カマキリは）足をふりあげて、今にも車輪を攻撃しようとした。

3 引キテレ酒ヲ且レ飲レ之。（引＝手もとにひきよせて）

（酒を引きて）且に之を飲まんとす。

酒をひきよせて、今にもそれを飲もうとした。

4 大丈夫当三掃二除天下一。（大丈夫＝立派な男子）

（大丈夫）当に天下を掃除すべし。

大丈夫たる者は、当然天下を掃除すべきである。

5 汝遠ク来タル、応レ有レ意。（意＝考え）

（汝が遠く来たる、）応に意有るべし。

おまえが遠くまで来たのは、きっと何か考えがあるのだろう。

---

2 返り点があっても一度めの読みはそのまま！

1 左下にレ点があるが、「未」は「いまだ」と一度読む。傍線部の上に「牛を見て」とヒントがあるので、「見レ羊」は「羊を見る」である。「未」の二度めの読みの打消の「ず」へ返るために、「見る」（マ行上一段）は未然形にして「見（み）」。「ず」は文末の断定の「也（なり）」に続くので、連体形にして「ざる」となる。「ざるなり」はひらがなに。

2 「将」が「まさに…んとす」。二度めの読み「す」に返る前の「撃（う）つ」（タ行四段）を未然形にして「撃たんとす」と読むことがポイント。「其輪」は「其の輪を」。

3 「且」も「まさに…んとす」。「之（これ）」は酒であるから、「之を」として「飲む」（マ行四段）へ。「飲む」を未然形にして「飲まんとす」となる。

4 傍線部の読み順は「当（まさに）→天→下→掃→除→当（べし）」。「当」の二度めの読みの「べし」へ返るから「掃除」は動詞にしなければならないが、熟語であるから、サ変動詞「掃除す」である。「天下」の送りがなは「を」が適切である。

5 「有」は返読文字で、名詞から返るときは「意有り」のように「意」に送りがなは不要。「有り」はラ変動詞であるから、「応」の二度めの読みの「べし」へは連体形「有る」で接続する。

9 再読文字(2)

基礎演習ドリル

問題は本冊24ページ

解答

1 次の各文を書き下し文にして、口語訳せよ。

1 用レ人宜レ取二其所レ長一。（所長＝長所）

人を用ふるは宜しく其の長ずる所を取るべし。

訳 人を用いるについては、その人の長所をとるのがよろしい。

2 須レ念二衰老之辛酸一。（辛酸＝つらさ、苦しみ）

須らく衰老の辛酸を念ふべし。

訳 老いて衰えるつらさを考えてみる必要がある。

3 兄弟猶三一木有二両枝一。（両＝二）

兄弟は猶ほ一木の両枝有るがごとし。

訳 兄弟はあたかも一本の木に二本の枝があるようなものだ。

4 盍三各言二爾志一。（志＝考え、意見）

盍ぞ各爾の志を言はざる。

訳 どうして各々おまえたちの考えを言わないのか。

解説

1 一度めの読みは漢字のまま。二度めはひらがなに！

1 読み順は「人→用→宜（よろしく）→其→長→所→取→宜（べし）」。「宜」は「…するのがよろしい」と訳す、適当の用法である。二度めの読みの「べし」はひらがなに。

2 「須」は「すべからく…べし」。「…する必要がある」と訳す。「…しなければならない」でも可。二度めの「べし」はやはりひらがなに。

3 「猶」は「なほ…ごとし」。「あたかも…のようだ。ちょうど…と同じだ」のように訳す。「ごとし」の直前の「有」はラ変動詞で、活用語なので、連体形プラス「が」と読んで返っている。「ごとし」はひらがなに。

4 「盍」は「なんぞ…ざる」。「どうして…しないのか」が直訳であるが、「…したらどうか。…してみなさい」のように、勧誘する訳し方でもよい。その場合は「各々おまえたちの考えを言ってみなさい」のようになる。「各（おのおの）」は「偶（たまたま）」「数（しばしば）」などと同じく「畳語（じょうご）」と呼ばれる、音を繰り返して読む語で、「各〻」のように右下に「〻」の印を用いることもある。その場合は、書き下し文は「各〻」のようにする。

2 次の各文の傍線部を書き下し文にせよ。

1 惟(タダ)仁者(ノミ)宜レ在二高位一。

（惟だ仁者のみ）宜しく高位に在るべし。

ただ徳のある者だけが高い地位につくのがよろしい。

2 須レ惜二少年時一。

須らく少年の時を惜しむべし。

若い時の時間を大切にする必要がある。

3 仁之(の)勝(ツハ)二不仁一、猶二水勝レ火。

（仁の不仁に勝つは、）猶ほ水の火に勝つがごとし。

仁が不仁に勝つのは、あたかも水が火に勝つようなものである。

4 子(し)盍レ行二仁政一。（仁政＝思いやりの政治）

（子）盍ぞ仁政を行はざる。

あなたはどうして仁政を行わないのか。

3 書き下し文に従って返り点をつけよ。

1 未(いま)だ嘗(かつ)て汝(なんぢ)の先古(せんこ)の貴者(きしゃ)有(あ)るを聞(き)かず。（先古＝先祖）

未四嘗聞三汝先古之有二貴者一。

まだ今までにおまえの先祖に高貴な者がいたと聞いたことがない。

2 天将(てんまさ)に夫子(ふうし)を以(もつ)て木鐸(ぼくたく)と為(な)さんとす。（夫子＝先生　木鐸＝指導者）

天将下以二夫子一為中木鐸上。

天はまさに先生を天下の指導者にしようとしているのだ。

---

2 二度めの読みへの返り方に注意！

1 「在」は「有」と同じくラ変動詞「あり」であるから、「宜しく…在るべし」と、連体形にして「べし」に返る。「高位」の送りがなは「に」。返る直前の送りがなは、「を」か「に」かを考える。

2 「惜(を)しむ」はマ行四段動詞であるから、「須らく…惜しむべし」でOK。「少年時」は「少年の時」で、「惜しむ」へ返るための送りがなは「を」。

3 上の「仁の不仁に勝つ」の読み方がヒントになっている。とすると、傍線部は「水の火に勝つ」であるが、「勝つ」に「が」をつけて、「猶ほ…勝つがごとし」と二度めの「ごとし」に返る。

4 「行」は「仁政を」から返ることを考えれば、「行(ゆ)く」ではなくて「行(おこな)ふ」（ハ行四段）である。未然形にして『盍ぞ…行はざる』。

3 「一二点」は「三」「四」までもあり！

1 読み順は「未（いまだ）→嘗→汝→先→古→之→貴→者→有→聞→未（ず）」。「者→有→聞→未」の返り方が、それぞれ二字上、二字上、五字上、さらに二字上であるから、一二三四点がつく。

2 読み順は「天→将→夫→子→以→木→鐸→為→将（す）」。「夫子を以て」の部分は一二点。この一二点をはさんで「鐸→為→将」と返るので、上中下点が必要である。

2 再読文字

実戦演習問題

問題は本冊26ページ

解答

1 傍線部A「歴二観十四家所一レ作、咸可レ為レ法」の解釈として最も適当なものを、次のうちから一つ選べ。

① 十四人の詩人の作った詩を歴史に照らして見ると、どれも詩の定型とすることができる。
② 十四人の詩人の作った詩を広くすべてにわたって見ると、どれも詩の模範とすべきである。
③ 十四人の詩人の作った詩を歴史に照らして見ると、どれも詩の規則とすることができる。
④ 十四人の詩人の作った詩を歴史に照らして見ると、どれも詩の模範とすることができる。
⑤ 十四人の詩人の作った詩を広くすべてにわたって見ると、どれも詩の定型とすべきである。

②

2 傍線部B「当選其諸集中之最佳者、録成一帙」について、返り点の付け方と書き下し文との組合せとして最も適当なものを、次のうちから一つ選べ。

① 当レ選二其諸集中之最佳者一、録レ成二一帙一
　其の諸集中の最も佳なる者を選ぶに当たりては、一帙を成すを録す
② 当下選二其諸集中之最佳者一、録成中一帙上
　当に其の諸集中の最も佳なる者を選び、録して一帙を成すべし
③ 当下選二其諸集中之最佳者一、録上成二一帙一
　当に其の諸集中の最も佳なる者を選び、一帙を成すを録すべし
④ 当下選二其諸集中之最佳者一、録上成二一帙一
　其の諸集中の最も佳なる者を選び、一帙を成すを録するに当たる
⑤ 当レ選二其諸集中之最佳者一、録成二一帙一
　其の諸集中の最も佳なる者を選ぶに当たりては、録して一帙を成さん

②

解説

1 **「法」はイコール「楷範」（→注2「手本」）**

選択肢前半の「歴観」の解釈には、3対2の配分がある。
①・③・④が「歴史に照らして見ると」。
②・⑤が「広くすべてにわたって見ると」。
「歴観」の「歴」は、「歴訪・遍歴・歴任」などの「歴」と同じで、「あまねく。ことごとく。次々に」の意である。「歴史に照らす」という意味はない。この点は②・⑤が正しい。

後半の「法」の解釈にも、2対2対1の配分がある。①・⑤が「定型」、②・④が「模範」、③が「規則」である。

傍線部の少し前に、十四人の詩人のうちの「孰をか専ら楷範と為すべきかを」論じたとある。「法」はイコールこの「楷範」であり、「楷範」には「手本」という注がついている。とすると、「模範」の②・④が正しい。よって正解は②となる。

2 **再読文字「当（当に…べし）」で即二つに絞る!**

「当」は「当たる」と読まなくはないが、「当に…べし」と再読文字に読んでいる選択肢があるのに、「当たる」が正解ということは考えにくい。ズバリ、答は②か③である。あとは、②と③を、読み方に従って訳してみる。

②は「録して一帙を成すべし（＝書き記して一冊の書物にすべきである）」、③は「一帙を成すを録すべし（＝一冊の書物にするのを書き

3 **傍線部C「不下必塑二謫仙一而画中少陵上也」とあるが、このように述べる理由として最も適当なものを、次のうちから一つ選べ。** **④**

① 李白や杜甫の詩は三要が欠けているので、彼らの詩を模倣する必要は全くないと考えるから。

② まず詩の三要を学びとるべきで、今は李白や杜甫の詩を模倣しないことが大切と考えるから。

③ 李白や杜甫以外の詩で三要を学ぶべきで、ことさら彼らの詩を模倣しなくてもよいと考えるから。

④ 詩の三要を学びとることが重要で、李白や杜甫の詩を模倣する必要はとくにないと考えるから。

⑤ あらゆる詩に三要はあるので、李白や杜甫の詩だけを模倣しないようにすることが大切と考えるから。

記すべきである）」となるから、文脈にあてはめてみると、②のほうが適切である。正解は②。

ところで、この返り点の付け方と書き下し文の組合せ問題は、返り点の付け方のチェックは時間の無駄である。**読み方と、そのように読んだときの文意が通るか、文脈にあてはまるかが大事である。**

3 直前からの流れと傍線部の解釈がポイント！

「謫仙」が李白、「少陵」が杜甫であることは注1にある。

直前に、「此の三要（三つの要点）を得れば、則ち渾淪に造り」とあるから、ここは、②・④のように、選択肢前半部で**「三要」が大事**だということが言われている必要がある。

傍線部の「必ずしも…ず」は「必ず…するとは限らない（…する必要はない）」という表現であるから、②ではなく、④のほうが適切である。よって、正解は④。

書き下し文

一日、因りて初唐盛唐十二家の詩集、並びに李・杜二家、孰をか専ら楷範と為すべきかを談ず。或いは沈・宋と云ひ、或いは李・杜と云ひ、或いは王・孟と云ふ。予黙然たること之を久しくして、曰はく、「十四家の作る所を歴観するに、咸法と為すべし。当に其の諸集中の最も佳なる者を選び、録して一帙を成すべし。之を熟読して以て神気を奪ひ、之を歌詠して以て声調を求め、之を玩味して以て精華を裒めん。此の三要を得れば、則ち渾淪に造り、必ずしも謫仙を塑して少陵を画かざるなり。

通釈

ある日、（詩の仲間が集まって詩について論じ合った）機会に、初唐・盛唐の十二人の詩人の詩集、および李白・杜甫の二人の詩人について、（この中の）だれを主として手本にすべきかを議論した。ある者は沈佺期と宋之問だと言い、ある者は李白と杜甫だと言い、ある者は王維と孟浩然だと言った。私はしばらく黙って聞いていた後、言った、「十四人の詩人の作った詩を広くすべてにわたって見ると、どれも詩の模範とすべきである。（だから）彼らのそれぞれの詩集の中の最もすぐれた詩を選び出して、書き記して一冊の書物（アンソロジー）にすべきである。それらの詩を熟読してすぐれた風格を会得し、朗詠して声の調子を探求し、意味をよく考え味わってすぐれて立派な作品を収集するのだ。この三つの要点を学び取れば、（それらの詩が）渾然一体となり、ことさら李白や杜甫の詩だけを模倣する必要はなくなる。

10 否定の基本形

基礎演習ドリル

問題は本冊28ページ

解答

1 次の各文を書き下し文にせよ。

1 弗レバ食ラハ不レ知ラ二其ノ旨ヲ一也。（旨＝うまさ）

食らはざれば其の旨きを知らざるなり。

食べてみなければそのうまさはわからないのである。

2 見テ義ヲ不ルハ為サ無キレ勇也。（義＝正しいこと）

義を見て為さざるは勇無きなり。

正しいこととわかってそれをしないのは勇気がないのである。

3 非ザル二真ニ能ク好ムレ学ヲ者ニ一也。（能＝できる）

真に能く学を好む者に非ざるなり。

ほんとうに学問を好むことができている者ではないのである。

4 非ザレバ二六十万人ニ一不レ可ナラ。（不可＝できない）

六十万人に非ざれば可ならず。

六十万人でなければできない。

2 次の各文を口語訳せよ。

1 覆水不レ返ラ盆ニ。（覆水＝こぼした水　盆＝器）

こぼした水はもとの器にはもどらない。

覆水盆に返らず。

解説

1 打消の助動詞「ず」の活用に注意！

1 「弗」は已然形＋「ば」で「ざれ（ば）」、「不」は、文末の断定の助動詞「也（なり）」に続けるための連体形で「ざる」と読む。いずれもひらがなにする。

2 「不」は連体形で「ざる（は）」。「無」は、やはり文末の断定の助動詞「也（なり）」に続けるための連体形で「なき」だが、「無」は自立語の語幹であるから漢字のままでよい。

3 「非」は「あらざる」。「非」は「非ざる」のように、漢字のままでOK。文末の「也」はやはり断定の「なり」。

4 「非」は「あらざれ（ば）」。「不レ可」の「不」は「ず」でひらがなにするが、「可」は、ここでは助動詞「べし」ではなく、名詞プラス断定の「可なり」なので、漢字のままにする。

2 「不・無・非」の微妙な違いは正確に！

1 「やってしまったことはとり返しがつかない」という意味の有名なことば。「不」は動詞を否定して「…しない」と訳す。

2 「匪」は「非」と同じ「…にあらず」で、「…ではない。…なわけではない」と訳す。

3 「貴賤と無く」で「身分の上下を問わず」とか「身分の上下の別な

2 我心匪レ石。

私の心は石ではない。

我が心は石に匪ず。

3 父母之喪無二貴賤一一也。（一＝同じ）

父母の喪は身分の上下を問わず同じである。

父母の喪は貴賤と無く一なり。

4 事雖レ小不レ為不レ成。

事が小さいとはいえ、やらなければ成就しない。

事小なりと雖も為さざれば成らず。

3 口語訳を参考にして、各文を書き下し文にせよ。

1 宝玉は磨かなければ美しい器とならない。

玉不レ琢不レ成レ器。（琢＝みがク）

玉琢かざれば器と成らず。

2 善悪を判断する心のない者は人間ではない。

無二是非之心一非レ人也。

是非の心無きは人に非ざるなり。

3 人が自分をわかってくれないことを憂えない。

不レ患二人之不一レ知レ己。（患＝うれフ）

人の己を知らざるを患へず。

く」のように訳す形。「貴」は身分が高いこと、「賤」は身分が卑しいこと。「無レ貴無レ賤（貴と無く賤と無く）」のようになっていても同じである。

4 「雖も」は「…とは言っても」と訳す仮定形（➡本冊69ページ「仮定」）。二ヵ所の「不」は「ざれ（ば）」と「ず」で、「やらなければ成らない」が直訳。

3 訳のようになるべき活用形・読み方を考える！

1 「玉」は「玉は」でも間違いではないが、「は」は省略することがふつうである。「不レ琢」の部分は、「磨かなければ」という条件文であるから、「不（ず）」の已然形に「ば」をつけて、「琢かざれば」と読む。「不レ成レ器」は「器と成らず」だが、「器を成さず」と読むこともできる。

2 「是非の心」が「善悪を判断する心」。「無」は、**名詞から返るときは、その名詞に送りがなは不要である。**「ない者は」の意になるように読むには「無きものは」であるが、「もの」は省略して「無きは」とすることが多い。「非」は「人に非ず」のように**必ず「に」から返る。**さらに文末の断定の「也（なり）」に続くので、連体形にして「非ざるなり」となる。

3 「人が」の「が」にあたるのが主格の格助詞「の」の読み方をする「之」。「自分をわかってくれない」は「己を知らず」だが、「わかってくれないことを」の意味になるようにして「患へず」へ返るには、「己を知らざることを」。2の「もの」と同じように、この場合も「こと」は省略して「知らざるを」とすることが多い。

11 不可能・禁止

基礎演習ドリル

問題は本冊30ページ

解答

1 次の各文を口語訳せよ。

1 井蛙不レ可三以語二於海一。（井蛙＝井戸の中のカエル）

井蛙以て海を語るべからず。

井戸の中のカエルは海を語ることができない。

2 材木不レ可二勝用一。

材木勝げて用ふべからず。

材木は使いきれないほど多い。

3 其一能鳴、其一不レ能レ鳴。（其一＝一羽の鶏）

其の一は能く鳴き、其の一は鳴く能はず。

一羽は鳴くことができるが、一羽は鳴くことができない。

4 有レ兵守レ関、不レ得レ入。（関＝関所　入＝攻め込む）

兵有りて関を守り、入るを得ず。

兵がいて関所を守っていて、攻め込むことができない。

5 無レ友二不レ如レ己者一。（如＝及ぶ）

己に如かざる者を友とする無かれ。

自分よりも劣っている者を友にしてはいけない。

6 己所レ不レ欲、勿レ施二於人一。（施＝する）

己の欲せざる所、人に施すこと勿かれ。

自分がいやなことを、人にしてはいけない。

解説

1 「不可」が不可能か禁止かは文脈から！

1 「井の中のかわず大海を知らず」ということわざの意。「語るべからず」は「語ってはいけない」（禁止）よりも、「語ることができない」（不可能）とするほうが自然である。

2 「**勝げて…べからず**」で「**…しきれないほど多い**」と訳す形である。「用ふ」はハ行上二段活用。漢文ではワ行上一段の「用ゐる」でなく、慣用的に「**用ふ**」を用いる。「食ふ」ではなく「**食らふ**」、カ変の「来」ではなく「**来たる**」、ナ変の「死ぬ」ではなくサ変の「**死す**」を用いることなども注意しておこう。

3 「**能く…**」は「…できる」と訳す。「**能はず**」は不可能で、「…できない」。

4 「…**するを得ず**」で不可能の「…できない」。ちなみに、「…を得」の場合は可能の「…できる」であるが、単純に「…を手に入れる」の意味になることもある。

5 「**無かれ**」は「無し」の命令形で、**禁止**を表す。直訳は「自分に及ばない者を友としてはいけない」である。自分よりもすぐれた人間を友として自分を高めよ、ということ。

6 「**勿かれ**」は「**無**」と同じ。「**莫・毋**」を用いても同じで、「なし」の命令形である。「於」は「人に」の「に」にあたる置き字。5とともに『論語』の中でも人気の高い有名な一文である。

2 次の各文の傍線部を書き下し文にして、口語訳せよ。

1 非ザレバ二此ノ母一ニ不レ能レ生二此子一。

(此の母に非ざれば)此の子を生む能はず。

訳 (この母親でなければ)この子を生むことはできない。

2 魚鳥不レ可二勝数一。

魚鳥勝げて数ふべからず。

訳 魚や鳥は数えきれないほどたくさんいる。

3 勿カレ説クコト二己ノ長一ヲ、勿レ難二人短一。(難＝難ズ。サ変動詞)

(己の長を説くこと勿かれ、)人の短を難ずること勿かれ。

訳 (自分の長所を説いてはならない、)人の短所を非難してはならない。

4 貧賤せん之の交まじハリハ不レ可レ忘。(交＝つきあい)

(貧賤の交はりは)忘るべからず。

訳 (貧賤のときからの交友は)忘れてはならない。

---

2 型にはまった表現は覚えておくこと！

1 上に「此の母」とあるから、「此子」は「此の子」で、「生む」へ返る送りがなは「を」である。「生む」はマ行四段動詞。「能はず」へは連体形から返るので「生む能はず」になる。「生むこと能はず」と「こと」が入っても可。

2 「不レ可二勝 A一」で「あげてAすべからず」と読み、「Aしきれないほど多い」と訳す型にはまった表現なので、覚えておかなければならない。「数ふ」はハ行下二段活用。「数えきれないほど多い」でもよいし、「数えきれないほどとれる」のように訳してもよい。

3 前半の「己の長を説くこと勿かれ」がヒントになっている。「難ず」はサ変動詞であるから、連体形にして、「人の短を難ずること勿かれ」。「こと」は省略してもよいが、上に「説くこと」とあるのでそろえるほうが自然である。

4 「忘」は「わする」と言い切るラ行下二段動詞で、終止形から「べからず」に返って「忘るべからず」である。不可能に訳すこともできるが、ここは不可能よりは禁止ととりたい。

12 二重否定(1)

基礎演習ドリル

問題は本冊32ページ

解答

1 次の各文を口語訳せよ。

1 土(と)佐(さ)ハ無(シ)二物(トシテ)不(ル)レ有(ラ)一。(土佐＝現在の高知県)

土佐の国にはなんでもある。

土佐は物として有らざる無し。

2 一民(モ)莫(キ)レ非(ザル)二其(ノ)臣(ニ)一也。(其臣＝王の臣下)

一民も其の臣に非ざる莫きなり。

一人の民も王の臣下でない者はないのである。

3 非(ザル)レ不(ル)レ悪(にくマ)レ寒(キヲ)也。(悪＝嫌う)

寒さを嫌わないわけではないのである。

寒きを悪まざるに非ざるなり。

4 非(ザル)レ無(キニ)レ馬也。

馬がいないのではないのである。

馬無きに非ざるなり。

2 次の各文の傍線部を書き下し文にして、口語訳せよ。

1 為(なセバ)二無(む)為(ゐヲ)一則(チ)無レ不レ治。(無為＝無為の政治)

(無為を為せば則ち)治まらざる無し。

訳 (無為の政治を行えば)治まらないことはない。

解説

1 口語訳は直訳型でも強い肯定型でも可！

1 「物として有らざる無し」は、直訳すれば、「物で、無いものはない」であるが、強い肯定に訳すと上記のようになる。

2 強い肯定に訳すと、「すべての人民は王の臣下である」のようになる。

3 強い肯定に訳すと、「寒さは当然嫌いである」のようになる。

4 強い肯定に訳すと、「馬はいつもいるのである」のようになる。

二重否定の訳し方は、直訳型にしておくほうが安全であるが、意味を取り違えていない自信があれば、肯定型にしてもよい。

2 型を覚えるか、文法力で読むか！

1 「無レ不…」は、未然形から返って「**ざる無し**」あるいは「**ざるは無し**」と読む。「無し」は、名詞からは直(じか)に、活用語の場合は連体形から返る。「治」は、ここでは、下二段の「治む」ではなく、四段の「治まる」。強い肯定に訳すと、「必ず治まる」のようになる。

2 「**莫(無)レ非…**」は、必ず「…に」から返って「**非ざる莫し**」ある

2 吉凶禍福莫レ非レ命也。（命＝天命）

（吉凶禍福は）命に非ざる莫きなり。

訳（吉凶禍福はすべて）天命でないものはないのである。

3 不レ為也。非レ不レ能也。

（為さざるなり。）能はざるに非ざるなり。

訳（しないのである。）できないのではないのである。

4 非レ無二賢人一也。

賢人無きに非ざるなり。

訳 賢人がいないのではないのである。

5 得二其養一無二物不一レ長。（長＝長ズ。サ変動詞）

（其の養ひを得ば）物として長ぜざる（は）無し。

訳（育て方をまちがえなければ）どんなものでも育たないものはない。

いは「**非ざるは莫し**」と読む。「命」は名詞なので、直に「命に」でよい。「莫し」は文末の断定の「也（なり）」に続けるので、連体形にして「莫きなり」となる。強い肯定に訳すと、「すべて天命である」のようになる。

3「**非レ不…**」は、未然形から返って「**ざるに非ず**」と読む。「能」はハ行四段活用の「あたふ」である。「**不レ能**（あたはず）」で不可能（➡本冊30ページ「不可能・禁止」）。ここも、やはり文末の断定の「也（なり）」に続けるので、「非ざるなり」となる。強い肯定に訳すと、「やればできるのである」のようになる。

4「**非レ無…**」は、下が「賢人」という名詞であるから、送りがなしで直に「無」に返ってきて、「賢人**無きに非ず**」。ここも、文末の断定の「也（なり）」に続くので、「無きに非ざるなり」とする。強い肯定に訳すと、「賢人は必ずいるのである」のようになる。

5「**無二A不一レB**（**AとしてBせざる（は）なし**）」で、「**Aで、Bしないものはない**」と訳す形。**1**の**1**と同じである。**Aの送りがなに「トシテ」がつくことが読みのポイント**。「長ず」はサ変なので、未然形にして「長ぜざる無し」あるいは「長ぜざるは無し」。強い肯定に訳すと、「どんなものでも必ず育つ」のようになる。

13 二重否定(2)

基礎演習ドリル

問題は本冊34ページ

解答

1 次の各文を口語訳せよ。

1 未ダ㆔嘗テ不ンバアラ㆓置酒（ちしゅ）セ㆒。（置酒＝酒を出してもてなす）

未だ嘗て置酒せずんばあらず。

> まだ今までに酒を出してもてなさなかったことはない。

2 天下ニ未ダ㆔嘗テ無クンバアラ㆓賢者㆒。

天下に未だ嘗て賢者無くんばあらず。

> 天下にいまだかつて賢者がいなかったことはない。

3 不㆓敢ヘテ不ンバアラ㆑慎マ。（慎＝慎重にする）

敢へて慎まずんばあらず。

> 慎重にしないわけにはいかない。

4 弟子（ていし）不㆓必ズシモ不ンバアラ㆑如カ㆑師ニ。（如＝及ぶ）

弟子必ずしも師に如かずんばあらず。

> 弟子が必ずしも師に及ばないというわけではない。

5 人ハ不㆑可カラ㆑不ル㆓自ラ勉（つとめ）メ㆒。（勉＝努力する）

人は自ら勉めざるべからず。

> 人間は自分から努力しなければならない。

解説

1 「不…不…」「不㆑可㆑不…」は訳し方も大事！

1 「未だ嘗て…ずんばあらず」は、だいたい読んだとおりの訳し方である。強い肯定に訳すと、「（客が来れば）いつも酒を出してもてなした」のようになる。

2 「未だ嘗て…無くんばあらず」も、だいたい読んだとおりの訳し方である。強い肯定に訳すと、「天下にはいつの時代にも賢者はいた」のようになる。

3 「敢へて…ずんばあらず」は、「…しないわけにはいかない」と型にはまった訳し方をする。「…ずんばあらず」は直訳すれば「…しなかったとしたらいられない」ということ。

4 「必ずしも…ずんばあらず」は、だいたい読んだとおりの訳し方である。「必ずしも…しないことはない（…ないというわけではない・…ないとは限らない）」のように訳す。「不必…」の部分は部分否定の形である（➡本冊39ページ「部分否定と全部否定」）。

5 「…ざるべからず」は、「…しなければならない」と訳す。「…しないのはいけない」というのが直訳である。

2 次の各文の傍線部を書き下し文にして、口語訳せよ。

1 吾未㆓嘗不㆑得㆑見也。（見＝まみユ。下二段動詞）

（吾）未だ嘗て見ゆるを得ずんばあらざるなり。

訳 （私は）今まで一度もお目どおりできなかったことはない。

2 有㆑所㆑不㆑足、不㆓敢不㆑勉。（勉＝つとム）

（足らざる所有れば、）敢へて勉めずんばあらず。

訳 （足りないところがあれば、）努力しないわけにはいかない。

3 父母之年不㆑可㆑不㆑知也。

（父母の年は）知らざるべからざるなり。

訳 （父母の年齢は）知っていなければならない。

4 不㆑得㆑不㆑語。（語＝かたル）

語らざるを得ず。

訳 語らないではいられない。

---

2 「ずんばあらず」は覚えていなければできない！

1 「未㆓嘗不㆑…」の形を見て、「未だ嘗て…ずんばあらず」であることが即解できなければならない。「ずんばあらず」のような特殊な読み方は、文法力で読めるというレベルではない。「得（う）」はア行下二段動詞で、「…を得」と返る。「を」に接続させるために下二段の「見（まみ）ゆ」を連体形にし、「得」は未然形に読んで「ずんばあらず」につないで、「見（まみ）ゆるを得（え）ずんばあらず」であるが、最後に断定の「也（なり）」に続けるので「ざるなり」となる。「得」に可能の意があるので「…できなかったことはない」になる。

2 これも、「不㆓敢不㆑…」で即「敢へて…ずんばあらず」と読めなければならない。「勉む」はマ行下二段動詞で、これを「勉め」と未然形にして「ずんばあらず」へ。「…しないわけにはいかない」という型にはまった訳し方も覚えていなければならない。

3 「不㆑可㆑不㆑…」は「…ざるべからず」。ここも文末の「也（なり）」に続くので「ざるべからざるなり」となる。「知る」はラ行四段動詞で、未然形は「知ら」。

4 「不㆑得㆑不㆑…」は「…ざるを得ず」と読み、「…しないではいられない」のように訳す。「…しない（でいる）ことはできない」というのが直訳である。「語る」はラ行四段動詞で、未然形は「語ら」。

3 二重否定

実戦演習問題

問題は本冊36ページ

解答

1 傍線部(1)「習」・(2)「尚」の意味として最も適当なものを、次のうちからそれぞれ一つずつ選べ。

(1)「習」
① 学習する
② 弊習としている
③ 習得する
④ 習慣としている
⑤ 習練する

(2)「尚」
① 誇示する
② 思慕する
③ 尊重する
④ 保全する
⑤ 崇拝する

(1) ④　(2) ③

2 空欄Ⅰ・Ⅱ・Ⅲ・Ⅳに入る語の組合せとして最も適当なものを、次のうちから一つ選べ。

① Ⅰ 苦キ二　Ⅱ 甘キ　Ⅲ 甘キ　Ⅳ 苦キ
② Ⅰ 甘キ二　Ⅱ 苦キ　Ⅲ 苦キ　Ⅳ 甘キ
③ Ⅰ 苦キ二　Ⅱ 苦キ　Ⅲ 甘キ　Ⅳ 苦キ
④ Ⅰ 苦キ二　Ⅱ 甘キ　Ⅲ 苦キ　Ⅳ 甘キ
⑤ Ⅰ 甘キ二　Ⅱ 甘キ　Ⅲ 苦キ　Ⅳ 甘キ

①

3 傍線部A「猶レ免二於剪伐一」の解釈として最も適当なものを、次のうちから一つ選べ。

① きっと切り取られるのを避けるにちがいない
② 依然として切り取られることには変わりない
③ 切り取られることから逃れようとするだろう
④ まだ切り取られずにすんだわけではないのだ
⑤ 切り取られずにすんだのと同じようなことだ

⑤

解説

1 **文脈から意味をとらえる！**

(1)「習」は話の内容から見て、「習(なら)ふ」意味の①・③・⑤はそぐわない。ここは、「**習(なら)ひとす**」という複合サ変動詞である。筍(たけのこ)を食べるのが②のように「弊習（=悪いならわし）」であると考えるのは変だから、正解は④「習慣としている」である。

(2)「尚」は、「**たっとぶ**」と読み、ズバリ③「尊重する」という意味である。「尚賢」「尚武」などの「尚」。

2 **逆接か順接かのつながりに注意！**

Ⅰは、山の中で採られないで「棄」、つまり放っておかれるのは「苦」い筍であろう。

Ⅱは、直前に「**而(しか)るに**」という**逆接**を表す語があるから、Ⅰとは逆なものが入る。しかし「甘」い筍は取り尽くされてしまうことにもなるのである。

Ⅲの直前の「**然らば**」は**順接**。ならば「甘」いものは自らを殺しているのに近い。

Ⅳの直前はまた**逆接**の「**而るに**」。しかし、「苦」いものは「棄」てられるわけであるが、それは逆に言えば生き残れるということになる、という流れである。よって正解は①。

3 **再読文字「猶」の訳し方で一発！**

送りがなが省かれているが、「猶」は再読文字「猶ほ…(ガ・ノ)ご

4 傍線部B「世 莫 不 貴 取 賤 棄 也」の書き下し文として最も適当なものを、次のうちから一つ選べ。

① 世に取るを貴び棄つるを賤しまざるは莫し
② 世の貴を取り賤を棄てざること莫かれ
③ 世に貴は取られ賤は棄てられざるは莫し
④ 世の貴を取らず賤を棄つること莫かれ
⑤ 世に貴は取られず賤は棄てらるること莫し

③

とし」で、読み方は「猶ほ剪伐を免るるがごとし」である。「猶」は「**あたかも…のようだ**」「**ちょうど…と同じだ**」のように訳すから、ズバリ⑤が正解。

「剪伐を免る」から見ても、「切り取られずにすんだ」になっている④か⑤を考えなければならない。

4 二重否定「莫不…」で①か③！

「莫不…」は「**…ざるはなし**」と読む二重否定の形である。よって、答は即、①か③に絞られなければならない。

①か③かの判断のヒントは、**直下の文中**にある、「取らるる者の幸ひならずして」「棄てらるる者に幸ひなるを知る」の受身である。つまり、「貴」は「取られ」、「賤」は「棄てられ」るが、「取られ」るから幸とはいえず、「棄てられ」るから不幸とも限らない、ということを言っているのである。正解は③。

書き下し文

江南に竹多し。其の人筍を食らふを習ひとす。春の時に方たる毎に、苞甲土より出で、頭角繭栗、率ね以て採食に供す。故に複垣重扃にして、主人居嘗愛護すと雖も、其の之を食らふに甘しとするに及ぶや、剪伐して顧みず。独り其の味苦くして食品に入らざる者のみ、筍常に全し。毎に渓谷巌陸の間に当たりて、地に散漫して収められざる者は、必ず苦きに棄てらるる者なり。而るに甘き者は之を取りて或いは其の類を尽くすに至る。然らば甘き者は自ら戕ふに近し。而るに苦き者は棄てらると雖も、猶ほ剪伐を免るるがごとし。夫れ物類は甘きを尚ぶも、苦き者は全きを得たり。世に貴は取られ賤は棄てられざるは莫し。然れども亦た取らるる者の幸ひならずして、偶棄てらるる者に幸ひなるを知る。

通釈

江南地方には竹が多い。（そのため）江南の人々はタケノコを食べるのを習慣としている。毎年春の季節になると、タケノコの身を包む皮が土から顔を出し、（その生えたばかりの子牛の角のような）小さなタケノコの若芽を、みな採って食べる。それゆえ、幾重にも垣根や門扉を作って、主人が普段から大事にしていても、食べごろの時期になると、かまわず切り取ってゆく。ただ味が苦くて食べるのに適さないものだけが、タケノコとして（の生を）無事に生きられるのである。ずっと渓谷や山の中で、地面に散らばり広がって生えて、人に採られないものは、必ず苦いものとして見捨てられるものである。しかし、うまいものは採り尽くされてしまうことにもなる。ならば、うまいものは（うまいがゆえに）自らを殺しているようなものである。しかし、苦いものは見捨てられるとはいえ、（それは）切り取られずに（つまり殺されずに）すんだのと同じようなことだ。そもそも、物はうまいものを尊重するが、苦いものは身を全うすることができる。世を見るに、常に、貴くすぐれている者は取り上げられ、賤しく下等な者は捨てて放っておかれる。しかし、必ずしも、取り上げられる者が幸い（なばかり）でなく、捨てられる者が幸いであることもあるのも周知のことだ。

14 部分否定と全部否定

基礎演習ドリル

問題は本冊38ページ

解答

1 次の各文を口語訳せよ。

[1] 家貧シクシテ不二常ニハ得一レ油ヲ。（得＝手に入れる）

家が貧しくて、いつも油を手に入れられるとは限らなかった。

家貧しくして常には油を得ず。

[2] 家貧シクシテ常ニ不レ得レ油ヲ。

家が貧しくて、いつも油を手に入れられなかった。

家貧しくして常に油を得ず。

[3] 兎（うさぎ）不レ可二カラ復タ得一ウ。（得＝つかまえる）

兎は二度と再びつかまえることができなかった。

兎復た得べからず。

[4] 一タビ去リテ兮不二復タ還一カヘラ。

一度去ったら、二度と再び帰らない。

一たび去りて復た還らず。

[5] 盛年不二重ネテハ来一タラ。（盛年＝若く盛んなとき）

若く盛んなときは二度と再び訪れない。

盛年重ねては来たらず。

解説

1 部分否定の訳し方が大事！

[1] 「不常…」の語順は「常には…ず」であるから、**部分否定**の形である。「いつも油が買えるわけではなかった」のように訳してもよい。

[2] 「常不…」の語順のほうは「常に…ず」であるから、こちらは**全部否定**。「いつも油が買えなかった」でもよい。

[3] 「不可」のほうが「復」の上にあるので、**部分否定**。一度は兎をつかまえたことが前提にある。「復不レ可レ得」の語順であれば、読み方は「復た得べからず」で同じであるが、全部否定になり、「今度もまたつかまえることができなかった」と訳すことになる。

[4] ここも「不復…」の語順であるから、**形の上では部分否定**で、訳し方も「二度と再び…ない」があてはまるが、「一度は帰ってきたが二度と再び…」という意味ではなく、「二度と帰らない」決意の強調になっている。

[5] 「不重…」で「重ねては…ず」であるから、**部分否定**。「不復…」と同じように「二度と再び…ない」と訳す。「重不…」の語順なら全部否定だが、ほとんど例がない。

[6] 「不甚…」で「甚だしくは…ず」であるから、**部分否定**。「それほど…ではない」のように訳す。

6 流レ不二甚ダシクハ急一ナラ。（流＝川の流れ）

流れ甚だしくは急ならず。

川の流れはそれほど急ではない。

2 次の各文の傍線部を書き下し文にして、口語訳せよ。

1 嗜メドモ（たしなメドモ）レ酒ヲ、家貧シクシテ不レ能二常得一。

（酒を嗜めども、家貧しくして）常には得る能はず。

訳 （酒を好んだが家が貧しくて）いつも手に入れることができるとは限らなかった。

2 終身不二復鼓一レ琴。（鼓＝鼓ス。サ変動詞。ひく）

（終身）復た琴を鼓せず。

訳 （生涯）二度と再び琴をひかなかった。

3 勇者ハ不二必有一レ仁。

（勇者は）必ずしも仁有らず。

訳 （勇者が）必ず仁の心があるとは限らない。

4 不レ可二尽信一。（信＝信ズ。サ変動詞）

尽くは信ずべからず。

訳 すべてを信じることはできない。

---

2 「不」プラス「副詞」は部分否定！

1 「不レ能」は「あたはず」。連体形あるいは、連体形＋「こと」から返る。「得（う）」（ア行下二段）の連体形は「得（う）る」。この「不能」が「常」の上にあるので、「**常には…能はず**」で**部分否定**である。「いつも…できるとは限らない」のようになる。

2 「不復…」の語順であるから、**部分否定である**。「鼓（こ）す」はサ変動詞なので未然形にして「鼓せず」。その下の「琴（きん）」の送りがなは「を」である。「復不…」であれば全部否定だが、この場合は上に「終身」があるので、意味上通じない。

3 「不必…」の語順であるから、「**必ずしも…ず**」と読む**部分否定**。「有」はラ変動詞「あり」。名詞から返る場合は「仁有り」のようになる。送りがなは不要。

4 「不可」が「尽（ことごとく）」の上にあるので、**部分否定**。「**尽（ことごと）くは…べからず**」で、「すべてを…することはできない」のようになる。

4 部分否定

実戦演習問題

問題は本冊40ページ

解答

1 **傍線部A「時沢屢至、棠茂悦也」から読み取れる筆者の心情として最も適当なものを、次のうちから一つ選べ。**

① 恵みの雨を得て海棠が喜んでいるように、筆者自身も寺院での心静かな生活に満足を感じている。⊕
② 春の雨が海棠を茂らせることに今年の豊作を予感し、人々が幸福に暮らせることを期待している。⊕
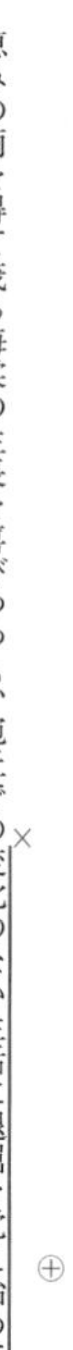
③ 恵みの雨を得て茂る海棠の生長を喜びつつも、宛丘での変化のない生活に退屈を覚え始めている。⊖
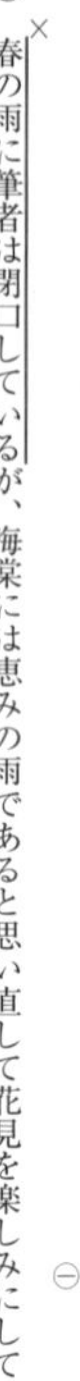
④ 春の雨に筆者は閉口しているが、海棠には恵みの雨であると思い直して花見を楽しみにしている。⊖
⑤ 恵みの雨を得て茂る海棠を喜びながらも、雨天の続く毎日に筆者は前途への不安を募らせている。⊖

①

2 **傍線部B「不₂復省₁花」から読み取れる筆者の状況を説明したものとして最も適当なものを、次のうちから一つ選べ。**

① 筆者は政変に際して黄州に左遷され、ふたたび海棠を人に委（ゆだ）ねることになった。
② 筆者は政変に際して黄州に左遷され、もう一度海棠を移し替えることができなかった。
③ 筆者は政変に際して黄州に左遷され、それきり海棠の花を見ることがなかった。
④ 筆者は政変に際して黄州に左遷され、またも海棠の花見の宴を開く約束を果たせなかった。
⑤ 筆者は政変に際して黄州に左遷され、二度と海棠の花を咲かせることはできなかった。

③

3 **傍線部C「寺僧書来」について、このことがあったのはいつか。最も適当なものを、次のうちから一つ選べ。**

① 筆者が左遷された年の春。
② 筆者が左遷された年の歳末。
③ 筆者が左遷された翌年の春。
④ 筆者が左遷された翌年の歳末。
⑤ 筆者が左遷された二年後の春。

③

解説

1 **注6・7からプラスの心情を読み取る！**

「時沢」「茂悦」にはそれぞれ注6・7があるから、傍線部は「時宜を得て降る恵みの雨もたびたび降って、海棠は盛んにしげり生長したのである」という意味である。書いてあるのは海棠のことであるが、それは筆者が「手づから」植えた思い入れのある木で、そこには筆者自身の心情を読むことができる。**ここにある心情は当然プラス方向のもので**、③・④・⑤のようなマイナスの心情ではない。③・④・⑤は消去する。

②は「豊作を予感」「人々が幸福に暮らせることを期待」がよけいである。正解は①。

2 **部分否定「不復…」がポイント！**

「不復…」の形は**部分否定**だから、「二度と再び…ない」という意味になるはずである。送りがなが省かれているが、読み方は「復た花を省（み）ず」である。

①は否定の訳が欠けている。②・⑤は「できなかった」と不可能の訳になっているのがよけいである。④の「またも…ない」は全部否定である。正解は③。

「省（み）る」の意味が正しいのも、③しかない。

3 **直前部から時間の流れを判断する！**

直前部から、「黄州に来てまる一年になろうとする」ころに、「寺僧

4 傍線部D「事之不レ可レ知如レ此」の解釈として最も適当なものを、次のうちから一つ選べ。

① この地で知人を見つけられない事のいきさつは、このようである。
② 事の善悪を自分勝手に判断してはいけないのは、このようである。
③ 自分の事が他人に理解されるはずもないのは、このようである。
④ これから先に起こる事を予測できないのは、このようである。
⑤ 努力しても事が成就するとは限らないのは、このようである。

④

の書」が届いたことがわかる。筆者が左遷先の黄州に着いたのは、「謫書」を「被」った「是の月の六日」から間もなくのことで、「是の月」はさらに前を見ると、「仲春（＝陰暦二月）」であるから、「寺僧の書」が届いたのは、③「左遷された翌年の春」である。

4 「此くのごとし」の内容は？

「此くのごとし」の解釈は、全選択肢共通であるが、その上の部分が「此くのごとし」の内容になっている。

「此くのごとし」は、筆者が左遷されて黄州に行かなくてはならなくなって、手づから植えた海棠が花を咲かせたら木の下で花見の宴をやろうとしていた約束が果たせなくなってしまったことを指している。左遷されることになるなどということは予測できなかったことであり、まさに、人生「**一寸先は闇**」である、ということであろう。正解は④である。

書き下し文

始め余丙子の秋を以て、宛丘南門の霊通禅刹の西堂に寓居す。是の歳の季冬、手づから両海棠を堂下に植う。丁丑の春に至り、時沢屢至り、棠茂悦するなり。仲春、且に華さかんとす。余常に与に飲む所の者と約し、且つ美酒を致し、将に樹間に一酔せんとす。是の月の六日、予謫書を被り、治行して黄州に之く。俗事紛然とし、余も亦た居を遷し、因りて復た花を省ず。黄に到りて且に周歳ならんとす。寺僧の書来たりて、花の自如たるを言ふなり。余因りて思ふに、茲の棠の植ゑし所は、余の寝を去ること十歩と無く、隣里親戚と一飲して之を楽しまんと欲せば、宜しく必ず難きこと無きを得べきなり。然れども至るに垂として之を失ふ。事の知るべからざること此くのごとし。

通釈

以前私は丙子の年（紹聖三年）の秋に、宛丘の南門にあった霊通寺の西堂に仮住まいしていた。この年の冬の末に、自分の手で二本の海棠の木を西堂のそばに植えた。（翌）丁丑の年（紹聖四年）の春になって、時宜を得て降る恵みの雨もたびたび降って、海棠は盛んに茂って生長した。陰暦の二月、いまにも花が咲きそうになった。私はいつも一緒に酒をくみかわす友人と約束し、美酒を取り寄せて、（花の咲いた海棠の）木の下で（花見の宴を催して）飲もうと思った。（ところが）その月の六日、私は左遷を命じる文書を受けて、（すぐに）旅支度を整えて黄州に向かった。（政変によって）世の中は騒がしくなり、私もまた住まいを移し、それで、それきり海棠の花を見ることもなかった。黄州に来て一年が経とうとしていた。（その頃、あの宛丘の）霊通寺の僧から手紙が届いて、（私が植えた海棠の）花が以前と同じように花を咲かせたということであった。私はそこで思った、あの海棠を植えたところは、私の（住んでいた）部屋から十歩と離れておらず、隣近所の人や親戚の者と（花を見て）宴を開いて楽しもうと思えば、何の難しいこともなかったのである。しかし（あのとき）まさにそうしようとするときにできなかった。これから先に起こることを予測できないことは、このようである。

15 疑問・反語(1)

基礎演習ドリル

問題は本冊42ページ

解答

1 次の各文を書き下し文にせよ。

1 天道ハ是(ぜ)邪非(ひ)邪。（是＝正しい　非＝間違い）

天道は是か非か。

天の道は正しいのか、間違っているのか。

2 天下治マル歟不ルレ治マラ歟。

天下治まるか治まらざるか。

天下は治まっているのか、治まっていないのか。

3 不仁者ハ可(ケン)ニ与(ともニ)言フ一哉。

不仁者は与に言ふべけんや。

不仁な人間とはともに語ることができようか。

4 夫(ふう)子(し)何(ゾ)哂(わらフ)レ由(いうヲ)也。（夫子＝先生　由＝人名）

夫子何ぞ由を哂ふや。

先生はどうして由を笑うのですか。

2 次の各文を口語訳せよ。

1 何為(レゾ)不ルレ去ラ也。

どうして去らないのか。

何為れぞ去らざるや。

2 何為(レゾ)不ランレ楽シマ。

どうして楽しまないだろうか。

何為れぞ楽しまざらん。

解説

1 「乎・也・哉…」は「か」か「や」かの判断がポイント！

1 「是(ぜ)」「非(ひ)」ともに名詞（体言）なので、二ヵ所の「邪」はいずれも「か」と読む。

2 「治まる」は、ラ行四段活用の連体形。「治まらざる」の「ざる」は「ず」の連体形。どちらも連体形についているので、ここも二ヵ所とも「歟」は「か」と読む。

3 「…べけんや」で「…できようか、いやできない」意の反語形。**反語形の場合は必ず「…んや」である。**

4 「何ぞ」という**疑問詞と呼応しているので、文末の「也」は「や」**である。「哂(わら)ふ」はハ行四段活用の連体形であるが、これは「何ぞ」との係り結びの、結びの連体形であって、ここで文が終止していることになるので、文末の「也」は「や」なのである。

2 文末が「ん」「んや」であれば反語！

1 「何為(なんす)れぞ…連体形＋や」であるから、疑問形である。「何為れぞ去らざらんや」であれば反語形で、「どうして去らないだろうか、いや去る」という意味になる。

2 「何為れぞ…未然形＋ん」であるから、こちらは反語形である。文末に「や」と読む「乎」などがない場合でも、送りがなで「ンヤ」と「ヤ」を入れて読むこともある。「何為れぞ楽しまざる」であれ

③ 何ゾ患ヘンレ無キヲ二兄弟一也。

どうして兄弟がないことを嘆くことがあろうか。

何ぞ兄弟無きを患へんや。

3 口語訳を参考にして後の漢文を書き下し文にせよ。

1 どうして一人だけ恐れなかったのか。

何独不レ懼。（懼＝おそル。下二段動詞）

何ぞ独り懼れざる。

2 私はどうして彼を恐れたりしようか。

吾何畏レ彼哉。（畏＝おそル）

吾何ぞ彼を畏れんや。

3 あなたはどうして政治をしないのか。

子奚不レ為レ政。（為＝なス）

子奚ぞ政を為さざる。

4 仁と言うことができようか、いや言えない。

可レ謂レ仁乎。（謂＝いフ）

仁と謂ふべけんや。

ば疑問形で、「どうして楽しまないのか」という意味になる。

③ 「何ぞ…未然形＋んや」であるから、**反語形**である。「何ぞ兄弟無きを患ふるや」であれば疑問形で、「どうして兄弟がいないことを嘆くのか」という意味になる。

3 疑問か反語かは文末の形で決まる！

1 「どうして…のか」は疑問形であるから、「**何ぞ…連体形**」の形で読まなければならない。「何ぞ独り」のあとは、文末の「不」を連体形にして、「懼れざる」となる。「懼る」はラ行下二段。

2 「**どうして…しようか**」という言い方は、「**いや…しない**」の意を含むので**反語形**。「**何ぞ…未然形＋んや**」の形で読む。「畏る」の未然形は「畏れ」。

3 「**どうして…のか**」は**疑問形**。「奚」は「何」と同じで、「なんぞ」である。1と同じく、文末に「乎」などの字がないので、「**奚ぞ…連体形**」の形で読まなければならない。ここも文末の「不（ず）」は、「為さ」プラス「ざる」になる。

4 「**…ようか、いや…ない**」は**反語形**。「**可レ謂レA乎**」で「**Aと謂ふべけんや**」という型にはまった言い方と言ってもよい。「べけ」は、聞きなれない言い方であるが、「べし」の古い形の未然形である。

16 疑問・反語(2)

基礎演習ドリル

問題は本冊44ページ

解答

1 次の各文を口語訳せよ。

(1) 君安与二項伯一有レ故。（項伯＝人名　故＝親交）

君安くんぞ項伯と故有る。

君はどうして項伯と親交があるのか。

(2) 燕雀安知二鴻鵠之志一哉。（鴻鵠＝大きな鳥）

燕雀安くんぞ鴻鵠の志を知らんや。

燕や雀にどうして大きな鳥の気持ちがわかるだろうか。

(3) 割レ鶏焉用二牛刀一。（牛刀＝牛切り包丁）

鶏を割くに焉くんぞ牛刀を用ひん。

鶏をさばくのにどうして牛切り包丁を使う必要があろうか。

(4) 子将二安之一。

子将に安くにか之かんとする。

あなたはいまにもどこに行こうとしているのか。

(5) 人非二聖人一誰無レ過。

人聖人に非ざれば誰か過ち無からん。

人は皆聖人ではないのだから、だれが過ちのない者がいようか。

(6) 何以殺レ人。

解説

1 疑問詞のもつ意味で訳し方を考える！

(1)「安くんぞ…連体形（ここでは「有る」）」で、「どうして…のか」と訳す疑問形。

(2)「安くんぞ…未然形（ここでは「知ら」）＋んや」で、「どうして…だろうか（いや…ない）」と訳す反語形。小人物には大人物の考えていることは理解できないということをいう。「燕や雀に大きな鳥の気持ちがわかるわけがない」のようにしてもよい。

(3)「焉くんぞ…未然形（ここでは「用ひ」）＋ん」で、「どうして…だろうか（いや…ない）」と訳す反語形。小事をなすのに手段がオーバーだということをいう。「牛切り包丁など使う必要はない」のようにしてもよい。

(4)「安くにか…連体形（ここでは「する」）」で、「どこに…のか」と訳す疑問形。再読文字「将」の「いまにも…しようとする」意も、訳に生かしたい。

(5)「誰か…未然形（ここでは「無から」）＋ん」で、「だれが…だろうか（いや、だれも…ない）」と訳す反語形。直訳は「だれが過ちがないだろうか」である。「だれにだって過ちはある」のようにしてもよい。

(6)「何を以てか…未然形（ここでは「殺さ」）＋ん」で、「どうして…だろうか（いや…ない）」と訳す反語形。「決して人を殺したりはしない」のようにしてもよい。「何を以てか人を殺す」であれば、「ど

どうして人を殺したりするだろうか。

何を以てか人を殺さん。

2 口語訳を参考にして後の漢文を書き下し文にせよ。

1 今その蛇はどこにいるのか。

今蛇安在。

今蛇安くにか在る。

2 まだ生もわからない。どうして死がわかろうか。

未レ知レ生。焉知レ死。

未だ生を知らず。焉くんぞ死を知らん。

3 どうしてこれからの人が今（の自分）に及ばないとわかるだろうか。（来者＝これからの人、若い人）

焉知二来(らい)者(しゃ)之(の)不レ如レ今也。

焉くんぞ来者の今に如かざるを知らんや。

4 だれが迷いなくいることができようか。（惑＝まどヒ）

孰能無レ惑。

孰か能く惑ひ無からん。

5 どうして私がそれができるのをわかったのか。（可＝可(か)ナリ）

何由知二吾可一也。

何に由りて吾が可なるを知るや。

うして人を殺したのか」という疑問形になる。

2 文末は、疑問なら連体形、反語なら「ん」！

1 **「どこに…のか」**は疑問形であるから、「安」は「いづくにか…連体形」の形で読む。「在」はラ変動詞「あり」。連体形にして、「安くにか在る」となる。

2 前半は**再読文字「未（いまだ…ず）」**がポイント。後半は、**「どうして…うか」**が反語形であるから、**「焉(いづ)くんぞ…未然形＋ん」**の形で読む。「知る」を未然形にして、「焉くんぞ死を知らん」となる。文末に「乎」などの字がないが、「知らんや」と「や」も入れてもよい。

3 **「どうして…だろうか」**は反語形であるから、**「焉(いづ)くんぞ…未然形（ここも「知ら」）＋んや」**と読む。「不レ如レ今」の部分は「今に如(し)かざるを」と読んで「知る」へ返る（⬇本冊62ページ「比較・選択(1)」）。

4 **「だれが…ようか」**は反語形である。「孰」は「誰」と同じで「たれか」と読む疑問詞。**「孰か…未然形＋ん」**の形で読まなければならない。「能」は「よく」。「惑ひ」は名詞なので、「無」へは送りがなしで直(じか)に返る。「無し」を未然形にして「無からん」とする。

5 **「どうして…のか」**は疑問形である。文末に「也」があるので、**「何に由りて…連体形＋や」**と読む。文末に「也」がなければ「何に由りてか…」と読むところ。「可」は「可なり」と読むように注意がある。「可なるを」と読んで「知る」へ返りたい。

17 疑問・反語(3)

基礎演習ドリル

問題は本冊46ページ

解答

1 次の各文を口語訳せよ。

1 何憂何懼。（懼＝おそれる）
何をか憂へ何をか懼れん。
何を心配したり恐れたりすることがあろうか。

2 何意棲碧山。（碧山＝緑深い山の中）
何の意ありてか碧山に棲む。
どういうつもりで緑深い山の中に住んでいるのか。

3 何日是帰年。（帰年＝故郷に帰る日）
何れの日か是れ帰年ならん。
いつになったら故郷に帰る日がくるのだろうか。

4 何利之有。（利＝利益）
何の利か之れ有らん。
何の利益があろうか。（何の利益もない）

5 諸侯不従奈何。
諸侯の従はざるは奈何せん。
諸侯が従わないのをどうしたらよかろうか。

6 如何不涙垂。
如何ぞ涙垂れざらん。
どうして涙を流さずにいられようか。

解説

1 「如何」「幾何」は文意から判断する！

1 「何をか憂へん、何をか懼れん」の「ん」を文末にまとめた形。「何を…だろうか（いや何も…ない）」と訳す反語形。「何も心配したり恐れたりする必要はない」のように訳してもよい。

2 「何の…ありてか…連体形（ここでは「棲む」）」で、「どういう…があって…のか」と訳す疑問形。

3 「何れの日か」は「いつの日か」であるが、「いつになったら…なのか」と訳す。ここは文末が「ん」ではあるが、疑問か反語かは微妙なところである。「いつ帰れるのかなあ」という自問のようにもとれるし、「帰る日はきっとこないだろう…」と思っているようにもとれる。

4 「何の…か之れ有らん」という型にはまった反語形で、「何の…があるだろうか（いや、何の…もない）」と訳す。「之れ」は強調のための語で、訳出する必要はない。

5 「…は奈何（＝如何）せん」は、「…は（…を）どうしたらよいか」と訳せば疑問形、「どうしたらよいだろうか（いや、どうしようもない）」という感じならば反語形である。この文の場合はどちらともとれる。前後の文脈が必要である。

6 「如何」を「如何ぞ」と読んでいる場合は、「何ぞ」と同じである。文末が「ん」であるから、ここは反語形。「涙を流さずにはいられない」のように訳してもよい。

7 為レ歓（スコト ヲ）幾何（ゾ）。（為歓＝楽しく過ごす時間）

楽しく過ごす時間はどれほどであろうか。

歓を為すこと幾何ぞ。

2 口語訳を参考にして後の漢文を書き下し文にせよ。

1 求めなければ何を得られようか。

不レ索何獲。（索＝もとム　獲＝得（う））

索めずんば（ざれば）何をか獲（う）ん。

2 何の難しいことがあろうか。

何難之有焉。（難＝かたシ　焉＝置き字）

何の難きことか之れ有らん。

3 このすばらしい夜をどう過ごしたらよいのか。

如二此良夜一何。

此の良夜を如何せん。

4 桓魋（かんたい）が私をどうすることができようか。

桓魋其如レ予何。（其＝そレ　予＝われ）

桓魋其れ予を如何せん。

---

7 「幾何（いくばく）」も、「…はどれくらいか」と訳せば**疑問**、「どれくらいだろうか（いや、どれほどもない）」という感じならば**反語**である。この文もどちらともとれる。前後の文脈の中で判断する必要がある。

2 「如何せん」は目的語を中にはさむ！

1 「求めなければ」は条件文であるから、「索めずんば」あるいは「索めざれば」と読む。「何を得られようか」は、「いや何も得られない」の意を含んで**反語**であるから、「何」は「**何をか…ん**」と読みたい。「獲（う）」はア行下二段の「得」と同じであるから、未然形にして「獲（え）ん」。

2 「**何の…か之れ有らん**」という型である。「…」には名詞（体言）が入ることが多いが、ここは「難（かた）し」という形容詞なので「難きこと」とする。文末の「焉」は置き字。

3 「如何せん」は「…をどうしたらよいか」と、方法・手段を問うが、目的語をとる場合、「**如レA何（Aをいかんせん）**」のように、**目的語は二字の間にはさむ**。この例文の「如何」は「いや、どう過ごしてよいかわからない」という反語の意味であるかどうかは、微妙である。

4 ここも同じ、目的語を間にはさんだ形で、「予を如何せん」と読む。この場合は「いや、桓魋ごときが私をどうすることもできない」の意味であるので、**反語**である。

18 疑問・反語(4)

基礎演習ドリル

問題は本冊48ページ

解答

1 次の各文を口語訳せよ。

1 与(と)二長者一期(きシテ)後(おくルルハ)何(ゾ)也。(長者＝年長者　期＝約束する)

長者と期して後るるは何ぞや。

年長者と約束しておいて遅れるとはどういうことだ。

2 顔(がん)淵(えん)之(の)為(なリハ)レ人(ト)何若。(顔淵＝人名　為人＝人柄)

顔淵の人と為りは何若。

顔淵の人柄はどうであるか。

3 以(もっテ)二子(し)之矛(ほこヲ)一陥(とほサバ)二子之盾(たてヲ)一何如。(子＝あなた　陥＝突き通す)

子の矛を以て子の盾を陥さば何如。

あなたの矛であなたの盾を突き通したらどうなるのか。

4 礼(ト)与(ハ)レ食孰(レカ)重(キ)。(礼＝礼節　重＝重要、大切)

礼と食とは孰れか重き。

礼と食とはどちらが重要か。

5 如(クンバ)レ此(かクノ)則(チ)動(カスヤ)レ心(ヲ)否(いなヤ)。(如此＝こうすれば)

此くのごとくんば則ち心を動かすや否や。

こうすれば心を動かすだろうか、どうだろうか。

解説

1 「何也」は理由、「何如」は状況・状態・是非を問う！

1 「長者」「期」には注がある。「長者」は重要単語。「…は何ぞや」は、「何ぞ…や」を強調した表現である。

2 「為レ人（人と為り）」も重要単語である。「人柄、性格」の意。「何若」は「何如」と同じで、状況・状態を問う「いかん」。

3 「何如」は「どうであるか」が基本的な訳し方で、ここも「どうであるか」でも意味は通るが、文脈や、その文自体の文意に合うように考えて訳したい。「矛盾」の故事の一文。

4 「礼」は人間としてふみ行うべき礼節、「食」は生きるために食べること、というようなことであるが、訳は「礼・食」をそのまま用いて可。「孰(いづ)れか…連体形」で「どちらが…か」と訳す疑問形。

5 「如レ此」は言いきれば「かくのごとし」。「かくのごとし」と読む組合せは、他にも「如レ是・如レ斯・若レ此・若レ是」などがある。「～や否や」は、直訳すると「～だろうか、～でないだろうか」であるが、「～でないだろうか」のように「否」の打消の意味を言う必要はない。

2 口語訳を参考にして後の漢文を書き下し文にせよ。

1 創業（国をおこす事業）と守成（国家の維持）とは、どちらが難しいか。（難＝かたシ）

創 業 与二守 成一孰 難。

創業と守成と孰れか難き。

2 だれがこれをすることができたのか。（為＝なス）

孰 能 為レ之。

孰か能く之を為す。

3 （同じ人間でありながら）或る者は大人（立派な人間）となり、或る者は小人（つまらぬ人間）となるのはどうしてか。（或＝あるイハ）

或 為二大 人一或 為二小 人一何 也。

或いは大人と為り或いは小人と為るは何ぞや。

4 私は南海に行こうと思う、どうだろうか。（之＝ゆク）

吾 欲レ之二南 海一何 如。

吾（の）南海に之かんと欲するは何如。

---

2 「何也」「何如」は「〜は」から読む！

1 「創 業 与二守 成一」は「A 与レB（AとBと）」の形。「どちらが…か」であるから、「孰」は、「たれか…」ではなく、「いづれか…連体形」の疑問形で読みたい。「難」は形容詞「かたし」なので、連体形は「かたき」となる。

2 「孰」は、こちらは「誰」と同じで、「たれか」と読む（➡本冊45ページ「疑問・反語(2)」）。ここは「だれが…のか」という疑問形の訳なので、「たれか…連体形」になる。「為」は「する」意味に読むには、サ行四段活用の「なす」であるから、連体形は「為す」でよい。「能」は「よく」。

3 ここは、「為」は「…となる」意味なので、ラ行四段の「なる」である。文末の「何ぞや」は、「…は何ぞや」と読むことがポイント。「は」の前は連体形である。

4 「欲す」へ返るには「…(せ)んと欲す」と読む。「之く」は四段活用であるから「之かんと欲す」。「何如」は、原則としては「…は何如」と読む。「欲す」はサ変動詞であるから、連体形にして「欲するは何如」となる。この場合、「吾」は「吾の」と主格の「の」を入れて読むほうが調子がよい。あるいは、与えてある訳のとおりの感覚で、「吾南海に之かんと欲す、何如」と読むこともできる。

19 疑問・反語(5)

基礎演習ドリル

問題は本冊50ページ

解答

1 次の各文を口語訳せよ。

1 豈能毋レ怪哉。

豈に能く怪しむこと毋からんや。

どうして怪しまないでいられようか。

2 豈望レ報乎。（報＝恩返し）

豈に報を望まんや。

どうして恩返しを望んだりしようか。

3 豈不レ悲哉。

豈に悲しからずや。

なんと悲しいことではないか。

4 独得二黙然而已一乎。（得＝できる　已＝やめる）

独り黙然として已むことを得んや。

どうして黙ってやめることができようか。

5 肯将二衰朽一惜二残年一。（衰朽＝老いぼれた身　残年＝余命）

肯へて衰朽を将て残年を惜しまんや。

どうしてこの老いぼれた身で余命を惜しんだりしようか。

解説

1 「豈・独・敢」はいずれも「どうして…だろうか」！

1 「豈に…んや」の反語形。「能く」に可能の意味があることも見落とさないように訳したい。「怪しまずにはいられない」のように訳してもよい。

2 これも「豈に…んや」の反語形。「決して恩返しを望んだりはしない」のように訳してもよい。

3 これは反語形ではなく、「豈に…ずや」で「なんと…ではないか」と訳す詠嘆形である（⬇本冊87ページ「詠嘆」）。もともとは「どうして悲しくないことがあろうか、いや悲しい」という反語形からきているのであるが、区別するために「…ざらんや」と読まず、「…ずや」と読み分ける。

4 「独り…んや」の反語形。訳し方は「何ぞ…んや」「安くんぞ…んや」「豈に…んや」などと同じである。ここも「得」に可能の意味があることを見落とさないように注意。「黙ってやめることはできない」のように訳してもよい。

5 「肯」は「敢」と同じで、「肯へて…んや」という反語形である。文末に「乎」がないが、送りがなに「ヤ」を入れて読んでいる。「敢へて」の反語形は「敢不…乎（敢へて…ざらんや）」と「不」を伴うことが多いが、この場合のように、「不」を伴わない例もある。「老いぼれた身で余命を惜しんだりはしない」のように訳してもよい。

2 次の各文の傍線部を書き下し文にして、口語訳せよ。

1 其ノ父雖ニ(いへどモ)善ク(よク)游グト(およグト)、其子豈善游哉。

(其の父善く游ぐと雖も、)其の子豈に善く游がんや。

訳 (父親が泳ぎができても、)その子がどうして泳ぎができようか。

2 縦(たとヒ)彼不レ言(トモ)、籍(せき)ハ独不レ愧ニ於心一乎。

(彼＝亡くなった兵たちの遺族　言＝うらみごとを言う　籍＝項羽の名。自分　愧＝はヅ)

(縦ひ彼言はずとも、籍)独り心に愧ぢざらんや。

訳 (たとえ彼らが何も言わないとしても、私は)どうして心の中で恥じずにいられようか。

3 敢不レ敬乎。(敬＝敬(けい)ス。サ変動詞)

敢へて敬せざらんや。

訳 どうして敬わずにいられようか。

4 不ニ敢仰視一。(仰視＝仰ギ視ル。上一段動詞)

敢へて仰ぎ視ず。

訳 けっして仰ぎ見ない。

---

2 反語形の文末は「未然形＋んや」！

1 上に「其の父」があるので、「其子」は「其の子」。「善く游ぐ」の読み方も上にヒントがある。「豈に…んや」の「ん」に続けるために「游ぐ」を未然形にして「豈に善く游がんや」。「善」は「能く」と同じで可能の意がある。「その子も泳ぐことができるとは限らない」のように訳してもよい。

2 「独り…んや」の反語形。「不」に「ん」がついて「乎（や）」へ行くので「…ざらんや」になる。「心」の送りがなは、上に置き字「於」があるので「に」。「愧(は)づ」はダ行上一段であるから、「不（ず）」へ返る未然形は「愧ぢ」になる。「心の中で恥じずにはいられない」のように訳してもよい。

3 「敢不…乎」で「敢へて…ざらんや」と読む反語形。「敬」はサ変動詞「敬す」であるが、ハ行四段の「敬(うやま)ふ」と読むこともできる。その場合は「敢へて敬はざらんや」。「敬わずにはいられない」のように訳してもよい。

4 これは「不敢…」の語順であるから、反語形ではなく、単なる否定の形である。「敢へて…せず」で、「けっして…しない。強いて…しない」の意。「仰視」は「仰ぎ視る」と読んだが、「仰視(ぎょうし)す」とサ変動詞に読むこともできる。その場合は「敢へて仰視せず」。

5 疑問・反語

解答

1 傍線部A「度 用二 幾 何 人一 而 足。」の意味として最も適当なものを、次のうちから一つ選べ。

① どれだけの人数を動員しても十分ではないと考えるのか。
② どれだけの人数を動員すれば十分であると考えるのか。
③ どのような人物を登用しても十分ではないと考えるのか。
④ どのような人物を登用すれば十分であると考えるのか。
⑤ 少しの人数を動員するだけで十分であると考えるのか。

②

2 傍線部B「非二 六 十 万 人一 不レ 可。」の読み方として最も適当なものはどれか。次のうちから一つ選べ。

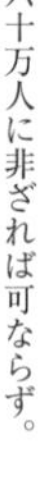

① 六十万人に非ざれば可ならず。
② 六十万人に非ずして可ならず。
③ 六十万人を非として可とせず。
④ 六十万人に非ずして可ならざらんや。
⑤ 六十万人を非として可とせざらんや。

①

3 傍線部Cに「既 而 軍 敗」、傍線部Dに「遂 平二 荊 地一」とあるが、李信の軍が敗退し、王翦の軍が勝利を収めたのはなぜか。その説明として最も適当なものを、次のうちから一つ選べ。

① 李信が楚の兵力を二十万人足らずであると過小評価していたのに対し、王翦は楚の兵力を正しく把握していたから。
② 李信が秦の兵力を二十万人足らずであると過小評価していたのに対し、王翦は秦の兵力を正しく把握していたから。
③ 李信が秦の始皇帝を説得できず二十万人足らずの兵力しか与えられなかったのに対し、王翦は六十万人の兵力を与えられたから。
④ 李信の軍には二十万人の敵に対抗する能力しかなかったのに対し、王翦の軍には六十万人の敵に対抗できるだけの能力があったから。
⑤ 李信が楚の軍を攻めるにあたって二十万人足らずの兵力しか投入しなかったのに対し、王翦は多くの兵力を投入したから。

⑤

実戦演習問題

問題は本冊52ページ

解説

1 「幾何」は程度を問う疑問詞！

「幾何」は「どれくらい。どれほど」のように、程度を問う疑問詞であるから、即、「どれだけの人数」にしている①・②に絞ることができる。①は「十分ではないと考えるのか」となっているが、「足るや」の読み方の部分に「…ではない」の「非ず」に相当するような否定の要素はないので、①は間違いである。正解は②。

2 「非」は必ず「…に」から返読する！

「非」は必ず「…にあらず」と返読する。「…を非とす」という読み方が成立しないわけではないが、問われるならば「非ず」であり、それに、「非として」では「六十万人をNO！として」となって、意味が通らない。よって、③・⑤は消去。

また、④・⑤の文末が「んや」になっているが、傍線部中に反語形に読める要素がないので、④も消去する。

①は「六十万人でなければできません」、②は「六十万人でなくてできません」となる。「どれくらい必要か」と問われての答なのであるから、与えられた兵力が「六十万人でなくて」ではなく、「六十万人でなければ」と条件文になっている①のほうが適当である。

3 李信は二十万でOK、王翦は六十万必要と言った！

始皇帝に、荊（けい）を伐（う）つにはどれだけの兵力が必要かと問われて、李信は「二十万人もいらないでしょう」と言って「既にして軍敗れ」とい

⑥ 李信が二十万人足らずの楚の軍を攻めるにあたって多くの兵力を投入しすぎたのに対し、王翦は少ない兵力を投入するにとどめたから。

4 **傍線部E「豈 不レ 知二 以レ 少 撃レ 衆 為一レ 利 哉。」の意味として最も適当なものを、次のうちから一つ選べ。**

① 少ない兵力で多くの敵を攻める方が効率がよいということを知らなかったわけではない。
② 少ない兵力で多くの敵を攻める方が原則にかなっているということを知らなかったわけではない。
③ 少ない兵力で多くの敵を攻める方が効率がよいということを知らなかったのではないか。
④ 少ない兵力で多くの敵を攻める方が原則にかなっているということを知らなかったのではないか。
⑤ 少ない兵力で多くの敵を攻める方が困難を伴うものであるということを知らなかったわけではない。

う結果になり、王翦のほうは「六十万人でなければできません」と答えて「遂に荊の地を平らぐ」という結果になったのである。王翦は、敵を圧倒できる兵力を投入して、必ず勝てるやり方（＝大常）を選んだということであるから、正解は⑤。

4 **「豈に…んや」は典型的な反語形！**

「少ない兵力で多くの敵を攻める方が」までは、全選択肢共通している。

「利たるを」にあたる部分の訳は、①と③、②と④、⑤で**2対2対1の配分**があるが、これは「利」という語から考えて、①・③の「効率がよい」が適当であろう。

「豈に…知らざらんや」は反語形。「どうして…知らなかったであろうか、いや、知らなかったわけではない」であるから、このポイントの訳し方は①・②・⑤が正しい。よって、正解は①。

書き下し文

昔秦の始皇李信に問ひて曰はく、「吾荊を取らんと欲す。将軍度るに幾何の人を用ひて足るや」と。李信曰はく、「二十万人を過ぎず」と。又王翦に問ふに、曰はく、「六十万人に非ざれば可ならず」と。始皇信をして荊を伐たしむ。既にして軍敗れ、復た翦を使はんと欲す。翦曰はく、「大王必ず已むを得ずして臣を用ふれば、六十万人に非ざれば可ならず」と。始皇之に従ひ、遂に荊の地を平らぐ。夫れ王翦豈に少を以て衆を撃つの利たるを知らざらんや。以て小変は恃むべからず、大常は失ふべからずと為せばなり。

通釈

昔、秦の始皇帝が李信にたずねて言った、「わしは荊（の地）を取ろうと思う。将軍はどれだけの兵力を動員すれば十分であると考えるか」と。李信は言った、「二十万人もいれば十分でしょう」と。また、王翦に（同じように）たずねたところ、王翦は言った、「六十万人でなければできません」と。始皇帝は李信に命じて荊を討伐させた。（しかし）やがて（李信の率いた）秦軍は敗れ、（始皇帝は）今度は王翦を使おうとした。王翦は言った、「大王様が、どうしても私を用いようと言われるならば、（先般申し上げましたように）六十万人でなければできません」と。始皇帝は王翦の言に従い、（六十万人の王翦の軍は）ついに荊を平定した。そもそも、王翦とて、少ない兵力で多くの敵を攻め破るほうが効率がよいということを知らなかったわけではない。（しかし）「小変」は頼りにしてはならない、「大常」は見失ってはならないと思ったのである。

20 使役

基礎演習ドリル

問題は本冊54ページ

解答

1 次の各文を口語訳せよ。

1 天帝使我長百獣。（天帝＝天の神様　長＝王）

天の神様は私に百獣の王をさせているのだ。

天帝我をして百獣に長たらしむ。

2 教韓信反何也。（韓信＝人名　反＝謀反をおこす）

韓信に謀反をおこさせたのは、どうしてか。

韓信をして反せしむるは何ぞや。

3 命豎子殺雁烹之。（豎子＝童僕　烹＝料理する）

童僕に命じて雁を殺して料理させた。

豎子に命じて雁を殺して之を烹しむ。

2 次の各文を書き下し文にせよ。

1 王令人学之。

王人をして之を学ばしむ。

王は人をやってこれを学ばせた。

2 有使人求千里馬者。（千里馬＝駿馬）

人をして千里の馬を求めしむる者有り。

人をやって駿馬を買い求めさせる者がいた。

解説

1 「…に…させる」の形にあてはめる！

1 「百獣に長たり」は、百獣（あらゆる動物たち）の王であること。名詞「長」を活用させることはできないので、名詞につく**断定の助動詞「たり」を接着剤にして未然形にして、**「しむ」へ続けている。「百獣に対して王であらせている」ということである。「虎の威を借る狐」という有名な故事の一文。

2 「**教（しむ）**」は、「…は何ぞや（…なのはどうしてか）」に続けるために、「しむる」と連体形に読んでいる。

3 「**…に命じて…しむ」の形。「豎子**」は「**孺子**」とも書き、基本的には「子ども」の意だが、ここでは召使いの少年。重要単語である。「雁を殺して之を烹しむ」は、「雁を殺さしめ、之を烹しむ」を、文末の「しむ」でまとめた形。

2 「使・令・遣・教」の直下の名詞に「ヲシテ」がつく！

1 「王」は主語。「令」が「しむ」。「令」の**直下の名詞**「人」に「**をして**」をつけることがポイント。「学ぶ」（バ行四段）を「学ば」と未然形にして「しむ」へ返る。「之」の送りがなは「を」。

2 「使（しむ）」の**直下の名詞**「人」に「**をして**」をつける。「求む」はマ行下二段活用。「求む」へ返る「千里の馬」の送りがなは「を」が適切である。「しむ」からさらに名詞「者」へ行くので、連体形「しむる」にする。

3 不レ教三胡(こ)馬(ば)度二陰(いん)山(ざん)一。（胡馬＝異民族の騎馬兵　度＝わたル。侵入する）

> 胡馬をして陰山を度らしめず。　異民族の騎馬兵に陰山山脈をこえて侵入させない。

4 遣二将守㆑関。（将＝将軍　関＝関所）

> 将をして関を守らしむ。　将軍をやって関所を守らせた。

5 遣レ将守レ関。

> 将を遣はして関を守らしむ。　将軍をやって関所を守らせた。

6 范(はん)増(ぞう)勧二項(こう)羽(う)一殺二沛(はい)公(こう)一。（范増・項羽・沛公＝人名）

> 范増項羽に勧めて沛公を殺さしむ。　范増は項羽にすすめて沛公を殺させようとした。

3 次の書き下し文に従って返り点をつけよ。

1 諸(しょ)君(くん)をして天(てん)の我(われ)を亡(ほろ)ぼすにして戦(たたか)ひの罪(つみ)に非(あら)ざるを知(し)らしめん。　諸君に、天が私を滅ぼすのであって、戦い方のせいではないことをわからせてやろう。

> 令四諸君知三天亡レ我非二戦之罪一。

2 自(みずか)ら其(そ)の身(み)をして死(し)無(な)からしむる能(あた)はずして、安(いづ)くんぞ能(よ)く王(おう)をして長生(ちょうせい)せしめんや。

> 不レ能三自使二其身無㆑死、安能使二王長生一哉。　自分自身に死をなくさせることができないくせに、どうして王に長生きさせることができようか。

---

3 「教」が「しむ」であるが、さらに「不（ず）」へ返るので、未然形にして「しめず」となる。打消推量（意志）の「じ」を用いて「度らしめじ」と読むこともある。「教」の直下の名詞「胡馬」に「をして」をつける。「度二陰山一」は「陰山を度(わた)る」。

4 「遣」が「しむ」。直下の名詞「将」に「をして」をつける。「守る」はラ行四段活用。「関」の送りがなは「を」。

5 文は4と同じだが、返り点に注意。これは「…を遣(つか)はして…しむ」の形である。「守る」の送りがなに「しむ」をつける。

6 これも「ABに勧めてCしむ」の形。「殺す」の送りがなに「しむ」をつける。「沛公」の送りがなは「を」。

3 書き下し文ではひらがなになっている「使・令」！

1 「令」が「しむ」である。読み順は「諸→君→天→我→亡→戦→之→罪→非→知→令（しめん）」。「我を」から「亡ぼす」へは一字上だからレ点であるが、「罪→非→知→令」は、三字、四字、三字と返るので、一二三四点を用いる。

2 読み順は「自→其→身→死→無→使（しむる）→能→不（ずして）→安→能→王→長→生→使（しめん）→哉（や）」。「死→無から」は一字上だからレ点だが、「無から→使(し)むる→能は」と返るところに一二三点がつくので、「無」の左下は「㆑」となる。「能は」から「不」へは一字上だからレ点。後半の「生」から「使」へは三字上なので一二点である。

解答

1 **傍線部(ア)「何 以 知レ 之」・(ウ)「反レ 之」の意味として最も適当なものを、次のうちからそれぞれ一つずつ選べ。**

(ア)「何 以 知レ 之」
① それがわかるはずがあるだろうか ×
② そのことがいつわかったのか ×
③ 何としてもそれを知りたいのか ×
④ どうしてそれがわかるのか ○
⑤ 誰がそれを教えてくれたのか ×

(ウ)「反レ 之」
① 事実をいつわって
② 宮殿に立ち戻って
③ わが身をふりかえって
④ 侍者をひき下がらせて
⑤ 気持ちとはうらはらに

(ア) ④
(ウ) ①

2 **傍線部A「不下 為二 昭 昭一 信上 節」の意味として最も適当なものを、次のうちから一つ選べ。**

① 賢明であるから、無理に礼節を押しつけようとはしない。
② あからさまに多くの人々の前で、礼節について議論することはしない。
③ 人が見ているからといって、わざと礼節を誇張して行うことはしない。
④ 公明正大なやり方だけが、礼節を正しく行うことだと主張しているわけではない。
⑤ 聡明な人に対してだけ、礼節の教えを説いているわけではない。

③

3 **傍線部(イ)「敬 於 事 上」の返り点の付け方とその読み方として最も適当なものを、次のうちから一つ選べ。**

① 敬 於 事レ 上　敬して上に事あらしむ ×
② 敬二 於 事レ 上　上に事ふるよりも敬たり ×
③ 敬 於 事レ 上　敬して上に事へんや ×
④ 敬 於レ 事 上　敬して事に於いて上る
⑤ 敬二 於 事 上一　事の上に敬しまんや ×
⑥ 敬二 於 事レ 上　上に事ふるに敬あり

⑥

実戦演習問題

解説

問題は本冊56ページ

1 **「何を以てか…」で一発解答！**

(ア)「何を以てか…連体形（知る）」は、「どうして…か」と訳す疑問形であるから、答は一発で④。①は反語の訳し方である。②は「何れの時にか…」、⑤は「誰（孰）か…」でなくてはならない。

(ウ)「之に反して」の「之」は、車の主が、夫人の言ったとおり蘧伯玉だったことをさしている。ところが、「公」は「非なり（＝そうではなかったぞ）」と言ったのだから、正解は①。

2 **対句と類似表現に着眼する！**

「昭昭の為に節を信べず」は、直下の「冥冥の為に行を堕らず」と対義的な対句である。

「冥冥」には注5「暗くて見えないこと」という説明があるから、逆に「昭昭」は「明るくて見えていること」である。また、「冥冥の為に行を堕らず」は、少し後の「**闇昧を以て礼を廃せず**」と同義の類似表現でもあり、「暗くて見えていないからといって礼を欠く行動をとったりしない」という意味である。傍線部Aはこことも**対義的な対句**であるから、「明るくて見えているからといって礼を誇示するような行動をとったりしない」ということになる。正解は③である。

3 **よけいな読みがあるものを消去する！**

まず、①の「しむ」（使役）や、③・⑤の「んや」（反語）は、その

4 傍線部B「公使ㇾ視ㇾ之、果伯玉也」の意味として最も適当なものを、次のうちから一つ選べ。

① 霊公が様子を見に行ったところ、それは夫人の言葉どおり蘧伯玉であった。
② 霊公が侍者に見に行かせたところ、それは霊公の予想どおり蘧伯玉であった。
③ 霊公が様子を見に行ったところ、それは霊公の予想どおり蘧伯玉であった。
④ 霊公が夫人に見に行かせたところ、それは夫人の言葉どおり蘧伯玉であった。
⑤ 霊公が侍者に見に行かせたところ、それは夫人の言葉どおり蘧伯玉であった。
⑥ 霊公が夫人に見に行かせたところ、それは霊公の予想どおり蘧伯玉であった。

⑤

ように読める字が傍線部中にないので消去する。
②は「君主に仕えるよりも尊敬である」、④は「尊敬の念を抱いて事において献上する」という意味になり、文意をなさない。
正解は⑥。「君主に仕えるにあたって尊敬の念がある」というのが直訳、「尊敬の念をもって君主に仕えている」ということである。

4 使役の対象がだれであるべきか?

使役の「使（しむ）」があるから、使役の訳になっていない①・③は消去。「蘧伯玉でしょう」と答えた「夫人」当人に確かめに行かせるのはおかしいので、④・⑥も消去。当然第三者を行かせるのでなくてはならない。
後半には3対3の配分があるが、「蘧伯玉だ」と言ったのは夫人であるから、①・④・⑤が○。
よって、正解は⑤である。

書き下し文 衛の霊公夫人と夜坐し、車声の轔轔たるを聞く。闕に至りて止まり、闕を過ぎて復た声有り。公夫人に問ひて曰はく、「此れ誰たるかを知る」と。夫人曰はく、「此れ必ず蘧伯玉なり」と。公曰はく、「何を以てか之を知る」と。夫人曰はく、「妾聞く、礼に公門に下り、路馬に式するは、敬を広むる所以なりと。夫れ忠臣と孝子とは、昭昭の為に節を信べず、冥冥の為に行を堕らず。蘧伯玉は衛の賢大夫なり。仁にして智有り、上に事ふるに敬あり。此れ其の人必ず闇昧を以て礼を廃せず。是を以て之を知る」と。公之を視しむるに、果たして伯玉なり。公之に反して以て夫人に戯れて曰はく、「非なり」と。夫人觴に酌み再拝して公を賀す。

通釈 衛の霊公が夫人と夜くつろいでいると、（ガラガラと）馬車の音が聞こえた。（馬車の音は）宮殿の門までくると止まり、門を過ぎるとまた音を立てた。公が夫人にたずねて言った、「これがだれだかわかるか」と。夫人が言った、「これはきっと蘧伯玉です」と。公が言った、「どうしてそれがわかるのか」と。夫人が言った、「わたくしめは聞いております、礼として君主の宮殿の門前では車を下り、君主の馬に対しては敬礼することが、（君主への）尊敬を（人々に）広めていくための（大切な）ものであると。そもそも忠義な臣下と親孝行な子とは、見られているからといって礼節を（行っていると）強調したりはしないものだし、暗くて見えないからといって礼を怠るようなことはしないものです。蘧伯玉は衛のすぐれた大夫です。仁徳の上に智の徳をもっていますから、尊敬の念をもって主君に仕えています。だからこの人は暗くて人が見ていないからといって、礼をやめたりはしません。だから蘧伯玉だとわかったのです」と。公が（人をやって）これを確かめさせたところ、やはり蘧伯玉であった。（しかし）公は事実に反して夫人にふざけて言った、「蘧伯玉ではなかった」と。夫人は杯に酒を酌み、二度おじぎをして公を祝った。

21 受身

基礎演習ドリル

問題は本冊58ページ

解答

1 次の各文を口語訳せよ。

1 寛而見レ畏、厳而見レ愛。（寛＝寛容　厳＝厳格）

寛にして畏れられ、厳にして愛せらる。

寛容でありながら畏れられ、厳格でありながら愛される。

2 吾嘗三見レ逐二於君一。（君＝主君　逐＝追放する）

吾嘗て三たび君に逐はる。

私はかつて三度主君から追放された。

3 吾子為二盗所一レ害。（盗＝盗賊　害＝殺す）

吾が子盗の害する所と為る。

私の子どもは盗賊に殺された。

4 太祖馬鞍為二鼠所一レ齧。（馬鞍＝馬のくら）

太祖の馬鞍鼠の齧る所と為る。

太祖の馬のくらがねずみにかじられた。

5 窮者常制二於人一。（窮者＝愚かな者）

窮する者は常に人に制せらる。

愚かな者は常に人におさえつけられる。

解説

1 「AのBする所と為る」の公式が大事！

1 二ヵ所ある「見」は、それぞれ下の語がラ行下二段の「畏る」と、サ変の「愛す」なので、いずれも「らる」。「る・らる」は、口語では「れる・られる」にあたる。

2 「逐ふ」はハ行四段なので、「見」は「る」。置き字「於」が「君に」の「に」のはたらきである。

3 「AのBする所と為る」で「AはBにCされる」と訳す受身の公式である。Aは「吾が子」、Bは「盗」、Cは「害す」。

4 この例文も同じく「AのBする所と為る」の受身の公式である。Aは「太祖の馬鞍」、Bは「鼠」、Cは「齧る」。

5 置き字「於」による受身形。「於」は下の補語「人」の送りがなの「に」にあたるが、この「に」が受身の対象を示すので、返って読む動詞（ここでは「制す」）に送りがなで「る・らる」をつける。

2 次の各文の傍線部を書き下し文にせよ。

1 弥子瑕見レ愛二於衛君一。（弥子瑕＝人名）

（弥子瑕）衛君に愛せらる。
（弥子瑕は）衛君に愛されていた。

2 且レ見レ禽。（禽＝とりこニス。サ変動詞。つかまえる）

且に禽にせられんとす。
今にもつかまえられそうである。

3 君子恥レ不レ能、不レ恥レ不レ見レ用。

（君子は能はざるを恥ぢ、）用ひられざるを恥ぢず。
（君子はできないことを恥じるが、）用いられないことを恥じたりはしない。

4 張儀為二楚相所一レ辱。（張儀＝人名　楚相＝楚の国の宰相　辱＝はづかシム）

（張儀）楚の相の辱しむる所と為る。
（張儀は）楚の宰相にはずかしめられた。

5 宋遂為二楚所一レ敗。（宋・楚＝国名　敗＝やぶル）

（宋遂に）楚の敗る所と為る。
（宋は結局）楚に敗られた。

6 先則制レ人、後則為二人所一レ制。

（先んずれば則ち人を制し、）後るれば則ち人の制する所と為る。
（先手をとれば人をおさえることができ、）おくれをとれば人におさえられる。

7 不レ信二乎朋友一。（朋友＝友人）

朋友に信ぜられず。
友人に信用されない。

---

2 「る・らる」に返る直前が何活用か?

1 「於」があるので、「衛君」の送りがなは「に」。「愛す」はサ変であるから、未然形「愛せ」にして、「見」へ。サ変から返るので、「見」は「らる」で「衛君に愛せらる」となる。

2 「且」は「且に…んとす」と読む再読文字だから、読み順は「且↓禽↓見↓且（す）」となる。「且に」のあと、「禽にす」（サ変）を未然形にして「見」へ。サ変から返るので、「見」は「らる」。さらに「んとす」に返るために、「らる」を未然形にして「禽にせられんとす」。

3 下から一字ずつ「用→見→不→恥→不」の順で返る。「用ふ」はハ行上二段。「見」は上二段から返るので、「らる」であるが、「不」へ返るので未然形にして「用ひられず」。「不レ恥レ不…」の読みは、傍線部の上がヒントになっている。「恥づ」はダ行上二段。

4 「為…所…」の形を見て、即「…の…する所と為る」と気づかなければならない。「楚相」は「楚の相」。下二段動詞「辱しむ」は連体形にして「辱しむる」である。

5 これも「為…所…」の形。「敗」は四段動詞「敗る」。下二段で読むと「敗れらる」の意になって、文意が通らない。

6 「後則」は上の「先んずれば則ち」がヒントになる。「已然形＋ば」で読んでいるので、「後るれば則ち」。「後る」はラ行下二段活用。あとは「人の制する所と為る」でOK。「制す」はサ変である。

7 「乎（＝於）」による受身形。「信ず」はサ変であるから、「朋友に信ぜらる」だが、「不」へ返るので「信ぜられず」。

7 受身

実戦演習問題

問題は本冊60ページ

解答

1 **傍線部A「有蛇螫殺人、為冥官所追議、法当死」の返り点の付け方と書き下し文との組合せとして最も適当なものを、次のうちから一つ選べ。**

① 有レ蛇螫殺レ人、為三冥官所二追議一、法当レ死
蛇有りて螫みて人を殺し、冥官の追議する所と為り、法は死に当たる

② 有レ蛇螫殺レ人、為二冥官所追議一、法当レ死
蛇有りて螫みて人を殺さんとし、冥官の所に追議を為すは、死に当たるに法る

③ 有レ蛇螫殺人、為二冥官一所二追議一、法当レ死
蛇有りて螫まれ殺されし人、冥官と為りて追議する所は、死に当たるに法る

④ 有二蛇螫一殺人、為三冥官所二追議一、法当レ死
蛇の螫むこと有らば殺す人、冥官の追議する所の為に、死に当たるに法る

⑤ 有レ蛇螫殺人、為冥官所二追議一、法当レ死
蛇有りて螫まれ殺されし人、為に冥官の追議する所にして、法は死に当たる

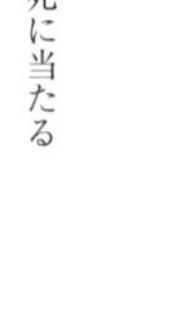

①

2 **傍線部B「誠有レ罪、然亦有レ功、可二以自贖一」の解釈として最も適当なものを、次のうちから一つ選べ。**

① 実際には罪がありますので、また すぐれた仕事をして 自分で罪を帳消しにすべきなのです。
② たしかに 罪はあるのですが、私には功績もあって 自分自身で 罪を償うことができます。
③ 結局は罪があるのですが、仕事の腕前によって おのずと罪は埋め合わされるのです。
④ もし罪があったとしても、当然私の功名によって 自然と罪が許されるようになるはずです。
⑤ 本当は 罪があるのですが、それでもあなたの功徳によって私の罪をお許しいただきたいのです。

②

3 **本文中の二箇所の空欄 X にはどちらも同じ語句が入る。その語句を(i)から一つ選べ。また(i)の解答をふまえて、本文から読み取れる蛇と牛に対する冥官の判決理由を説明したものとして最も適当なものを、(ii)のうちから一つ選べ。**

(i) 空欄に入る語句
① 得レ免
② 不レ還

(i) ①
(ii) ④

解説

1 **受身の公式「…の…する所と為る」で一発！**

傍線部は読点によって三つの部分に分けられるが、まん中の部分に「為…所…」があり、これが「…の…する所と為る」と読む受身の公式であることに気がつかなくてはならない。逆に、そこに気がつけば、答は一発で①になる。②〜⑤はいずれもこの部分の読み方で×。

2 **ポイントごとにキズの有無をチェック！**

「誠に」は、①・②・⑤は○、③・④は×。

「然れども」は逆接であるから、この部分のつながりは、②・③・⑤は○、①・④は×。

「亦た」は、①は○、②も「功績も」で○。③・④・⑤は×。

「功」は、このあと、冥官に「何の功なるか」と問われて蛇が答えている内容から考えて、①「仕事」、③「腕前」、④「功名」、⑤「あなたの功徳」はいずれも×。正しいのは②の、蛇自身の「功績」のみである。ここまでで、正解は②。

「自ら」は、①・②は○、③・④・⑤は×。

「贖ふ」が正しいのも②のみ。

「可（べし）」は、②は○、①・④は△、③・⑤は×。

3 **「判決」なのだから、(i)は①か④！**

(i)の各選択肢の読みと意味は次のようになる。
①「免るるを得（＝罪を免れることができた）」

③ 有レ功
④ 得レ死
⑤ 治レ病

(ii) 判決理由の説明

① 蛇も牛も、生前人を殺した上に、死後も「黄」によって人を病気から救うことができるとでたらめを言って、反省していない。よって、死罪とする。
② 蛇も牛も、人を殺してきた罪は許しがたい。よって、今後「黄」によって人を救う可能性はあっても、冥界に留め置き罪を償わせることとする。
③ 蛇も牛も、人を殺してきたが、体内の「黄」で将来は人の命を救う可能性は残っている。よって人の病気を治すことで罪を償わせることとする。
④ 蛇も牛も、人を殺すという重大な罪を犯したが、自らの「黄」によって人を病気から救ってもきた。よって、生前の罪を許すこととする。
⑤ 蛇も牛も、人を殺してきたというのは誤解で、むしろ大勢の人を「黄」によって病から救うという善行を積んできた。よって、無罪とする。

② 「還らず（＝帰ってこなかった）」
③ 「功有り（＝功績があった）」
④ 「死を得（＝死罪となった）」
⑤ 「病を治す（＝病気を治した）」

このうち、「判決」と言えるのは①か④、つまり無罪か有罪（死刑）かである。これは、蛇の言ったとおりだったことが認められたという流れから、当然「無罪」でなくてはならない。よって正解は①。

(ii)は、「無罪」なのだとすれば、①・②・③ではなく、④か⑤ということになる。蛇も牛も人を殺したこと自体は事実なのだから、⑤の「人を殺してきたというのは誤解で」は間違っている。よって正解は④。

書き下し文

東坡之に戯れて曰はく、「蛇有りて螫みて人を殺し、冥官の追議する所と為り、法は死に当たる。蛇前み訴へて曰はく、『誠に罪有り、然れども亦た功有り、以て自ら贖ふべし』と。冥官曰はく、『何の功なるか』と。蛇曰はく、『某に黄有り、病を治すべし、活かす所已に数人なり』と。吏考験するに、固より誣ひざれば、遂に免るるを得。良久しくして、一牛を牽きて至る。獄吏曰はく、『此の牛触きて人を殺す。亦た死に当たる』と。牛曰はく、『我も亦た黄有り、以て病を治すべし、亦た数人を活かす』と。良久しくして亦た免るるを得。」

通釈

蘇東坡は戯れに彼に向かって言った、「（ここに）蛇がいて、嚙んで人を殺し、冥界の裁判官に生前の罪を裁かれて、死罪の判決を受けた。（そのとき）蛇は進み出て（裁判官に）訴えて（こう）言った、『確かに（人を殺したという）罪はあるのですが、（私には）功績もあって、自分自身で罪を償うことができます』と。冥界の裁判官は言った、『何の功績があるというのか』と。蛇が言った、『私には薬効があり、病気を治すことができ、（治して）生かした人間はすでに何人もあります』と。役人が調べたところ、もともといつわりではないので（蛇の言ったとおりであり）、結局罪を免れることができた。しばらくして、（役人が）一頭の牛を引いてやって来た。牢役人が言った、『この牛は人を突き殺しました。（よって）これもまた死罪に当たります』と。（そこで）牛が言うには、『私もまた薬効があり、病気を治すことができますし、（蛇と）同様に何人か（治して）生かしました』と。しばらくして（取り調べた結果、これも）また死罪を免れることができた。」

22 比較・選択(1)

基礎演習ドリル　問題は本冊62ページ

解答

1 次の各文を口語訳せよ。

1 防ニ民之口一、甚ニ於防レ水。（甚＝危険である）

民衆の口をふさぐのは、水をせきとめるよりも危険である。

民の口を防ぐは、水を防ぐよりも甚だし。

2 巧詐不レ如ニ拙誠一。（巧詐＝たくみないつわり　拙誠＝つたないまごころ）

たくみないつわりは、つたないまごころに及ばない。

巧詐は拙誠に如かず。

3 興ニ一利一不レ若レ除ニ一害一。（興＝始める）

一つの利を始めるよりは一つの害を取り除くほうがよい。

一利を興すは一害を除くに若かず。

4 知レ臣莫レ如レ君。（臣＝臣下　君＝主君）

臣下を知ることに関しては主君にまさるものはない。

臣を知るは君に如くは莫し。

5 養レ心莫レ善ニ於寡欲一。（寡欲＝欲望が少ないこと）

心を修養するには欲望を少なくすることよりよい方法はない。

心を養ふには寡欲より善きは莫し。

6 晋国天下ニ莫レ強レ焉。

解説

1 最上級の型の訳し方に注意せよ!

1 置き字「於」が「防ぐよりも」の「よりも」のはたらきをしている比較形。

2 「A 不レ如レB（AはBに如かず）」の型。「巧みないつわりよりもつたなくてもまごころがあるほうがよい」のように訳してもよい。

3 「如」のかわりに「若」を用いただけで、やはり「AはBに如かず」の型。直訳型で、「…は…には及ばない」のように訳してもよい。

4 「A 莫レ如レB（AはBに如くは莫し）」の型。この形は、AとBを比較するのではなく、**最上級**の表現で、「Aに関してはBにまさるものはない」のように訳す。

5 「AはBよりCなるは莫し」で、「Aに関しては、BよりCなものはない」のように訳す。これも**最上級**の表現。「於」が「寡欲より」の「より」にあたる。「善きは」と読んでいるところは「善なるは」と読んでも同じである。

6 「焉」を「これ」と読んで「これより…なものはない」と訳す。これも一種の**最上級**の表現である。

晋国は天下にこれより強いものはない。

晋国は天下に焉より強なるは莫し。

2 次の各文の傍線部を書き下し文にせよ。

1 霜葉紅二於二月花一。（霜葉＝紅葉　紅＝くれなゐナリ　二月花＝春の花）

（霜葉は）二月の花よりも紅なり。

（紅葉は）春の花よりも赤い。

2 天下莫三柔二弱於水一。（柔弱＝柔弱ナリ）

（天下に）水より柔弱なるは莫し。

（天下に）水よりも柔らかく弱いものはない。

3 地利不レ如二人和一。（地利＝地の利　人和＝人の和）

地の利は人の和に如かず。

地の利は人の和には及ばない。

4 衣莫レ若レ新、人莫レ若レ故。（故＝ふるシ。旧友）

衣は新しきに若くは莫く、人は故きに若くは莫し。

衣は新しいものが一番だが、人は古くからの友にまさるものはない。

5 百年之計莫レ如レ植レ樹。（植＝うウ）

（百年の計は）樹を植うるに如くは莫し。

（百年の計をたてるのなら）木を植えることが一番である。

6 反レ身而誠、楽莫レ大レ焉。

（身を反りみて誠なるは、楽しみ）焉より大なるは莫し。

（自分自身をふりかえってみて誠実であることは、楽しみとして）これより大きいものはない。

---

2 型にはまった読み方はしっかり覚えよう！

1 置き字「於」による比較形。「二月の花」の送りがなに「よりも」をつけて「紅なり」に返る。「より」でも可。

2 これも「於」による比較形で、「莫レB二於A一（AよりBなるは莫し）」という形。「水」の送りがなに「より」をつけて「柔弱なるは莫し」へ返る。「よりも」でも可。二字の熟語「柔弱」のあとの三点への返り方に注意。

3 「A不レ如レB（AはBに如かず）」の型。「地利」「人和」は「地の利」「人の和」で、訳すときもそのままでよい。

4 「A莫レ若レB（AはBに若くは莫し）」の型。「莫＝無」「若＝如」である。「に」に続けるには連体形が必要で、「新し」「故し」はいずれも「新しきに」「故きに」となる。前半は下へ続くための中止法で、「若くは莫く」とすること。

5 これも「AはBに如くは莫し」の型。「植レ樹」は「樹を植う」。「植う」はワ行下二段動詞で、「に」に続けるために連体形にして、「植うるに」となる。

6 「莫レA焉」で「焉よりAなるは莫し」と読む型。「大」は「大なる」でよいが、「大きなる」でも可。

23 比較・選択(2)

解答

1 次の各文を口語訳せよ。

1 礼与其奢寧倹。（奢＝ぜいたくにする　倹＝質素）
礼は其の奢らんよりは寧ろ倹なれ。

礼はぜいたくにするよりはむしろ質素にせよ。

2 与人刃我、寧自刃。（刃＝殺す）
人の我を刃せんよりは、寧ろ自刃せん。

人に殺されるよりは、むしろ自害しよう。

3 与其富而畏人、不若貧而無屈。（畏＝おそれおののく。気をつかう　屈＝卑屈になる）
其の富みて人を畏れんよりは、貧しくして屈すること無きに若かず。

金持ちになって人を恐れるよりは、貧乏でも卑屈になることがないほうがよい。

4 寧人負我、毋我負人。
寧ろ人我に負くとも我人に負くこと毋かれ。

むしろ人が自分に背くことがあっても、自分が人に背くことがないようにせよ。

5 寧為刑罰所加、不為陳君所短。（陳君＝人名　短＝悪く言う）
寧ろ刑罰の加ふる所と為るとも、陳君の短る所と為らざらん。

むしろ刑罰を加えられても、陳君に悪く言われないようにしたい。

解説

1 「与（よりは）」「寧（むしろ）」はそのままの意味！

1 文末は「倹なれ」と命令形の形であるが、「むしろ質素にするほうがよい」のように訳してもよい。

2 これも、文末は「自刃せん」と意志の助動詞「ん」がある形であるが、「自害するほうがよい」「自害したほうがましだ」のように訳してもよい。

3 前半に「与（よりは）」という形があるが、「A 不若B（AはBに若かず）」と、言いたいことは同じである。

4 直訳すれば上段のようになるが、「自分が人に背くような人間であるよりは、人に背かれるほうがましだ」のように訳してもよい。

5 これも、直訳すれば上段のようになるが、「刑罰を加えられるほうが、陳君にそしられるよりはましだ」のように訳してもよい。「為…所…」の受身形もからんでいるので注意。

6 「**Aよりは、Bにいづれぞ**」は、直訳すれば、「Aよりは、Bと比べてどうか」ということであるが、つまりは、「AよりはBのほうがよいのではないか」と、**Bのほうを選択することを勧める表現**である。「孰若」は「孰与」と同じ。

7 こちらの「**AはBにいづれぞ**」の形が、「孰与」を用いた典型的な形である。「AはBと比べてどうか」で、やはり、「Bのほうがよいのではないか」「Bのほうがよいだろう」と**Bのほうを選択することを勧める言い方**である。

6 与其有楽於身、孰若無憂於其心。（楽＝快楽　憂＝心配事）

其の身に楽しみ有らんよりは、其の心に憂ひ無きに孰若れぞ。

肉体的に快楽があるよりも、心に心配事がないほうがよいのではないか。

7 坐而待伐、孰与伐人之利。

坐して伐たるるを待つは人を伐つの利に孰与れぞ。

何もしないで伐たれるのを待っているよりは、相手を伐つほうがよいのではないか。

2 口語訳を参考にして後の漢文を書き下し文にせよ。

1 私はむしろ知恵を闘わすことがあっても、力を闘わすことはできない。

吾寧闘智、不能闘力。

吾寧ろ智を闘はすとも、力を闘はす能はず。

2 ほかの人の妻となるよりは、むしろあなたの妾になりたい。（妾＝正妻でない夫人）

与為人妻、寧為夫子妾。

人の妻と為らんよりは、寧ろ夫子の妾と為らん。

---

2 句法（句形）の型を覚えていることが近道！

1 「闘」は「たたかはす」と他動詞に読み、「闘わすことがあっても」と逆接仮定条件の意にするために、接続助詞「とも」を用いる。後半は「能はず」に返るために連体形が必要であるが、「闘はす」は四段活用なので、「闘はす能はず」でＯＫ。

2 「為らんよりは」という言い方は、慣用的な型なので**婉曲の「ん」**を入れたが、「為るよりは」でも可。後半の「為らん」の「ん」は**意志の「ん」**で、こちらは必須である。

8 比較・選択

実戦演習問題

問題は本冊66ページ

解答

1 傍線部A「理明矣、而或不レ達ニ于事一」は、どういう意味か。最も適当なものを、次のうちから一つ選べ。

① 理念としては分かっているが、最後まで仕事を成し遂げられない場合がある。
② 理想ははっきりしていても、その実践が時宜(じぎ)にかなっていない場合がある。
③ 理解の仕方が鮮明であっても、それが大事業の達成に至らない場合がある。
④ 物事の処理には明るいが、肝心なことには手の及ばない場合がある。
⑤ 道理には明らかでも、実際の事に通じていない場合がある。

⑤

2 傍線部B「捨レ問、其奚決焉」は、どういう意味か。最も適当なものを、次のうちから一つ選べ。

① 質問という方法を止(や)めたら、いかなる問題の解決も望めない。
② 問うべき友人を捨ててしまったなら、何の決断もできないはずだ。
③ 問題点をほうっておくと、それは何によって解決できるのだろうか。
④ 問うことを捨ててしまったら、賢人か愚人かの区別がつかなくなる。
⑤ 試問を止(や)めてしまったら、学問好きかどうかを決めることができなくなる。

①

3 空欄［C］を含む一文「賢ニ于己一者、……問レ焉以資ニ切磋一」は、己を基準に比較した三段階の人に対して、どう対処するかを述べたものである。空欄［C］に入るものとして最も適当なものを、次のうちから一つ選べ。

① 不レルル知レラ己ヲ
② 類スルニ于己一ニ
③ 勝ルニ于己一ヨリ
④ 不レル如レカ己ニ
⑤ 不レル好レマ己ヲ

④

解説

1 「理」は「道理」！ 下との対句(ついく)にも留意！

「理」という語は、漢文では基本的に「道理」の意で用いる。①「理念」、②「理想」、③「理解」、④「処理」ではない。正解は⑤。

また、この傍線部は、直後の「其の大を識(し)れるも、或いは其の細(さい)を知らず」と類義的な対句になっているので、似たような意味内容の選択肢をさぐるというアプローチのしかたもある。

2 「奚をか…ん」は反語形！

「問ふを捨てて」は、①か④が適当である。②は「友人」、③は「問題点」、⑤は「試問」がキズである。

「奚をか決せん」は反語形。「何を決められようか、いや何も決められない」が直訳である。①は語を補って意訳してあるがＯＫ。④は「賢人か愚人かの区別」がキズ。正解は①。

3 三つのタイプの対比に着眼せよ！

ここは、三つの形が対比されている。
a 「己(おのれ)より賢なる者」には→「焉(これ)に問ひて…疑ひを破」る。
b 「［　］者」には→「焉に問ひて…一得を求め」る。
c 「己に等しき者」には→「焉に問ひて…切磋に資す」る。
aが自分よりすぐれている者、cが自分と同じくらいの者ということは、bには「自分より劣っている者」が入るのであろう。
選択肢の①は「自分を知らない」者、②は「自分と同じような」

4 傍線部D「聖人所㆑不㆑知、未㆓必不㆒㆑為㆓愚人所㆒㆑知也」は、どのようなことを言っているか。その説明として最も適当なものを、次のうちから一つ選べ。

① 聖人の知恵の及んでいる所には、愚人の知恵が反映されている。
② 聖人の知らないことは、もちろん愚人も知るはずがない。
③ 聖人の知らないことでも、愚人が知っている場合がある。
④ 聖人の関知しないことを、逆に愚人は必ず気にしている。
⑤ 聖人の知恵の及ばない所でこそ、愚人の知恵が生きる。

者、③は「自分よりまさっている」者、④は「自分に及ばない」者、⑤は「自分を好まない」者。自分より劣っているのは④である。

4 **「未必不…」には二重否定と部分否定がある**

ポイントは後半の「未だ必ずしも愚人の知る所と為さずんばあらざるなり」の訳し方。「未だ」や、見かけ上の「為…所…」の受身は、ここではあまり意味はなく、直訳すれば、「必ずしも愚人が知るところとならないわけではない」、つまり、「愚人が知っていることもある」ということになる。正解は③。

また、この傍線部は、直後の「愚人の能くする所、未だ必ずしも聖人の能くせざる所に非ずんばあらざるなり」と対句になっていて、内容的に同じようなことを言っている。

書き下し文 君子の学は必ず問ふを好む。問ふと学ぶとは、相ひ輔けて行く者なり。学ぶに非ずんば以て疑ひを致す無く、問ふに非ずんば以て識を広むる無し。学ぶを好むも問ふに勤めざれば、真に能く学ぶを好む者に非ざるなり。理明らかなるも、或いは事に達せず。其の大を識れるも、或いは其の細を知らず。問ふを捨てて、其れ奚をか決せん。己より賢なる者には、焉に問ひて以て其の疑ひを破り、己に如かざる者には、焉に問ひて以て一得を求め、己に等しき者には、焉に問ひて以て切磋に資す。

智者の千慮にも、必ず一失有り。聖人の知らざる所、未だ必ずしも愚人の知る所と為さずんばあらざるなり。愚人の能くする所、未だ必ずしも聖人の能くせざる所に非ずんばあらざるなり。理に専ら在ること無く、学に止まるの境無きなり。然らば則ち問ふこと少くべけんや。

通釈 君子の学問は、必ず質問することを大切にする。質問することと学ぶこととは、お互いに補い合って進んでいくものである。学ぶことをしなければ疑問をもつこともなく、質問をしなければ知識は広がらない。学ぶことを好んでも、積極的に質問をするのでないと、ほんとうに学問を好む者とは言えない。道理には明るくても、実際の事に通じていない場合がある。物事のおおよそはわかっていても、細かいことがわかっていない場合もある。質問という方法をやめたら、いかなる問題の解決も望めない。（だから）自分より賢い人には質問して疑問を解決し、自分より劣る人にも質問して一つでも得になることを求め、自分と同等の人にも質問してお互いに知識をみがくようにするのである。

知者のすぐれた多くの考えの中にも、時には間違いがある。聖人が知らないことでも、愚人が知っている場合がある。愚人ができることでも、聖人ができない場合がある。道理の中に安住してはいられないし、学問にも停滞するという状態はあってはならない。だとすれば、質問するということは、欠くことのできない行為ではないか。

24 仮定

基礎演習ドリル

問題は本冊68ページ

解答

1 次の各文を口語訳せよ。

1 如君不レ君、臣不レ臣。（君＝主君）

如し君君たらずんば、臣臣たらず。

もし主君が正しい主君でなかったら、臣下は臣下たりえない。

2 苟利二於民一、孤之利也。（孤＝私。王の自称）

苟しくも民に利あらば、孤の利なり。

かりにも民に利益があるならば、それは私の利益だ。

3 縦我不レ往、子寧不レ来。

縦ひ我往かずとも、子寧ぞ来たらざる。

たとえ私が行かなくても、あなたはどうして来ないのか。

4 国雖レ大、好レ戦必亡。

国大なりと雖も、戦ひを好めば必ず亡ぶ。

国が大きいとは言っても、戦争を好めば必ず亡びる。

5 微二孔孟一、王道不レ興。（孔孟＝孔子と孟子）

孔孟微かりせば、王道興らざりしならん。

孔子と孟子がいなかったならば、王道は興らなかったであろう。

解説

1 仮定形はだいたい読んだとおりの意味！

1 「君、君たらずんば」は直訳すれば「主君が主君でなかったら」であるが、それでは何を言いたいのかわからないので、この文だけではやや難しいところであるが、「主君が正しい主君でなかったら」のように、言いたいことの意図をくみ取りたいところである。

2 「**苟しくも**」は「如し」とほとんど同じであるが、習慣上「かりにも…ならば」と訳すことが多い。「孤」は「寡人（かじん）」「不穀（ふこく）」と同義で、王侯の自称。重要単語である。

3 「**縦ひ**」は「**終止形＋とも**」と呼応する。「連体形＋も」と読むこともあり、その場合は、「縦ひ我往かざるも」と読むが、意味は同じである。後半に「寧ぞ…ざる」の疑問形がある。

4 「**雖**」は必ず「**と**」から返読して「…といへども」。読んだとおりの意味である。「ども」が逆接仮定条件の接続助詞。

5 「**微**」は「無」と同じである。「微二…一」で「…**なかりせば**」と読み、「**（もし）…がなかったならば**」と訳す、型にはまった仮定形である。古文の**反実仮想**（もし…なら…だろうに）に相当する表現で、この文も、実際には孔子や孟子はいたのだから、王道（儒家（じゅか）の理想とした、君主の人徳にもとづく政治のあり方）は興ったのである。

2 次の各文の傍線部を書き下し文にして、口語訳せよ。

1 苟有レ過、人必知レ之。（過＝あやまチ）

苟しくも過ち有らば、（人必ず之を知る。）

訳 かりにも自分に過ちがあれば、（人は必ずそれを知る。）

2 自反而縮、雖二千万人一吾往矣。（縮＝正しければ　往＝たち向かって行く）

（自ら反みて縮くんば、）千万人と雖も（吾往かん。）

訳 （自分をふりかえってみて正しければ、）たとえ相手が千万人であっても（私は立ち向かって行く。）

3 縦上不レ殺レ我、我不レ愧二於心一乎。（上＝王）

縦ひ上我を殺さずとも、（我心に愧ぢざらんや。）

訳 たとえ王が私を殺さなくても、（私は心の中で恥じずにいられようか。）

4 苟非二吾之所一レ有、雖二一毫一莫レ取。（有＝いうス。サ変動詞。持つ　一毫＝ほんのわずか）

a 苟しくも吾の有する所に非ざれば、

訳 かりにも自分の持っているものでなければ、

b 一毫と雖も（取る莫し。）

訳 ほんのわずかであっても（取ったりはしない。）

---

2 呼応する表現が仮定の読みのポイント！

1 「苟しくも」は、原則として「未然形＋ば」と呼応する。「過ち」は名詞だから、送りがなしで「有」へ返り、「苟しくも過ち有らば」となる。「有り」はラ変。

2 「雖」は必ず「と」から返読するので、「千万人と雖も」でＯＫ。ちなみに上の「縮くんば」のような形も、型にはまったものというわけではないが仮定形である。「連用形＋は」の「縮くは」という仮定の形が、「は」の前に撥音「ん」が入ることによって、「は」が「ば」と濁音化したものである。

3 「縦ひ」は「終止形＋とも」あるいは「連体形＋も」と呼応する。「殺さずとも」が一般的であるが、「殺さざるも」でも可。「上」は王侯を言う語で、重要単語である。後半に「乎」による「…んや」の反語形がある。

4 aは「苟しくも」で、原則的には「未然形＋ば」と呼応するが、「非ざらば」とはあまり言わず、「非ざれば」のほうがふつうである。漢文では、「未然形＋ば」「已然形＋ば」の区別はそれほど厳密ではないので、口調のよいほうで読めばよい。「所」に返るために「有す」は連体形にして「有する」。「所」には「に」をつけて「非ず」へ。「有」は「持つ」の意味なので「あり」ではない。bは「一毫と雖も」できまり。「一毫」は「寸毫・秋毫・毫毛・毫末」などでも同じで「ほんのわずか」なことをいう重要単語。

9 仮定

実戦演習問題

問題は本冊70ページ

解答

1 傍線部(ア)「有レ異二於常一」・傍線部(イ)「不レ爾無レ生矣」とあるが、その意味内容として最も適当なものを、次のうちから一つずつ選べ。

(ア) 有レ異二於常一

① 普通の状態に比べて深刻である。
② ふだんよりは良くなってきている。
③ 日ごとに様子が変化している。
④ 日ごろから自覚していたようだ。
⑤ 以前と変わった点があったはずだ。

(イ) 不レ爾無レ生矣

① そうとでも考えなければ、生きていく気力もうせるであろう。
② 並の肉体の人間であれば、死んでも不思議はないだろう。
③ そういう暮らしができないのならば、生きる意味もなかろう。
④ この方法を実行しなければ、生命を落とすことになるであろう。
⑤ このやり方でもだめならば、命を救うことはできないだろう。

(ア) ①

(イ) ④

2 傍線部A「当極怒嘔血」は、「当(まさ)に怒(いか)りを極(きは)めて血(ち)を嘔(は)かしむべし」と読む。どのように返り点をつけるのがよいか。最も適当なものを、次のうちから一つ選べ。

① 当二極怒一レ嘔レ血
② 当極レ怒レ嘔血
③ 当二極レ怒嘔血一
④ 当レ極二怒嘔一血
⑤ 当二極レ怒嘔一レ血

⑤

解説

1 **華佗の言葉の文脈から意味を判断！**

(ア)「常に異なれる有り」は「ふつうとは違う症状がある」ということ。送りがなは「常に」となっているが、「常よりも」と比較にも読める。この傍線のあと華佗(かだ)が息子に語っている「能く疾(やまひ)を去」らせないと「生くること無からん」という内容から考えても、郡守はかなり重い症状ということがわかる。正解は①。

(イ)「爾らざれば」は「そうしなければ」で、「爾」の指し示す内容は「当に怒りを極めて血を嘔(は)かしむ」という「疾を去る」ための方法。ここでズバリ④である。「生くること無からん」の訳は、②・④・⑤いずれでもOK。①は「気力」、③は「意味」がキズである。正解は④。

2 **再読文字「当」の二度めの読みがポイント！**

読み順は「当→怒→極→血→嘔→当（べし）」である。「怒→極」は一字上だからレ点。「血→嘔」も一字上でレ点だが、「嘔」から再読文字の二度めの読みへ三文字返るために、「嘔」の左下は「一レ」になり、「当」の左下に二点。正解は⑤。

「嘔(は)かしむ」の「しむ」は意味上使役に読んでいる。

3 **「若し」は「未然形＋ば」と呼応する！**

選択肢の前半・後半とも、2対2対2の配分がある。

まず前半だが、「病気が治せるのなら」という訳からすると、③・

3 傍線部B「若獲レ癒何謂不レ言」は、「病気が治せるのなら、どうしてお話ししないことがありましょうか」という意味である。返り点に従って書き下すとどうなるか。最も適当なものを、次のうちから一つ選べ。

① 若し癒ゆるを獲るも何謂れぞ言はじ。
② 若し癒ゆるを獲るも　何謂れぞ言はざる。
③ 若し癒ゆるを獲ば　何謂れぞ言はざる。
④ 若し癒ゆるを獲ば　何謂れぞ言はんや。
⑤ 若し癒ゆるを獲んとて　何謂れぞ言はんや。
⑥ 若し癒ゆるを獲んとて何謂れぞ言はじ。

③

4 傍線部C「父大怒」とあるが、「父」が怒った理由として最も適当なものを、次のうちから一つ選べ。

① 華佗が家にやってきて、目の前で筆をふるい、自分の欠点を批判がましく書き連ねたから。
② 華佗が、自分の起こした過去の犯罪を紙に書いて張り出し、広く世間の人々に示したから。
③ 華佗が、優れた医学書を手元に置き、他人が借りようとすると、かたくなに拒絶したから。
④ 華佗が残した書状を見たところ、自分の過去がすべて暴かれたうえ、非難されていたから。
⑤ 華佗が書いた著作を読んだところ、息子と一族の悪口が、こと細かく記載されていたから。

④の「若し癒ゆるを獲ば」という仮定形でなくてはならない。「獲（＝得）」に可能の意味がある。そもそも「若し」は「ば」と呼応しなければならないので、③・④しかない。

④の「何謂れぞ言はんや」では「不」の読みがなく、「どうして話すだろうか、いや話さない」となり、訳と逆になる。正解は③。

「どうしてお話ししないことがありましょうか」という訳し方自体は反語形であるから、正確には、③の読み方は「何謂れぞ言はざらん（や）」になっていてほしいところである。

4 **理由は傍線部の近くで述べられる!**

直前で、息子が「具に父の従来為す所の乖誤せる者」を語り、華佗が「書を留めて之（＝父）を責罵」したことが、父が「大いに怒」った理由である。それは、実は、父の病気を治すための手段だったのではあるが、父はその事情を知らないので、箇条書きされた自分の過ちを見て怒ったのである。

書き下し文　華佗医を善くす。嘗て郡守の病むこと甚だしきもの有り。佗之に過る。郡守佗をして診候せしむ。佗退きて其の子に謂ひて曰はく、「使君の病は常に異なれる有り。瘀血を積みて腹中に在り。当に怒りを極めて血を嘔かしむべし。即ち能く疾を去らん。爾らざれば生くること無からん。子能く尽く家君の平昔の愆を言はば、吾疏して之を責めん」と。其の子曰はく、「若し癒ゆるを獲ば何謂れぞ言はざる」と。是に於いて具に父の従来為す所の乖誤せる者を以て、尽く佗に示す。佗書を留めて之を責罵す。父大いに怒り、吏を発して佗を捕へんとするも、佗至らず。遂に黒血を嘔くこと升余にして、其の疾乃ち平らぐ。

通釈　華佗は医術に優れていた。以前、郡の長官が大病を患ったことがあった。華佗が（その郡の長官の住む町を）通りかかった。郡の長官は華佗に（自分の病気を）診察させた。華佗は（診察を終え、郡の長官の前から）退き、長官の息子に言った、「長官の病気は普通に比べてかなり深刻です。濁った悪い血が溜まって腹の中にあります。怒りを極めさせて血を吐かせるべきです。（そうすれば）すぐに病気を治すことができましょう。そうしないと、生きられないでしょう。あなたが父君の以前からの過ちをすべて言うことができるならば、私が（それを）箇条書きにして（父君を）責め立てましょう」と。その息子は言った、「病気が治せるのなら、どうしてお話ししないことがありましょうか」と。そこで、（息子は）ことこまかに、父が以前から行ってきた過ちをすべて華佗に教えた。華佗は（それを）書き留めて長官を責めののしった。（ののしられた）父（＝長官）はたいそう怒り、役人をつかわし、華佗を捕えようとしたが、華佗は（つかまらず）やってこなかった。とうとう（長官は）黒い血を一升あまりも吐き、その病気は快復した。

25 限定

基礎演習ドリル

問題は本冊72ページ

解答

1 次の各文（傍線のあるものは傍線部のみ）を書き下し文にして、口語訳せよ。

1 夫子之道忠恕而已矣。
（夫子＝先生。孔子のこと　忠恕＝まごころと思いやり）

夫子の道は忠恕のみ。

訳 先生の道はまごころと思いやりだけだ。

2 雖殺之無益。祇益禍耳。

（之を殺すと雖も益無し。）祇だ禍ひを益すのみ。

訳 （この者を殺しても何の益もない。）ただ禍いが増すだけだ。

3 道二。仁与不仁而已矣。

（道は二つ。）仁と不仁とのみ。

訳 （道はただ二つ。）仁と不仁とだけだ。

解説

1 「ただ」が読めて、「のみ」をひらがなにできればよし！

1 「之（の）」と「而已矣（のみ）」がひらがなにできればＯＫである。この場合の「而已矣」はどちらかといえば限定よりも強調に近く、「先生の道（とするところ）はまごころと思いやりなのだ」と訳してもよい。「夫子」は「先生」であるが、『論語』の中では孔子のことである。

2 「祇だ…のみ」と呼応している形。「耳（のみ）」は単純に読みの問題としてもよく出る。ここは「ただ…だけだ」という典型的な限定の訳し方がよくあてはまる。

3 「仁与不仁」の部分は「A与B（AとBと）」の形。1と同様「而已矣」で「のみ」である。ここは「…だけだ」という限定の訳し方でよさそうである。「与（と）」と「而已矣（のみ）」をひらがなにする。

4 文末に「耳・已」などの字がなくても、「ただ」は限定の対象となる語（ここでは「士」）に送りがなとして「のみ」を呼応させることが多い。「能くす」は「できる」意のサ変動詞。

5 「特だ…のみ」と呼応している形。「之（の）」もひらがなにする。この場合の「…にすぎない」には、孟嘗君の世間的な好評価に対する異論を唱える感じがある。

6 「独り」を用いた限定形。「独り」も文末に「耳・已」などの字がなくても、限定の対象となる語（ここでは「秦」）に送りがなとし

4 無㆓(クシテ)恒産㆒而有㆓(ル)恒心㆒者(ハ)、惟(ダ)士(ノミ)為㆑(ス)能(クスト)。
（恒産＝一定の財産　恒心＝不変の心　者＝こと　士＝学徳のある人）

（恒産無くして恒心有る者は、）惟だ士のみ能くすと為す。

訳 （一定の財産がなくても不変の心があるということは、）ただ学徳のある人だけができることである。

5 孟(まう)嘗(しやう)君(くん)(ハ)特(ダ)鶏(けい)鳴(めい)狗(く)盗(たう)之雄(ナル)耳。
（孟嘗君＝戦国時代の斉の実力者　鶏鳴狗盗＝ものまねやこそどろ　雄＝親分）

（孟嘗君は）特だ鶏鳴狗盗の雄なるのみ。

訳 （孟嘗君は）ただものまねやこそどろの親分にすぎない。

6 独(リ)秦(しん)(ノミ)能(ク)苦㆑(シメン)趙(てう)(ヲ)。（秦・趙＝国名）

独り秦のみ能く趙を苦しめん。

訳 ただ秦だけが趙を苦しめることができるだろう。

7 初(メハ)極(メテ)狭(ク)纔(カニ)通㆑(ズルノミ)人(ヲ)。

（初めは極めて狭く）纔かに人を通ずるのみ。

訳 （はじめはたいそう狭くて）わずかに人一人が通れるだけであった。

て「のみ」をつける。「独り」は、「ただ一人」のように「一人」の意味合いがあることもあるが、だいたいは、「唯」などと同じく「ただ…だけ」でよい。「能く」に「…できる」という可能の意がある。

7 「纔(わづ)かに」を用いた限定形。ここも、送りがなで「のみ」を用いている。「纔かに」の場合は、訳し方も「わずかに…」のままでよい。

26 抑揚

基礎演習ドリル

問題は本冊74ページ

解答

1 次の各文を口語訳せよ。

[1] 天地尚不能久、而況於人乎。

（久＝永遠であり続ける）

天地でさえ永遠であり続けることはできない、まして人間であればなおさらである。

天地すら尚ほ久しくする能はず、而るを況んや人に於いてをや。

[2] 将軍且死、妾安用生乎。

（妾＝私　用生＝生きる）

将軍さえも死んでしまった（のに）、私がどうして生きていられようか。

将軍すら且つ死せり、妾安くんぞ生を用ひんや。

[3] 以獣相食且人悪之。（悪＝嫌う）

動物が食い合うのさえも人は嫌うのである。（まして人間同士であればなおさらだ。）

獣の相ひ食らふを以てすら且つ人之を悪む。

[4] 并州且不得住、何況得帰咸陽。

（并州・咸陽＝地名）

并州にさえとどまることができない、まして、どうして咸陽に帰ることができようか。

并州すら且つ住まるを得ず、何ぞ況んや咸陽に帰るを得ん。

解説

1 訳し方の典型に慣れておきたい！

[1] **「Aすら尚ほB、而るを況んやCをや」**の形。「而るを」は訳すなら「なのに」くらいの意味であるが、無理に訳に反映する必要はない。後半の「況んや人に於いてをや（まして人間であればなおさらである）」という形は、抑揚形には非常に多い表現である。

[2] **「Aすら且つB、安くんぞCんや」**と、後半に反語形がある形。「死せり」は、サ変動詞「死す」の未然形「死せ」に、完了の助動詞「り」がついたものである。

[3] **「Aを以てすら且つB」**で、後半に「況んや人に於いてをや（まして人間同士であればなおさらだ）」、もっと詳しく言うなら「況んや人の相ひ食らふをや（まして人間同士が食い合うことは、当然嫌う）」のような表現が省略されている形である。

[4] **「Aすら且つB、何ぞ況んやCんや」**の形。後半に「況んや」も反語形もある場合は、文末は「をや」ではなく、「んや」と**反語形の読みを優先**する。并州に左遷されていた筆者が、さらに遠い地に移されることになり、都の咸陽からますます遠ざかるつらい思いを言っている。

2 口語訳を参考にして後の漢文を書き下し文にせよ。

1 あなたでさえそうだ、まして高綱(たかつな)であればなおさらだ。

子 且 然、況 高 綱 乎。

> 子すら且つ然り、況んや高綱をや。

2 顔回(がんかい)でさえ過ちが無いということはできない、ましてその他の人（＝其の余(よ)）であればなおさらだ。

顔 回 尚 不ㇾ能ㇾ無ㇾ過、況 其 余 乎。

> 顔回すら尚ほ過ち無き（こと）能はず、況んや其の余をや。

3 鳥や獣(けもの)でさえ恩を知っている、人間がどうして恩を知らないことがあろうか。

禽(きん) 獣(じゅう) 且 知ㇾ恩、人 安 不ㇾ知ㇾ恩 哉。

> 禽獣すら且つ恩を知る、人安くんぞ恩を知らざらんや。

4 菅公(かんこう)（菅原道真）のような賢人でさえ、なお権力を慕う心がないということができないのだ。

以二菅 公 之 賢一猶 不ㇾ能ㇾ無二恋ㇾ権 之 意一。

> 菅公の賢を以てすら猶ほ権を恋ふるの意無き（こと）能はず。

---

2 「況んや…をや」の呼応が一番のポイント！

1 前半は、「子(し)」に「すら」をつけて、「**子すら且(か)つ然(しか)り**」。「そうだ」が「然り」である。後半は、「高綱」が名詞であるから、「**況んや高綱をや**」でよい。

2 「顔回」に「すら」をつけて、「**顔回すら尚ほ**」。「不ㇾ能ㇾ無ㇾ過」は下から順に「過ち（名詞）→無き（連体形）→能は→ず」である。「能はず」へは連体形から返る。後半は「其の余(よ)」に「を」をつけて、「**況んや其の余をや**」でよい。

3 「禽獣」に「すら」をつけて、「**禽獣すら且つ**」。「知ㇾ恩」は口語訳のとおり「恩を知る」でよい。後半は「人」のあと、反語形「安くんぞ…んや」の形である。「不」を未然形にして、「**安くんぞ恩を知らざらんや**」となる。

4 「**…を以てすら猶ほ…**」の形。**後半の「況んや…をや」が省略され**た形である。「菅公の賢を以てすら猶ほ」のあと、「恋ㇾ権 之 意」の部分が口語訳の「権力を慕う心」であろうから「権を恋ふるの意」。「恋ふ」はハ行上二段で、「之（の）」に続けるために連体形にする。そこから「無き（こと）能はず」へ返る。

解答

1 傍線部A「此妄言耳」とあるが、太祖はどのようなことを「妄言」とみなしているのか。文中の語句（波線部ⓐ～ⓕ）で答えるとすればどれか。最も適当なものを、次のうちから一つ選べ。

① ⓐ 軍国多事、用レ刑厳重。
② ⓑ 議欲ニ面縛首一レ罪、
③ ⓒ 待ニ三日中一、然後自帰。
④ ⓓ 以レ刀穿ニ単衣一、
⑤ ⓔ 謬為ニ失意一、貌有ニ愁色一。
⑥ ⓕ 鼠齧レ衣者、其主不吉。

2 傍線部B「児衣在レ側、尚齧、況鞍懸レ柱乎」の解釈として最も適当なものを、次のうちから一つ選べ。

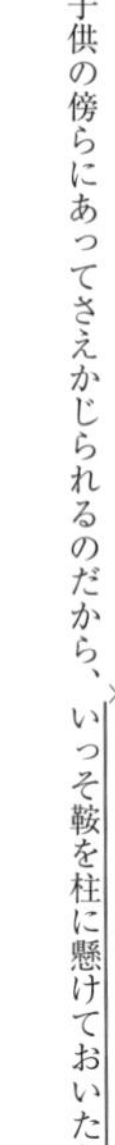

① 身近にあった子供の衣でさえかじられるのだから、いっそ鞍を柱に懸けておいたらどうだろうか。
② 太祖の衣が子供の傍らにあってさえかじられるのだから、いっそ鞍を柱に懸けておいたらどうだろうか。
③ 身近にあった子供の衣でさえかじられるのだから、鞍を柱に懸けておくべきではなかった。
④ 太祖の衣が子供の傍らにあってさえかじられるのだから、柱に懸けてある鞍がかじられるのは当然だ。
⑤ 身近にあった子供の衣でさえかじられるのだから、柱に懸けてある鞍がかじられるのは当然だ。

3 傍線部C「一無レ所レ問」の意味として最も適当なものを、次のうちから一つ選べ。

① いっさい責任を追及しなかった。
② すこしも疑いの余地がなかった。
③ すこしも聞きただすものがいなかった。
④ だれ一人として見舞うものがなかった。
⑤ だれ一人として怪しむものがなかった。

解説

1 **「此」が指すものは近いところにある！**

「此れ」の指す内容を問うているのであるが、「妄言」という以上、対象となるのは「ことば」のはずである。「妄言」は「うそ。でたらめ」の意。

ⓐ～ⓕのうち、「ことば」はⓒとⓕしかないが、ⓒについては太祖の知らない場でのことなのだから、正解は⑥のⓕである。

「此れ」は近称の代名詞であることからも、ⓕが最も近い。

2 **「Aすら尚ほB、況んやCをや」はBを強調する！**

「児衣の側に在りてすら、尚ほ齧らる、況んや鞍の柱に懸けたるをや」は、「Aすら尚ほB、況んやCをや」で「AでさえBなのだから、ましてCであればなおさらBだ」と訳す**抑揚形**。抑揚形は「なおさらBだ」と、Bの位置のことを強調することがポイント。この場合は「かじられる」ことの強調になる。

選択肢前半は、①・③・⑤と②・④の**3対2の配分**、後半は①・②と③と④・⑤の**2対1対2の配分**になっている。「児衣」なのだから、前半は②・④の「太祖の衣が」は×。後半は「かじられる」ことの強調だから④・⑤が適当である。正解は⑤。

3 **主語の「太祖は」を選択肢につけてみよ！**

「一も」は、①の「いっさい」、②・③の「すこしも」とか、「まったく」のような訳し方をする。④・⑤のように「だれ一人として」と訳すのはやや無理がある。

4 傍線部D「沖 仁 愛 識 達、皆 此 類 也」とあるが、「此」は哀王のどのような行動を指すのか。最も適当なものを、次のうちから一つ選べ。

① 自分の衣に刀で鼠がかじったような穴をあけてしまったが、鞍を鼠にかじられた倉庫番とともに進んで自分たちの罪を認めることで、かえって太祖を感嘆させたこと。

② 太祖の鞍を鼠にかじられたのみならず、太祖の衣にまで穴をあけてしまったが、忠義の心に厚い倉庫番の忠告を素直に聞き入れて謝罪し、太祖の我が子に対する期待に十分にこたえたこと。

③ 太祖の鞍を鼠にかじられた倉庫番の身を思いやり、わざと自分の衣に穴をあけ鼠にかかわる俗信に対する太祖の反応を利用することによって、太祖の倉庫番に対する怒りをそらせ命を救ったこと。

④ 鼠が鞍までもかじらざるをえないことから倉庫の中の穀物が横領されている事実に気づき、わざと太祖の衣に穴をあけて太祖の関心を巧みに倉庫番に向けさせることによって、強欲な倉庫番をこらしめたこと。

⑤ 倉庫番の不注意から大切な鞍を鼠にかじられ、それを不吉の予兆だとする俗信にとらわれて失意にあった太祖の気持ちを察し、自分の衣にも穴をあけるという子供らしい機知によって太祖の笑いを誘って慰めたこと。

ところで、この部分の**主語は太祖**である。「太祖は」を各選択肢のあたまに補ってみると、文として成り立つのは①「太祖はいっさい責任を追及しなかった」だけである。あとの②～⑤はいずれも「主語－述語」の呼応がおかしくなる。

太祖は、馬の鞍を鼠にかじられた倉庫番の役人の「責任」を「いっさい追及しなかった」のである。

4 **本文全体の哀王沖の行動との合致をさぐる！**

傍線部は「沖の仁愛識達、皆此の類なり」にあるが、要は哀王沖の行動を問うているのであるから、本文全体の話の流れと合致する選択肢を見つければよいのである。

正解は明らかに③で、他の①・②・④・⑤の選択肢はそれぞれ大きなキズがある。

書き下し文

哀王沖、字は倉舒、少くして聡察岐嶷たり。時に軍国多事にして、刑を用ふること厳重なり。太祖の馬鞍庫に在りて、鼠の齧る所と為る。庫吏必ず死せんことを懼れ、議して面縛し罪を首さんと欲するも、猶ほ免れざるを懼る。沖謂ひて曰はく、「三日の中を待ち、然る後自ら帰せよ」と。沖是に於いて刀を以て単衣を穿ち、鼠の齧る者のごとくし、謬りて失意を為し、貌に愁色有り。太祖之を問ふに、沖対へて曰はく、「世俗以て鼠の衣を齧る者は、其の主不吉なりと為す。今単衣齧らる、是を以て憂戚す」と。太祖対へて曰はく、「此れ妄言なるのみ。苦しむ所無きなり」と。俄にして庫吏鞍を齧らるるを以て聞す。太祖笑ひて曰はく、「児衣の側に在りてすら、尚ほ齧らる、況んや鞍の柱に懸けたるをや」と。一も問ふ所無し。沖の仁愛識達、皆此の類なり。

通釈

哀王沖は、字は倉舒といい、幼いころから賢く才知に秀でていた。当時軍事にも国政にも事件が多くて、刑罰の執行も厳しかった。ある時、太祖の馬の鞍が倉庫にあって、鼠にかじられた。倉庫番は必ず死罪になるだろうと恐れ、自ら両手を後ろ手に縛って自首しようとしたが、それでもなお（死罪を）免れないかもしれないと恐れた。（そのとき）沖が言った、「三日間待って、その後に自首せよ」と。沖はそこで刀でもってひとえの着物に穴をあけ、まるで鼠がかじったようにして、わざとがっくりしたような様子をし、悲しそうな表情を浮かべていた。太祖がその理由を尋ねると、沖は答えて言った、「世間の俗言で、鼠が着物をかじったら、その持ち主によくないことが起こると言っています。今私のひとえの着物がかじられたので、それで心配しているのです」と。太祖はそれに対して言った、「そんなものは迷信じゃ。何も気にする必要はない」と。やがて、倉庫番が鞍をかじられたことを申し上げ（に参上し）た。太祖は笑って言った、「身近にあった子供の衣でさえかじられるのだから、まして柱に懸けてある鞍がかじられるのは当然だ」と。（そう言って）いっさい（倉庫番の）責任を追及しなかった。沖の思いやりの深さや見識のすぐれていることは、みなこういったたぐいのことであった。

解答

1 次の各文を口語訳せよ。

1 非ズ㆔独リ賢者ノミ有ルニ㆓是ノ心㆒。（是心＝仁義の心）

独り賢者のみ是の心有るに非ず。

ただ賢者だけが仁義の心があるのではない。

2 疑フ㆑臣ヲ者不㆓唯ダニ三人ノミナラ㆒。（臣＝私）

臣を疑ふ者唯だに三人のみならず。

私を疑う者はただ三人だけではない。

3 非ズ㆓特ダニ末(すゑ)見(あらは)ルル而已ニ㆒。（末＝錐(きり)の先端）

特だに末見るるのみに非ず。

ただ錐の先端があらわれるだけではない。

4 豈ニ惟ダニ口腹ニノミ有ランヤ㆓飢(き)渇(かつ)之(の)害㆒、人之心モ亦(また)皆有リ㆑害。（飢渇之害＝飢えや渇きの苦しみ）

豈に惟だに口腹にのみ飢渇の害有らんや、人の心も亦皆害有り。

どうしてただ口や腹にだけ飢えや渇きの苦しみがあるだろうか、（いや）人の心にもまたその苦しみはあるのだ。

5 故郷何ゾ独リ在ルノミナランヤ㆓長安㆒。

解説

1 どういうことが累加されているのかを考えよう！

1 「独り…のみ…に非ず」という表現で、「ただ…だけが…なのではない」という訳し方をする。ただ賢者にだけでなく、人には皆この「仁義の心」がある、ということを言っている。

2 「唯だに…のみならず」の形。私を疑う者は三人だけでなく、もっとたくさんいる、ということを言っている。

3 「特だに…のみに非ず」の形であるが、「のみ」が送りがなではなく「而已」で記されている。先っぽの部分だけでなく、ブスッと全部出てくる、ということを言っている。

4 「豈に惟だに…にのみ…んや」で「どうしてただ…にだけ…だろうか、いや…にだけ…ではなく、その上…」という意。この場合は累加して類推させるべき表現である「人の心も亦皆害有り」が記されている。

5 「何ぞ独り…のみならんや」の形。故郷は長安の都にあるだけではなく、左遷されて訪れた土地とはいえ、ここも住めば故郷だ、ということを言っている。

故郷はどうしてただ長安にあるだけであろうか。

故郷何ぞ独り長安に在るのみならんや。

2 次の各文の傍線部を書き下し文にして、口語訳せよ。

1 悲嘆(セシハ)者 非$_{二}$独 我$_{一}$、人 皆 涕(てい)泣(きふセリ)。

(悲嘆せし者は)独り我のみに非ず、(人皆涕泣せり。)

訳 (悲しみ嘆いていたのは)ただ私だけではなく、(人々は皆涙を流した。)

2 豈 唯 我 之 罪。

豈に唯だに我の罪のみならんや。

訳 どうしてただ私一人の罪であろうか。

3 非$_{二}$直 於$_{レ}$身 有$_{レ}$益。(於＝おイテ)

直だに身に於いて益有るのみに非ず。

訳 ただ自分の身にとって有益であるだけではない。

4 豈 徒 斉 民 安、天 下 之(の) 民(たみ) 挙(みな) 安(やすシ)。

(斉＝国名　安＝安心して暮らせる)

豈に徒だに斉の民安きのみならんや、(天下の民挙安し。)

訳 どうしてただ斉の人民が平安なだけであろうか、(いや、天下の人民がみな平安なのだ。)

---

2 読み方の型は覚えなくてはならない！

1 「**非独…**」は「**独り…のみに非ず**」の形。「我」は名詞なので「我のみに」と読めばよい。

2 「**豈唯…**」は「**豈に唯だに…のみならんや**」で、「どうしてただ…だけであろうか、いや、ただ…だけでなく…」の意。「のみ」をつける位置は「罪」のあとであるが、意味上は、「豈に唯だに我のみの罪ならんや」でもよいところである。私一人の罪ではない、罪を問われるべき者はほかにもいる、ということを言っている。

3 「**非直…**」は「**直だに…のみに非ず**」の形。「於$_{レ}$身」は「身に於いて」で、「自分にとって」の意。「益」はここでは「利益」の意の名詞であるから、直(じか)に「有り」へ返り、「有」は「のみ」に続けるために「有る」と連体形にする。

4 「**豈徒…**」は「**豈に徒だに…のみならんや**」の形。下に「天下の民挙(みな)安(やす)し」とあるから、「斉民」は「斉の民」、「安」は「安し」であることがわかる。「安し」を「のみ」に続けるには連体形が必要なので「安きのみならんや」となる。

28 願望

基礎演習ドリル

問題は本冊80ページ

解答

1 次の各文を口語訳せよ。

1 請フ以テレ戦ヒヲ喩ヘン。（戦＝戦争の話）

請ふ戦ひを以て喩へん。

どうか戦争の話でたとえさせてください。

2 願ハクハ為リテ二黄鵠一ト兮還ラン二故郷一ニ。（黄鵠＝鳥の名）

願はくは黄鵠と為りて故郷に還らん。

できるならば黄鵠となって故郷に帰りたい。

3 幸ハクハ分カタレヨ二我ニ一桮ノ羹ヲ一。（羹＝スープ）

幸はくは我に一桮の羹を分かたれよ。

どうか私に一杯のスープを分けてください。

4 庶ハクハ免レンレ為ルヲ二人ノ所トレ笑フ一。

庶はくは人の笑ふ所と為るを免れん。

何とかして人に笑われないようにしたい。

5 在リテハレ天ニ願ハクハ作ラン二比翼ノ鳥一ト。（比翼鳥＝羽を重ねて雌雄一体となって飛ぶという鳥）

天に在りては願はくは比翼の鳥と作らん。

天にあってはできるなら比翼の鳥となりたいものだ。

解説

1 文末が「ん」か命令形かで訳し分ける！

1 「請ふ…ん」と、文末が「ん」であるから、自己の願望で、「どうか…させてください」と訳す形。

2 「願はくは…ん」で、やはり自己の願望であるが、この場合は「どうか…させてください」ではなく、「なんとかして…したい」「どうにかして…したい」「できることなら…したい」のような訳し方のほうが適当である。

3 「幸」は「願」と同じ「ねがはくは」である。文末が命令形（「れよ」が尊敬の助動詞「る」の命令形）であるから、「どうか…してください」と相手への願望の形になる。

4 「庶」は「こひねがはくは」。文末が「ん」であるから自己の願望であるが、この場合も「なんとかして…したい」の訳し方が適当である。「為二人所一レ笑（人の笑ふ所と為る）」の部分に受身形があり、「人に笑われる」。

5 白居易の「長恨歌」の有名な一節。「願はくは…ん」で自己の願望であるが、ここも「できることなら…したい」の訳があてはまる。この句は「…と作り」と読んで、このあとに「地に在りては願はくは連理の枝と為らん（地にあってはできるなら連理の枝になりたいものだ）」という句が対句になっている。「連理の枝」は、根は別々で上の方で枝が一体となっている木で、「比翼の鳥」とともに、男女（夫婦）の契りの深いことのたとえ。

2 口語訳を参考にして後の漢文を書き下し文にせよ。

1 どうか先生の志（こころざし）を聞かせてください。

願 聞二子 之 志一。（子＝先生）

願はくは子の志を聞かん。

2 私に、西周（せいしゅう）（国名）に水を流させるようにさせてください。

臣 請、使二西 周 下レ水。（下＝くだス）

臣請ふ、西周をして水を下さしめん。

3 王様、どうか私を疑わないでください。

王、請 勿レ疑レ我。

王、請ふ我を疑ふ（こと）勿かれ。

4 何とかして残りの人生を無事に保ち終えたいものだ。

庶 保二卒 余 年一。（保卒＝たもチをフ。ハ行下二段動詞）

庶はくは余年を保ち卒へん。

---

2 **自己の願望か、相手への願望か?**

1 「**どうか**…聞か**せてください**」は**自己の願望**。「**願はくは…ん**」の形が必要である。「先生の志」が「子の志」、「聞く」を未然形にして「聞かん」となる。

2 「**私に…させてください**」であるから、**自己の願望**。「西周をして水を下さしめん」と、使役の形もしっかり読めなければならない。水をせきとめている隣国に、水を流させるようにするための折衝に自分を行かせてください、と願い出ている場面でのことばである。

3 「**どうか…しないでください**」は**相手への願望**である。「**請ふ…命令形**」が必要である。「勿」は「無」と同じ「なし」であるが、ここを命令形にして、禁止の「勿かれ」になる。

4 「**何とかして…**終え**たい**（**ものだ**）」は**自己の願望**。「庶」は「こひねがはくは」。「保卒」は「たもチをフ」と読むとする注がついている。ハ行下二段だから「保ち卒へん」となる。「余年」が「残りの人生」で、熟語のままでよい。

11 願望

実戦演習問題

問題は本冊82ページ

解答

1 傍線部A「幸 無 使 王 烈 聞 之」は、「幸はくは王烈をして之を聞かしむること無かれ」と読む。どのように返り点をつけるのがよいか。最も適当なものを、次のうちから一つ選べ。

① 幸 無㆓ 使 王 烈 聞㆒㆑ 之
② 幸 無㆘ 使㆓ 王 烈㆒ 聞㆖ 之
③ 幸 無㆑ 使㆓ 王 烈 聞㆒ 之
④ 幸 無㆑ 使㆓ 王 烈㆒ 聞㆑ 之
⑤ 幸 無㆑ 使㆓ 王 烈 聞㆒㆑ 之

⑤

2 傍線部B「反 与㆓之 布㆒、何 也」の解釈として最も適当なものを、次のうちから一つ選べ。

① 盗みを働いた人に償わせず、被害者に布を渡すことで納得させたのは、一体どういうわけですか。
② 盗みを働いた人を罰せずに、口止めに布まであたえて家に帰したのは、一体どういうわけですか。
③ 盗みを働いた人を改心させ、自分から布を差し出すようにさせたのは、一体どういうわけですか。
④ 盗みを働いた人を責めることなく、わざわざ布まで恵んでやったのは、一体どういうわけですか。
⑤ 盗みを働いた人が嫌がるのに、布を贈って褒めたたえようとしたのは、一体どういうわけですか。

④

解説

1 **レ点と一点の同居の「㆑」がポイント！**

読み順は「幸→王→烈→之→聞→使（しむる）→無」である。「之」から「聞」へは一字上へ返るからレ点であるが、「聞」から「使」へは三字返るので、「聞」の左下は「㆑」となり、「使」の左下に二点がつく。「使」から「無」へは一字上に返るだけであるからレ点である。正解は⑤。

「幸」は「願」と同じ。「**幸はくは…無かれ**」と文末が命令形であるから、相手への願望。使役形もからんでいる。

2 **選択肢中央部が判断のポイント！**

「何ぞや」に相当する「一体どういうわけですか」は、全選択肢共通している。

選択肢冒頭は補ってあるのであり、「反りて之に布を与へたるは」の部分の解釈にあたる選択肢中央部が判断のポイントになっている。「之に布を与へたる」の「之」は盗みを働いた人を指すから、①・③は消去。②は「口止めに」「家に帰した」がキズ。⑤は「贈って褒めたたえようとした」がキズ。「褒めたたえ」まではしていない。正解は④である。

3 **「主語－述語」をしっかり把握せよ！**

やや複雑な「主語－述語」のかかり方をしている文の中に傍線部ⓐ・ⓑはある。まず、主語「秦の穆公」の述語は「之に酒を賜ふ」の

3 傍線部ⓐ「食レ之」・ⓑ「賜二之酒一」の「之」はそれぞれ何を指すか。その組合せとして最も適当なものを、次のうちから一つ選べ。

① ⓐ駿馬　ⓑ盗人を捕らえた人
② ⓐ駿馬　ⓑ駿馬
③ ⓐ駿馬　ⓑ駿馬を盗んだ人
④ ⓐ駿馬を盗んだ人　ⓑ盗人を捕らえた人
⑤ ⓐ駿馬を盗んだ人　ⓑ駿馬
⑥ ⓐ駿馬を盗んだ人　ⓑ駿馬を盗んだ人

③

4 傍線部C「不レ愛二其死一」とあるが、それはなぜか。その理由として最も適当なものを、次のうちから一つ選べ。

① 駿馬を盗んではみたものの、それを嘆き悲しむ穆公の様子に憐れみを感じたから。
② 穆公の駿馬を盗んだにもかかわらず、思いがけず寛大な処遇を受け感激したから。
③ 多くの駿馬を持つ穆公にとっては、一頭ぐらい失っても何でもないと思ったから。
④ 穆公の駿馬を盗んだ以上、いつかはつかまって殺される運命にあると思ったから。
⑤ 命をかけて穆公を助ければ、駿馬を盗んだ罪も大目に見てもらえると思ったから。

②

「賜ふ」である。主語「人」の述語は、「其の駿馬を盗みて」の「盗む」と、「之を食ふに」の「食ふ」の二つである。

ⓐは、主語が「駿馬を盗んだ人」なのだから、「之」が④・⑤・⑥のように当人になるのはおかしい。ⓐの「之」は、①・②・③の「駿馬」である。ⓑは、「酒を賜ふ」のだから、②・⑤の「駿馬」はありえない。①・④の「盗人を捕らえた人」はだれかしらいたであろうが、本文に登場しない。ⓑの「之」は③・⑥の「駿馬を盗んだ人」である。正解は③。

4 「死を愛しまず」は「命を惜しまず」の意！

「其の死を愛しまずして」は、駿馬を盗んだ男が「自分の命も惜しまずに」という意味である。男はなぜ命を惜しまず「穆公の難を救」ったのか。それは、駿馬を盗んだにもかかわらず、「酒を賜ふ」という「寛大な処遇を受け」て「感激したから」である。正解は②。

書き下し文　牛を盗む者有り、牛主之を得。盗者曰はく、「我邂逅迷惑す。今より已後将に過を改むるを為さんとす。子既に已に赦宥す。幸はくは王烈をして之を聞かしむること無かれ」と。人以て烈に告ぐる者有り、烈布一端を以て之に遺る。或ひと問ふ、「此の人既に盗を為し、君の之を聞くを畏るるに、反りて之に布を与へたるは、何ぞや」と。烈曰はく、「昔秦の穆公、人其の駿馬を盗みて之を食ふに、乃ち之に酒を賜ふ。盗者其の死を愛しまずして、以て穆公の難を救ふ。今此の盗人能く其の過を悔い、吾の之を聞くを懼るるは、是れ悪を恥づるを知ればなり。悪を恥づるを知れば、則ち善心将に生ぜんとす。故に布を与へて善を為すを勧むるなり」と。

通釈　牛を盗む者がいて、持ち主がこの牛泥棒を捕まえた。盗人は言った、「私はふとしたはずみで（牛を盗むという）心の迷いを生じました。今から以後は自分の過ちを改めようと思います。あなたは、もう現に私の罪をお許しです。どうか王烈さんにこのことを知らせないでください」と。（ところが）王烈にこのことを告げる者がいて、（それを聞いた）王烈は一端の布をこの盗人に贈った。ある人が（王烈に）尋ねた、「この人物はすでに盗みを働いて、あなたがその事（＝盗みを働いたこと）を聞き及ぶのを恐れたのに、（責めることなく）逆にこの者に布を恵んでやったのはどういうわけですか」と。王烈は言った、「昔、秦の穆公は、自分の駿馬を盗んで飼っていた人物に酒をお与えになった。（その結果）盗人は（その寛大な処遇に恩義を感じて）自らの死を惜しまず（に穆公のために働いて）、穆公の苦難を救った。今、この（牛を盗んだ）盗人は自らの過ちを悔い改め、私がその罪を聞き及ぶのを恐れたのは、悪を恥じることを知っているからである。悪を恥じることを知るならば、今にも善の心が生まれるであろう。だから、布を与えて善行を勧めたのである」と。

29 比況

基礎演習ドリル

問題は本冊84ページ

解答

1 次の各文を口語訳し、傍線部は書き下し文にせよ。

1 君子之交淡若水。

君子の交際はあっさりして水のようである。

書き下し （君子の交はりは淡きこと）水のごとし。

2 小人之交甘若醴。（醴＝甘酒）

つまらぬ人間の交際は甘ったるいこと甘酒のようである。

書き下し （小人の交はりは甘きこと）醴のごとし。

3 富貴於我如浮雲。

富貴は私にとって浮雲のようにはかないものだ。

書き下し （富貴は我に於いて）浮雲のごとし。

4 侵掠如火、不動如山。

侵掠することは火のように、びくともしないことは山のようである。

書き下し （侵掠すること火のごとく、）動かざること山のごとし。

解説

1 「のごとし」か「がごとし」か？

1 「水」は名詞（体言）であるから、「水のごとし」である。意味はもちろん「水のようだ」。

2 1の文と対句になっている。「醴」も1の「水」と同じく名詞であるから、「醴のごとし」。「甘きこと醴のごとし」は、「甘酒のように甘ったるい（べたべたしている）」のように訳してもよい。「小人」は「君子」の対義語で「つまらぬ人間」。

3 「浮雲」も名詞であるから「浮雲のごとし」。「浮雲のようなものだ」でいいのであるが、どういうことを言いたいかを加味すれば、「浮雲のようにはかないものだ（どうでもいいものだ）」ということである。「我に於いて」は「私にとって」。

4 上が「侵掠すること」と読んでいるので、「不動」は「動かざること」と読みたい。訳は「動かないことは」のままでもよい。「山」は名詞であるから「山のごとし」である。「火のように激しく」「山のように堂々としている」のように訳しても可。武田信玄の「風林火山」の旗印になっている『孫子』の一節。

5 「煮くずれしやすい小魚を煮るように慎重にすべきだ」ということを言いたいのである。「烹る」はナ行上一段活用。連体形にして「烹るがごとし」になる。

6 人生の時間はあっというまに過ぎてゆくということ。白馬が戸のすき間を駆け過ぎるようなものだという意味から考えて、「白駒の

5 治ムルハ二大国ヲ一若レ烹二小鮮一。（烹＝煮る　小鮮＝小魚）

大国を治めるのは、小魚を煮るようなものだ。

書き下し （大国を治むるは）小鮮を烹るがごとし。

6 人生ハ如二白駒過レ隙。（白駒（はっく）＝白馬　過＝すグ。ガ行上二段動詞　隙（げき）＝戸のすき間）

人生は白馬が戸のすき間を駆け過ぎるようなものだ。

書き下し （人生は）白駒の隙を過ぐるがごとし。

7 人心ハ譬如二槃水一。（槃水（はんすい）＝たらいの中の水）

人の心はたとえばたらいの中の水のようなものである。

書き下し （人心は）譬へば槃水のごとし。

8 国之有ルハレ乱、譬若二人之有レ疾。（疾（しつ）＝病気）

国に内乱があるのは、たとえば人間に病気があるようなものだ。

書き下し （国の乱有るは、）譬へば人の疾有るがごとし。

（主格の「の」）隙を過ぐるがごとし」と読みたい。

7 「譬へば」があるだけのことで、「ごとし」への返り方の原則は同じことである。「たとえば（たとえて言えば）…のようなものだ」と訳す。「槃水」は名詞であるから、「槃水のごとし」である。たらいの水は静かにしておけばその水面に物をよく映すが、ちょっとでも動かすと波立って物を映さなくなるということから、心を平静に保て、ということを言っている。

8 上の「国之有レ乱（国の乱有る）」と「人之有レ疾」はまったく同じ形であるから、「人之有レ疾」は「人の疾有る」である。ラ変「有り」の連体形に「が」をつけて、「有るがごとし」と返る。

30 詠嘆

基礎演習ドリル

問題は本冊86ページ

解答

1 次の各文を口語訳せよ。

1 賢ナル哉、回也。（回＝人名）

賢なるかな、回や。

賢明だなあ、回は。

2 宜ナル乎、百姓之謂二我ヲ愛一スト。
（宜＝もっともだ　百姓＝人民　愛＝けちだ）

宜なるかな、百姓の我を愛しむと謂ふや。

もっともだなあ、人民が私のことをけちだと言うのは。

3 嗟于、士為ニ知レル己ヲ者一ノ死ス。（士＝男）

嗟于、士は己を知る者の為に死す。

ああ、男というものは自分のことをわかってくれる人のために死ぬものだ。

4 嗚呼可レキ畏ル哉。

嗚呼、畏るべきかな。

ああ、おそるべきだなあ。

5 君何ゾ其レ志之小ナル也。（君＝あなた）

君何ぞ其れ志の小なるや。

あなたは、なんと志の小さいことよ。

解説

1 疑問・反語形の詠嘆形の訳が大事！

1 「Aなるかな B や」で、「AだなあBは！」と訳す詠嘆形。「回」は孔子の愛弟子である顔回のこと。「賢なる」は「賢き」と読んでも間違いではないが、「賢なる」と読むのとでは、意味的にはややニュアンスが異なる。

2 文末に「也」などの字がなく、「謂ふや」と送りがなで読んではいるが、これも、「Aなるかな B や」の詠嘆形。「宜なり」は「もっともだ。当然だ」の意の重要語。「百姓」も重要単語である。

3 これは、文頭の「ああ」で詠嘆を表す形。「ああ」と読む字はいろいろあり、見慣れない字もあるが、書き下すときは漢字のままでよい。「女は己を説ぶ者の為に容づくる（化粧する）」という文と対句になっている。

4 「ああ」と文末の「かな」とが呼応している形。「かな」の前は連体形である。「ああ…だなあ」と訳せばよし。

5 もともとは疑問形である「何ぞ…や」を、「なんと…なことよ」と訳す詠嘆形。

6 もともとは反語形である「豈に…ざらんや」を、「豈に…ずや」と読んで、「なんと…ではないか」と訳す詠嘆形。「大丈夫」は重要単語である。

7 これも、「豈に…に非ざらんや」でなく、「豈に…に非ずや」と読んで、「なんと…ではないか」と訳す詠嘆形。

6 張儀豈不㆓誠大丈夫㆒哉。
(張儀＝人名　大丈夫＝意志の強い立派な男)

張儀はなんとまことの意志の強い立派な男ではないか。

張儀は豈に誠の大丈夫ならずや。

7 豈非㆑可㆑惜哉。

なんともったいないことではないか。

豈に惜しむべきに非ずや。

8 余之好㆑高不㆓亦宜㆒乎。(余＝私　高＝崇高さ)

私が崇高さを好むのはなんともっともなことではないか。

余の高きを好むは亦宜ならずや。

2 次の各文の傍線部を書き下し文にせよ。

1 夫子聖者与。何其多能也。(其＝そレ)

(夫子は聖者か。)何ぞ其れ多能なるや。

(先生は聖者か。)なんと多能なことよ。

2 豈非㆓天命㆒哉。

豈に天命に非ずや。

なんと天命ではないか。

3 学而時習㆑之不㆓亦説㆒乎。
(学＝教わる　習＝復習する　説＝よろこバシ)

(学んで時に之を習ふ)亦説ばしからずや。

(教わったことを時をとらえて復習する)なんと喜ばしいことではないか。

---

8 「亦…ずや」も、本来は反語形で、「亦…ざらんや」と読むところを「亦…ずや」と読み、「なんと…ではないか」と訳す詠嘆形である。「宜なり」は2と同じ。

2 「ざらんや」でなく「ずや」がポイント!

1 「何ぞ…や」の詠嘆形。「や」の前は「何ぞ」との係り結びで連体形が必要。しかし、「多能」は名詞であるから活用させられない。このような場合は、名詞(体言)につく断定の助動詞「なり」を接着剤に用い、これを連体形にして、「多能なるや」とする。

2 「豈に…に非ずや」の詠嘆形。「天命」は名詞であるから、「天命に非ずや」でよい。

3 「亦…ずや」の詠嘆形。「説」は形容詞「よろこばし」。これを未然形にして、「説ばしからずや」。「亦」は「亦た」と送りがなを送ってもよい。

12 詠嘆

実戦演習問題

問題は本冊88ページ

解答

1 波線部(ア)「中」・(イ)「師」と同じ意味で用いられている語として最も適当なものを、次の各群のうちから、それぞれ一つずつ選べ。

(ア)「中」
① 中枢
② 道中
③ 中略
④ 集中
⑤ 中毒
⑥ 夢中

(イ)「師」
① 師団
② 法師
③ 師事
④ 京師
⑤ 師匠
⑥ 薬師

(ア) ⑤　(イ) ①

2 傍線部A「何 其 暴 而 不 敬 也」の意味内容として最も適当なものを、次のうちから選べ。

① なぜ申公子培は粗暴で無礼なことをするのだろうか。
② なぜ随兕は強暴で馴れ親しまないのだろうか。
③ なんと申公子培は粗暴で無礼なことか。
④ なんと随兕は強暴で馴れ親しまないことか。
⑤ どうして申公子培が粗暴で無礼だといえようか。
⑥ どうして随兕が強暴で馴れ親しまないといえようか。

③

3 傍線部B「此 必 有レ 故」の意味内容として最も適当なものを、次のうちから選べ。

① 申公子培が並はずれた賢臣とされたのには、きっと何か事情があるはずです。
② 申公子培が並はずれた賢臣となったのは、故人のおかげです。
③ 申公子培が並はずれた賢臣であったのは、今となってはすでに過去のことです。
④ 申公子培が随兕を奪ったのは、今となってはすでに過去のことです。
⑤ 申公子培が随兕を奪うことになったのは、故人のせいです。
⑥ 申公子培が随兕を奪ったのには、きっと何か事情があるはずです。

⑥

解説

1 「中」の読みは「あつ」！

(ア)「中」は「あつ」と読み、「あてる」あるいは「あたる」の意。「命中・的中」などが最もわかりやすい熟語であるが、選択肢の中では⑤の「中毒」の「中」が、毒に「あたる」意である。

(イ)「師」は、「師を興し」の後に「両棠に戦ひ、大いに晋に勝つ」とあるから、ここでは軍隊の意で、①の「師団」が正解。

2 2対2対2、3対3の選択肢の配分に着眼せよ！

①・②は「なぜ…のだろうか」という疑問形。③・④は「なんと…なことか」という詠嘆形。⑤・⑥は「どうして…といえようか」という反語形の訳し方になっている。傍線部は「何ぞ…連体形＋や」であるから、⑤・⑥のように反語形ではない。反語なら「何ぞ…んや」でなくてはならない。

「暴にして不敬」については「不敬」という以上、王の怒りの対象は動物の「随兕」ではなく、「申公子培」であるから、このポイントの配分で②・④・⑥を消去すると、①・③が残る。

王は、申公子培の行動を怒っているのであり、だれかにその行動の可否を尋ねているわけではないから、正解は③である。

3 3対3、2対2対2の配分に着眼する！

まず、前半の3対3の配分であるが、これは「申公子培が並はずれた賢臣とされた」ことについてではなく、当然、「申公子培が随兕を

4 **傍線部C「臣 兄 之 有レ 功 也 於二 車 下一」とあるが、弟が兄の「功」として主張したのは何か。適当なものを、次のうちから二つ選べ。**

① 中公子培が雲夢で荘哀王の狩猟にお供したこと。 ×
② 中公子培が荘哀王から随兕を奪い取ったこと。 ○
③ 中公子培が申し開きをせずその場で自殺したこと。 ×
④ 中公子培が王の身代わりとなって死んだこと。 ○
⑤ 中公子培が戦陣で武功を立て晋に大勝したこと。 ×
⑥ 中公子培が王の車の製作に功労があったこと。 ×
⑦ 中公子培が強暴な随兕を役人に命じて殺させたこと。 ×

②　④

奪った」ことについての言である。①・②・③は消去。

後半は①・⑥、②・⑤、③・④と、ほぼ2対2対2の配分になっているが、「故」は「理由・わけ」であるから、正解は⑥。

4 **答は弟の説明したことばの中にある！**

王に「何の謂ひぞや（＝どういうことだ）」と問われて、申公子培の弟が答えたことば、「臣の兄嘗て…其の罪に伏して死す」の内容との合致をはかればよい。

正解は②と④。

①は「お供した」だけでは「功」にならない。③は「自殺」が間違い。⑤は、晋との戦争前に子培は死んでいるので間違い。⑥は「王の車の製作に功労」がキズ。⑦は「随兕を役人に命じて殺させた」が間違いである。

書き下し文

荊の荘哀王雲夢に猟し、随兕を射て、之に中つ。申公子培王を却かして之を奪ふ。王曰はく、「何ぞ其れ暴にして不敬なるや」と。吏に命じて之を誅せんとす。左右の大夫皆進み諫めて曰はく、「子培は、賢者なり。又王の百倍の臣たり。此れ必ず故有り。願はくは之を察せよ」と。三月を出でずして、子培疾みて死す。荊師を興し、両棠に戦ひ、大いに晋に勝つ。帰りて功有る者を賞す。申公子培の弟進みて賞を吏に請ひて曰はく、「人の功有るや軍旅に於いてし、臣の兄の功有るや車下に於いてす」と。王曰はく、「何の謂ひぞや」と。対へて曰はく、「臣の兄嘗て故記を読むに曰はく、『随兕を殺す者は、三月を出でず』と。是を以て臣の兄驚懼して之を争ふ。故に其の罪に伏して死す」と。

通釈

荊の荘哀王は雲夢で猟をしていて、随兕を射て、これに命中させた。（ところが）申公子培が哀王を脅して（せっかく射止めた）この随兕を奪い取ってしまった。王は（驚いて怒って）言った、「なんと申公子培は粗暴で無礼なことか」と。（そして）役人に命じて申公子培をその罪によって殺そうとした。側近の者たちが皆進み出て王を諫めて言った、「子培は、賢者です。また王様にとっての百人力の家臣です。（ですから、子培が王様の射止めた）随兕を奪い取ったのにはきっと何か事情があるはずです。どうかそのことを御明察なさってください」と。（それを聞き入れて荘哀王は、申公子培を殺すのをやめた。しかし、その後）三か月も経たないうちに、子培は病気にかかって死んでしまった。（やがて）荊の国は兵を興して、両棠で戦い、晋国に大勝した。（荘哀王は）帰って戦功のあった者に褒賞を与えた。（そのとき）申公子培の弟が進み出て役人に褒賞を願い出て言った、「人々が功績を立てたのは戦場において（のもの）ですが、私の兄は王の車のそばで功績を立てたのです」と。（それを聞いて）荘哀王が言った、「（それは）いったいどういう意味だ」と。（そこで申公子培の弟は）お答えして言った、「私の兄は以前古い記録を読んだとき、その記録の中に、『随兕を殺した者は、三か月経たないうちに死ぬ』と（記載されているのを見つけました）。そこで私の兄は驚き恐れて（我が君から強引に）この随兕を奪い取ってしまったのです。そのために罪を受けて死んでしまいました」と。

31 接続語

基礎演習ドリル

問題は本冊90ページ

解答

1 次の各文の傍線部を口語訳せよ。

[1] 於レ是遂去。

是に於いて遂に去る。

（そこで、とうとう去って行った。）

[2] 公衣二狐裘一、是以不レ寒。

（狐裘＝キツネの毛皮のコート）

（公狐裘を衣る、）是を以て寒からず。

（（公は狐の毛皮を着ておられる、）だから寒くないのです。）

[3] 世有二伯楽一然後有二千里馬一。

（伯楽＝馬の鑑定の名人　千里馬＝一日に千里を走る名馬）

（世に伯楽有りて）然る後に千里の馬有り。

（（世に伯楽がいて）はじめて千里の馬がある。）

[4] 進亦憂、退亦憂。然則何時而楽邪。

（憂＝苦しむ　何時＝いつ）

（進むも亦憂へ、退くも亦憂ふ。）然らば則ち何れの時にして楽しまんや。

（（進んでも苦しみ、退いてもまた苦しむ。）それならばいつ楽しめるだろうか。）

解説

1 接続語の訳は文脈の読解にとって重要である！

[1] 「於レ是（ここにおいて）」は「**そこで**」の意。「是」を「ここ」と読むことがポイントで、読みの質問も多い。「乃ち・因りて」などと同義である。

[2] 「**是以**（ここをもって）」も「是」を「ここ」と読むことがポイントで、やはり読みの質問が多い。「**だから。それゆえ**」の意で、「故に」と同義。

[3] 「**然後**（しかるのちに）」は「**そのあとで**」という訳が基本で、これがそのままあてはまる例も多いが、この場合のように上の文からの流れで、「**（…があって・…して）はじめて**」という訳があてはまる例文も多い。

[4] 「**然則**（しからばすなはち）」は、「則ち」には訳すほどの意味はなく、「然らば」＝「**それならば。そうだとすると**」の意である。「何れの時にして楽しまんや」は反語形。「楽しめる時はないではないか」のように訳しても可。「いつ楽しむのだろうか」でもよい。

[5] 「**然**（しかれども）」は「**しかし。けれども**」の意。読みの問題も多い。「**以為レA（以てAと為す）**」は「Aだとする」、あるいは「Aだと思う」の意である。「**以為A**」は「**おもへらくAと**」と読んで、「Aだと思う」になることもある。

[6] 「**不レ然**（しからずんば）」は「**そうでなければ**」の意。「何を以て此に至らん」は反語形。「ここに来はしなかったのだ」のように訳

5 然猶未敢以為是也。（是＝よしと）

然れども猶ほ未だ敢へて以て是と為さざるなり。

しかし、やはりまだよしとはしなかった。

6 此沛公左司馬言之。不然籍何以至此。（沛公＝人名　左司馬＝官名　籍＝項羽の名。自分のことを言っている　至＝来る）

（此れ沛公の左司馬之を言ふ。）然らずんば籍何を以て此に至らん。

（これは沛公の左司馬が言ったのだ。）そうでなければ私はどうしてここに来ただろうか。

7 不則百悔亦竟無益。

しからずんば則ち百たび悔ゆとも亦竟に益無からん。

そうでなければいくら後悔しても結局何の益もないであろう。

8 雖然其為人好善悪悪甚。

（為人＝人柄）

然りと雖も其の人と為りは善を好みて悪を悪むこと甚だし。

そうではあるが、その人柄は、善を好み、悪をにくむことはなはだしいものがある。

しても可。

7 「**不則**（しからずんばすなはち）」も、「然らば則ち」と同じように、「則ち」にはあまり意味はなく、「しからずんば」＝「**そうでなければ**」の意である。

8 「**雖レ然**（しかりといへども）」は「**そうとは言っても。そうではあるが。そうだとしても**」の意。「**為レ人**（ひととなり）」は、今日でも使う語だが、「人柄。性格」の意の重要語。

32 漢詩のきまり(1)

基礎演習ドリル

問題は本冊92ページ

解答

1 次の詩の空欄の中に入れるのに最も適当な語を、後の(1)〜(4)の中から一つ選べ。

尋胡隠君　高啓
隠者の胡君をたずねる

渡水復渡水（水＝川）
川を渡り、また川を渡り

看花還看花（花＝桃の花）
花を見、また花を見て

春風江上路（江上＝川のほとり）
春風の吹く川ぞいの道を

不覚到君□（不覚＝思いがけなく）
いつのまにか君の家に来てしまった

(1) 処　(2) 門　(3) 家　(4) 庭

(3)

2 次の詩の空欄の中に入れるのに最も適当な語を、後の(1)〜(4)の中から一つ選べ。

山亭夏日　高駢
山荘の夏の一日

緑樹陰濃夏日□
緑の木は濃いかげを落として、夏の日は長く

楼台倒影入池塘（楼台＝高殿　池塘＝池）
高殿は影をさかさまにして池の面に映っている

解説

1 五言詩は偶数句末のひびきをそろえる！

五言絶句であるから、第二句・第四句、つまり偶数句の末尾字が押韻する。空欄は第四句末なので、もう一ヵ所の、第二句末を見てみると、「花（ka）」である。「a（ア）」というひびきでそろっているはず、ということになる。

次に選択肢に並んでいる字を音読みしてみる。

(1)「処（shyo）」は「o（オ）」。
(2)「門（mon）」は「on（オン）」。
(3)「家（ka）」は「a（ア）」。
(4)「庭（tei）」は「ei（エイ）」。

「花（ka）」と同じひびきになるのは(3)の「家（ka）」である。

2 七言詩は第一句末と偶数句末が押韻する！

七言絶句であるから、第一句・第二句・第四句末の字が押韻する。空欄は第一句末なので、残りの第二句・第四句末の字を音読みしてみると「塘（tou）」「香（kou）」で、「ou（オウ）」というひびきであることがわかる。

選択肢に並んでいる字を音読みしてみる。

(1)「暑（shyo）」は「o（オ）」。
(2)「長（chyou）」は「ou（オウ）」。

水精簾動微風起
水晶のすだれがかすかにゆれてそよ風が吹き
満架薔薇一院香
たないっぱいのバラの香りが部屋中にあふれた
（水精＝水晶　簾＝すだれ）
（満架＝たないっぱい　薔薇＝バラの花）

(1) 暑　(2) 長　(3) 淡　(4) 赤

(2)

3 **次の詩の空欄の中に入れるのに最も適当な語を、後の(1)〜(5)の中から一つ選べ。**

月夜　杜甫
月の夜

今夜鄜州月　（鄜州＝家族がいる地）
今夜鄜州の空に出ている月を
閨中只独□　（閨＝女性の、ここでは妻の寝室）
妻は寝室でただ一人見ているだろう
遥憐小児女　（小児女＝幼い子供たち）
私ははるかに幼い子供たちのことを思いやる
未解憶長安　（長安＝唐の都。杜甫のいる地）
まだ長安にいる父のことをしのぶこともわからないだろうことを
香霧雲鬟湿　（雲鬟＝豊かなまげ）
妻の豊かなまげは夜露にぬれて
清輝玉臂寒　（清輝＝清らかな月明かり　玉臂＝玉のような白い腕）
月の光にてらされた玉のような白い腕は冷たく光っているだろう
何時倚虚幌　（虚幌＝カーテン）
いったいいつになったら人けのないとばりによりそいながら
双照涙痕乾
二人並んで涙のあとを乾かすことができるのだろうか

(1) 眠　(2) 寝　(3) 泣　(4) 思　(5) 看

(5)

---

(3)「淡（tan）」は「an（アン）」。
(4)「赤（seki）」は「i（イ）」。
「塘（tou）・香（kou）」と同じひびきになるのは(2)の「長（chyou）」である。

3 **律詩でも押韻のきまりは同じ！**

五言律詩である。押韻のきまりは、五言か七言かが大事で、絶句も律詩もきまりは同じである。五言詩は偶数句末が押韻する。空欄は第二句末なので、残りの偶数句末の字を音読みしてみると、「安（an）」「寒（kan）」「乾（kan）」と、「an（アン）」のひびきでそろっている。

選択肢の字を音読みしてみる。
(1)「眠（min）」は「in（イン）」。
(2)「寝（shin）」は「in（イン）」。
(3)「泣（kyū）」は「ū（ウー）」。
(4)「思（shi）」は「i（イ）」。
(5)「看（kan）」は「an（アン）」。
答は(5)の「看（kan）」である。

33 漢詩のきまり(2)

基礎演習ドリル

問題は本冊94ページ

解答

1 次の詩の中の空欄に入れるのに最も適当な語を、後の(1)～(5)の中から一つ選べ。また、対句になっている句を、各句の上の数字で答えよ。

登(とう)高(かう)　杜甫
高台に登る

1 風急ニ天高クシテ猿嘯(うそぶ)クコト哀(かなシ)
風ははげしく、空は高くすみわたり、猿の鳴き声が悲しげにひびく　（嘯＝鳴く）

2 渚(なぎさ)清ク沙(すな)白クシテ鳥飛ビ廻(めぐ)ル
長江の岸辺は清らかで砂は白く、水鳥が輪を描いて飛んでいる　（渚＝川の岸辺）

3 無(む)辺(へん)ノ落木蕭(せう)蕭(せう)トシテ下リ
はてしない空間に落葉がさらさらと音をたてて散り　（無辺＝はてしないこと　蕭蕭＝さらさらと）

4 不(ふ)尽(じん)ノ長江滾(こん)滾(こん)トシテ□
尽きることのない長江はこんこんと流れ寄せている　（滾滾＝川の流れの形容）

5 万(ばん)里(り)悲秋常ニ作(な)リレ客ト
故郷を万里もはなれ、悲しい秋はいつも旅の身の上で迎えた　（客＝旅の身の上）

6 百年多病独リ登ルレ台ニ
生涯病気がちな身で、今日は一人高台に登っている　（百年＝生涯　台＝高台）

7 艱(かん)難(なん)苦(はなはダ)恨(む)ム繁(はん)霜(さうノ)鬢(びん)
さまざまの苦難によってすっかり白毛になったのがうらめしい　（艱難＝苦難　繁霜鬢＝白毛が多くなった）

8 潦(らう)倒(たう)新タニ停(とどム)濁(だく)酒(しゅノ)杯
老いぼれて近ごろでは好きなにごり酒もやめてしまった　（潦倒＝老いぼれて）

(1) 来(タル)　(2) 流(ル)　(3) 逝(ゆク)　(4) 下(くだル)　(5) 湧(わク)

(1)

1と2　3と4　5と6　7と8

解説

1 律詩の3 4句、5 6句の対句はきまり！

まず押韻の問題であるが、空欄は第四句末である。七言律詩であるから、第一句末と偶数句末が押韻する。空欄以外の残りの字を音読みしてみると、

「哀(あい)（ai）」「廻(かい)（kai）」「台(だい)（dai）」「杯(はい)（hai）」と「ai（アイ）」のひびきでそろっている。

選択肢の字を音読みしてみる。

(1)「来(らい)（rai）」は「ai（アイ）」。
(2)「流(りゅう)（ryū）」は「ū（ウー）」。
(3)「逝(せい)（sei）」は「ei（エイ）」。
(4)「下(か)（ka）」は「a（ア）」。
(5)「湧(ゆう)（yū）」は「ū（ウー）」。

正解は(1)「来（rai）」である。

次に対句であるが、律詩では第三句と第四句、第五句と第六句は対句にするきまりである。3と4、5と6を比べてみても、語の構成が左右対称で、対句になっていることは明らかである。5 6句の構成を見てみると、次のようになっている。

5 万里｜悲秋｜常｜作｜客
6 百年｜多病｜独｜登｜台
対句

2 **次の詩の中の対句になっている句を、各句の上の数字で答えよ。また、この詩の形式を答えよ。**

1 去者日以疎
はなれ去った人とは日に日に疎遠になり

2 来者日以親
やってくる人とは日に日に親しくなるものだ

3 出郭門直視　（郭門＝町はずれの城門）
町はずれの城門を出て、まっすぐに見てみると

4 但見丘与墳　（丘・墳＝ともに墓地のこと）
ただいくつもの墓が見えるばかりである

5 古墓犂為田　（犂＝土を掘りおこすこと）
古い墓はすきかえされて田畑となり

6 松柏摧為薪　（柏＝ひのき）
松やひのきは切られてたきぎになってしまった

7 白楊多悲風　（白楊＝はこやなぎの木）
墓地のはこやなぎにはもの悲しい風が吹き

8 蕭蕭愁殺人　（愁殺＝たいへん悲しませる）
さらさらと音をたてて私をひどく悲しませる

9 思還故里閭　（里閭＝村里。郷里）
故郷の村に帰りたいと思い

10 欲帰道無因　（無因＝あてがない）
いざ帰ろうとするが、その道さえもあてがないありさまだ

（『文選』）

1と2　5と6

形式名　五言古詩

しかし、さらにこの詩では、1と2、7と8も、つまりすべての聯が対句になっている。

1 風急天高猿嘯哀
2 渚清沙白鳥飛廻
対句

7 艱難苦恨繁霜鬢
8 潦倒新停濁酒杯
対句

2 古詩の対句は位置のきまりはない！

一句が五文字で、全体が十句であるから、これは絶句でも律詩でもなく、**五言古詩**である。

古詩は、律詩のように、どこを対句にしなければならないというきまりはない。**対句はとなりあっている奇数・偶数句の語構成を見て判断する**ことになる。

上の詩には、対句は二カ所ある。

1 去者日以疎
2 来者日以親
対句

5 古墓犂為田
6 松柏摧為薪
対句

13 漢詩のきまり

実戦演習問題

問題は本冊96ページ

解答

1 **空欄Aに入る語として最も適当なものを、次のうちから一つ選べ。**

① 中　② 遺　③ 敗　④ 至　⑤ 失

②

2 **この詩の中には対句が用いられている。次の組合せの中から双方とも対句であるものを選ぶとすれば、どれが最も適当か。次のうちから一つ選べ。**

(1) ①②と⑪⑫　(2) ⑤⑥と⑮⑯　(3) ⑦⑧と⑬⑭　(4) ⑬⑭と⑮⑯

(3)

3 **傍線部B「本 為二鳥 所一レ設、今 為二人 所一レ資」の意味として最も適当なものを、次のうちから一つ選べ。**

① 鷹は、もともと獲物を捕る才能を備えており、今も人のために役立っている。
② 小鳥は、もともと鷹が食料としていたものであるが、今では人が食料としている。
③ 雉や兎は、もともと鷹のために天が授けたものであるが、今は人の食料となっている。
④ 翼や爪は、もともと鷹のために付けられているものなのに、今は人に利用されている。
⑤ 鷹狩りは、もともと鷹の訓練のために始められたものであるが、今では人の娯楽となっている。

④

4 **傍線部C「孰 能 使二之 然一」の読み方として最も適当なものを、次のうちから一つ選べ。**

① 孰ぞ能く之を然らしめん。
② 孰の能か之きて然らしめん。
③ 孰か能く之をして然らしめん。
④ 孰んぞ能く之を然りとせしめん。
⑤ 孰れの能か之をして然らしめん。

③

解説

1 **偶数句と選択肢を音読みしてみる！**

空欄Aは第四句末であるから、その他の偶数句末の字を音読みしてみると、ひびきが大体「i（イ）」であることがわかる。肥（hi）・錐（sui）・資（shi）・知（chi）・時（ji）・飢（ki）・飛（hi）。次に選択肢を音読みしてみると、②「遺（i）」と④「至（shi）」が残る。①「中（chyū）」、③「敗（hai）」、⑤「失（shitsu）」は消去。

「百擲して」一度も獲物に「至」らないのでは話にならない。正解は②。「百擲して」一度も「もらさ」ないのである。

2 **対句は原則的に返り点の形が同じ！**

①と②はまったく対句にはなっていない。⑤と⑥、⑦と⑧、⑬と⑭は対句である。⑮と⑯は、読みはじめの「飢うれば則ち」と「飽けば則ち」の部分が対句の雰囲気のように見えるが、「力足らず」と「人に背きて飛ぶ」の部分が対になっていない。ゆえに、正解は(3)。

3 **「…の…する所と為る」で受身形！**

「A 為二B 所一レC（AはBのCする所と為る）」で「AはBにCされる」と訳す受身形であるが、⑦句の「本」、⑧句の「今」は、各選択肢が「もともと」「今も・今では・今は」と訳してあるのを見ればわかるように、主語Aにあたるのではない。主語Aにあたるのは、⑤・⑥句の「鷹の翅」「鷹の爪」である。

いずれにせよ、⑦・⑧句に二ヵ所ある受身形が二ヵ所とも訳されている選択肢は④しかない。

5 傍線部D「取ニ其向背性一」の意味として最も適当なものを、次のうちから一つ選べ。

① 獲物が鷹を恐れて背を向ける習性を利用する。
② 鷹が何を好んで何を嫌うのかをよく見て取る。
③ 鷹が獲物の背後に向かう性質をよく読み取る。
④ 鷹が従順であったり反抗したりする性質を利用する。
⑤ 鷹狩りの際に方角や位置に利があるかないかを読み取る。

④

4 **「能く」と使役形の「をして」で答を絞る！**

まず、「能」は上に「不」がなく、単独で用いられていれば「よく」である。①・③・④が「能く」と読んでいる。

次に、使役の「使」がある。使役形は「…をして…しむ」と読むので、「…をして」のある③か⑤が正しいことになる。

両方のポイントを満たしているのは③のみである。

5 **「向」「背」の字義を判断する！**

この⑪句と次の⑫句とは、今日では「人の資する所と為」っている「鷹」を「然らしめ」る「知り易き」「術」とはどのようなものかを言っている部分である。「向」は「むかう」、「背」は「そむく」であるから、正解は④。

少なくとも「鷹」のことを言っているのだから、①・⑤は消去。②は「向背」を「好む・嫌う」ととっている点にズレがある。「向背」はまた、③のように「獲物の背後に向かう」音ではない。

書き下し文

鷹を放つ　白居易

①十月鷹籠を出で、②草枯れて雉兎肥ゆ。
③韝より下りて指顧に随ひ、④百擲して一遺無し。
⑤鷹の翅疾きこと風のごとく、⑥鷹の爪利きこと錐のごとし。
⑦本鳥の設くる所と為り、⑧今人の資する所と為る。
⑨孰か能く之をして然らしめん、⑩術の甚だ知り易き有り。
⑪其の向背の性を取り、⑫制するは飢飽の時に在り。
⑬長く飽かしむべからず、⑭長く飢ゑしむべからず。
⑮飢うれば則ち力足らず、⑯飽けば則ち人に背きて飛ぶ。

通釈

①十月に鷹は籠から出され、②草は枯れて、きじや兎はまるまると太っている。③鷹は韝から下りて、鷹匠の指示に従って動き、④百回放っても、一度の失敗もない。⑤鷹の翼は、飛ぶ時には風のように速く、⑥その爪は錐のように鋭い。⑦（鷹の翼や爪は、）もともと鷹自身のために付けられているものなのに、⑧今では人に利用されている。⑨いったいだれが鷹の翼や爪をこのように人の役に立たせているのか、⑩その方法は簡単にわかる。⑪鷹の、時には従順な、時には反抗的な性質を利用して、⑫空腹時か満腹時かによって操りわけるのがコツである。⑬長い時間満腹の状態でおいてはいけないし、⑭長い時間空腹の状態でおいてもいけない。⑮なぜなら、空腹だと獲物を捕る力が足りないし、⑯満腹だと人の命令を聞かないで飛んで行ってしまうからだ。

〔基礎からのジャンプアップノート　漢文句法　演習ドリル【三訂版】 別冊〕 S4d219